岩　波　現　代　文　庫

「方言コスプレ」の時代

ニセ関西弁から龍馬語まで

田中ゆかり
TANAKA Yukari

社会 348

岩波書店

目　次

序章

「方言コスプレ」にみる「方言おもちゃ化」の時代

「方言コスプレ」という現象

気の置けない友だちとのおしゃべりや、携帯メイルのやりとりなどを思い浮かべてほしい。その友だちがありえない冗談やつまらない冗談をいったとしよう。そんな時、関西人でもないのに「なんでやねん！」と「関西弁」で「つっこむ」。あるいは、ちょっと無理かな、と思う要求をされたと思いつつも、九州人でもないのに「お引き受け申したでごわす」、と「九州弁」で「男らしく」お引き受けする。またあるいは、ちょっとハードルの高いお願いを友だちにするとき、「おねげえですだ」と、東北人でも北関東人でもないのに「東北弁」のような「北関東弁」のようなことばで、「純朴さ」を〝演出〟しながらお願いしたりする……。

このような〝「方言」を用いた「ことばのコスチューム・プレイ（コスプレ）」〟があちこちで観察され、マス・メディアなどにおいて〝旬の話題〟のように取り上げられるようになって久しい。

この「方言」を用いたことばのコスプレ——「方言コスプレ」——は、単なる一時的なことば遊びとしての流行で、とるにたらない現象とする見方もある。たしかに、この「方言コスプレ」は、公のシリアスな場面で登場するわけではなく、また、わたしたちの言語生活における優先順位が高いものでも、中心的なものでもない。加えて、全国津々浦々、老若男女に等しく観察される事象でもない。そもそも、「生活のことば」としての「方言」を遊びとして用いるような言語行動に不快感を抱いたり、そこで使われるようなホンモノではない「方言」に価値を見出さない人も少なくないだろう。

一方で、この「方言コスプレ」行動は、比較的若い年齢層を中心に、親密な間柄や、くだけた場面において、「どうやって自分の今の気分を伝えるか」という言語行動の〝方略〟(strategy)のひとつとしてすでに定着しつつある。「方言コスプレ」は、場面、地域、性、個人の志向性などに強く依存する現象ではあるものの、特別に変わった志向をもつ限られた地域の人だけが行なう特殊な言語行動、というレベルの現象では、もはやないといえるだろう。

「方言コスプレ」は、話し手自身が本来身につけている生まれ育った土地の「方言」(生育地方言)とは関わりなく、日本語社会で生活する人々の頭の中にあるイメージとしての「○○方言」を、その場その場で演出しようとするキャラクター、雰囲気、内容にあわせて臨時的に着脱することを指している。冒頭に上げた例でみるならば、「つっこみキャラ」を演出するならば「関西弁」、「男キャラ」を演出するならば「九州弁」、「純朴キャラ」を演出するには「東北弁」や「北関東弁」(図0-1)と、ある個人がその場で繰り出したい「キャラクター」(キャラ)に当てはまる「方言」を着けたり外したりする

図 0-1　おしるこの素朴なウマサを「バークゼンとイナガのまね」と称して「方言コスプレ」で表現する主人公（久住昌之作・水沢悦子画『花のズボラ飯』秋田書店，2011）

ようなことである。

「方言コスプレ」で用いられることばは、ホンモノの「方言」である必要は、何重もの意味においてない。まず、話し手自身の生まれ育った土地の方言である「生育地方言」である必要もないし、「○○弁」や「△△方言」といっても使用される際にその正確さが要求されるわけでもない。もっといえば、そのホンモノの「方言」に触れたことがあるか、知識があるのかさえ問われない。多くの人が「○○弁」や「△△方言」として共有する「らしさ」が感じられればよいのである。

つまり、「方言コスプレ」で用いられる「方言」は、実際の生活の中で、その地域の人々が使用しているホンモノの「方言」とは別の「方言」である、ということになる。このことは、わたしたちに、日本語社会の中には、現実の土地や生活と結びついたホンモノの「方言」と、そうではない、

「らしさ」を頭の中で共有するホンモノとはかならずしも一致しない「方言」があるということを教えてくれる。前者の現実の土地と結びついた「生活のことば」としてのホンモノの「方言」のことを「リアル方言」、「らしさ」を頭の中で共有するホンモノとは別の「方言」のことを「ヴァーチャル方言」と呼ぶことにする。

ヴァーチャル方言は、たんに「○○弁」「△△方言」らしい具体的な語彙や語句やしゃべり方を頭の中に喚起させるだけではなく、「○○弁」のイメージ(方言イメージ)、「○○弁」の話し手のイメージ(方言話者イメージ)、「○○弁」が使われている地域のイメージ(地域イメージ)なども喚起させる。このようなヴァーチャル方言によって頭の中で喚起されるさまざまなものの複合体を「方言ステレオタイプ」と呼んでいきたい。

「ヴァーチャル関西弁」を例としてみるならば、具体的なことばとしては「〜やん」「なんでやねん」、方言イメージとしては「おもしろい」、方言話者イメージとしては「つっこみキャラ」、地域イメージとしては「食いだおれの街」などを上げることができるだろう。

このようにみていくと、「方言コスプレ」は、それぞれの「方言」に付与されているステレオタイプを「得意技」として、臨時的な「キャラ」を繰り出すことを目的としたヴァーチャル方言の着脱行動と言い換えることができる。

また、「ドラマ方言」のような創作物にあらわれる「方言」も、このヴァーチャル方言の一種で、登場人物の出身地や舞台となる地域を示す用法(地域用法)ばかりでなく、方言ステレオタイプによってキャラを際立たせる用法ももつ。たとえば、ドラマなどの創作物における関西弁キャラにはトリックスターとしての立ち位置が与えられがちである(金水敏、二〇〇三)、というようなことである。この後者のキャラを際立たせる用法(キャラ用法)は、本書でみていくヴァーチャル方言を用いた「方言コスプレ」を行なう感性ときわめて近いところにあるものとみることができるだろう。

「方言コスプレ」が提起する問題

さて、ヴァーチャル方言を用いたキャラ繰り出し行動である「方言コスプレ」が成立する背景には何があるのだろうか。また、日本語社会において、いつごろから「方言コスプレ」のような現象が目に見えるかたちで広がりはじめ、なぜこのような言語行動が広く受け入れられるようになってきたのだろうか。先にすべての人がこの言語行動をとるわけではない、と述べたが、どのような人がこのような言語行動をとりやすいのだろうか。そして、それはなぜなのだろうか。

さらには、「方言コスプレ」で使われる「方言」は、日本語社会を構成する多くの人々が「らしさ」を共有するヴァーチャル方言であるのだが、その「らしさ」の共有はどうして可能になったのだろうか。その共有される「らしさ」は時代や地域によって異なることはないのだろうか。――このようなことを考えはじめると、「方言コスプレ」現象は、とるにたらない一時的なことば遊びとしての流行と切って捨てるにはしのびない、日本語社会を読み解くさまざまな問題を内包したものであることがわかってくるだろう。

「方言」の本格的な研究は近代にはじまり、こんにちまでの間、全国各地の「方言」を対象としたさまざまな研究の蓄積があるが、これまでの研究が対象にしてきた「方言」は、土地に結びついたリアル方言が中心であった（日本方言研究会編、二〇〇五）。つまり、話者の言語的基盤が形成される言語形成期（五、六歳～一三、四歳）を過ごした土地（生育地）の「方言」の実態や使用意識、移住に伴う移住元や移住先の「方言」の維持や採否、それら「方言」に対する意識などが主な研究対象となってきたわけである。

一方、ヴァーチャル方言については、創作物にあらわれたものについての研究はあるものの、生きた人間がヴァーチャル方言をどのように使用し、またその時どのような意識でいるのかについて正面から取り上げたものは、ほとんどない。ヴァーチャル関西弁について全国七都市における受容を取り上げた研究（陣内正敬・友定賢治編、二〇〇五）がある程度である。とりわけ、「方言コスプレ」のような現象については、ほとんど関心をもたれてこなかったといっていいだろう。

ただし、ヴァーチャル関西弁に付与されている方言ステレオタイプとその形成過程については、江戸後期以降の芸能や小説、戯曲、映画やテレビ番組などの創作物における用法からすでに「役割語」(role language)のひとつとして明らかにされている(金水敏、二〇〇三)。「役割語」とは、金水の用語で、ある言語コミュニティーにおいて共有されることばづかいに付与されたステレオタイプ――特定のことばづかいから特定の人物像が思い浮かび、逆に特定の人物像から特定のことばづかいが思い浮かぶような――のことを指している。たとえば、「わしは、博士じゃ」の「わし」「〜じゃ」のようなものが「役割語」に相当し、この場合、そのようなことばづかいが「博士」や「老人」というキャラと結びつくようなものである。

また、「方言コスプレ」は、ヴァーチャル方言を用いた臨時的なキャラの着脱行動であるため、この「役割語」や後述する「キャラ助詞」の着脱によるキャラ着脱と共通する。「方言コスプレ」におけるヴァーチャル方言も、「役割語」「キャラ助詞」も、その着脱によって発話者がキャラの着脱を行なう「ことばのコスプレ」の一種になるというところが共通点だ。それぞれを装着することによって、日本語社会に共有されるステレオタイプから喚起されるキャラが発動されるという点も共通している。

「純朴キャラ」を発動するためにヴァーチャル東北方言やヴァーチャル北関東方言を装着するように、「役割語」や「キャラ助詞」の装着による「ことばのコスプレ」の例として次のようなものを上げることができる。

たとえば、発話者がもっともらしいことを述べ立てちゃってるんですけど、というような発話スタンスを示すために「博士語」を装着したり、従順さや上目づかい的な非攻撃性などを織り込んでます、というような発話スタンスを示すためにうさぎ耳をつけたメイド喫茶のメイドさん風に「キャラ助詞」の「ぴょん」を装着させ、「そうだぴょん」などと〝うさぎキャラ〟を繰り出したりするようなものである。「キャラ助詞」とは、「文末らしい文末」に追加される「自分の繰り出したいキャラクタを体現する助詞」(定延利之、二〇〇五)というものである。

「方言コスプレ」は、着脱するヴァーチャル方言になんらかの「らしさ」を求めた行動で、日本語社会における方言ステレオタイプの形成と関わってくるものでもある。

日本語社会における方言ステレオタイプの形成には、現実の世界における各地のリアル方言の実態や、リアル方言が使用されているリアルな土地と生活の現状が関わるだけでなく、芸能、小説、戯曲、映画、ドラマ・アニメ・バラエティー・CMなどのテレビ番組、マンガ、ゲームのようなさまざまな媒体にあらわれる創作物の世界で使用されるヴァーチャル方言が大きく関わる。このような創作物は日本語社会で共有されるステレオタイプによって形作られる一方、それら創作物がマス・メディアなどを通じて、そこにあらわれたステレオタイプを日本語社会に拡散・増幅させていく装置ともなる。また、日本語社会において広く受け入れられた創作物は、新しいステレオタイプを従来のステレオタイプに上書きさせていく力ももつことになる。

つまり、リアル方言とヴァーチャル方言は往還的な関係にあるというだけでなく、創作物におけるヴァーチャル方言と生きた人間が使用するヴァーチャル方言とのあいだにも往還関係がみられるということである。

「方言コスプレ」前景化の背景

「方言コスプレ」がさまざまなところで目につくようになってきた背景として、大きく二つの要因を指摘できそうである。一つはインターネットや携帯メイルの普及によって「打ちことば」が日常化し、「打ちことば」の非対面・非同期という特性によって後押しされた「自己装い表現」の一般化が進んだこと、もう一つは、現代が「方言」の「おもちゃ化」の時代を迎えていることである。

携帯メイルやブログや掲示板、ＳＮＳ(Social Networking Service)などは、非対面・非同期というメディア特性をもつ「打ちことば」によるコミュニケーションである。お互いに顔を合わせることなく、タイムラグをはさんでのコミュニケーションであるため、「自己装い表現」が取り入れられやすい。

「自己装い表現」には、いろいろな方略が用いられてきているが、親密な間柄でやりとりする「親しさ」・「非公式性」を示すためのことば(親密コード)においては、顔文字や絵文字などの各種記号類が多用されている。記号類の多用は、「活字」を用いた非対面メディアである「打ちことば」に欠落する、感情などを表現する声の抑揚や声質、スピードやボリューム、顔の表情や視線や動作などにあらわれるニュアンスの補塡という意味ももちろん大きなものであるが、相手への配慮や表現効果を期待する「自己装い表現」として、そのバリエーションと使用頻度を拡張してきたという背景ももつ。

キャラを演出することを目的とした「自己装い表現」の一種である「ことばのコスプレ」は、もともと若者を中心とした親しい者同士のやりとり（親密コード）においては、話しことばとしても書きことばとしても存在していたもので、新しいメディアである「打ちことば」にもツールとして当然のように〝移植〟された。その移植された「ことばのコスプレ」が、「打ちことば」のもつメディア特性とよくマッチしたことによって使用層が拡張し、多くの人の目にも触れるようになり、一般的な現象として顕在化してきたものと考えられる。

また、「方言」がコスプレ・ツールとして採用されるようになった背景に、現代が〝「方言」が価値をもつ時代〟となったことも指摘できる。

テレビ放送の普及などによって、ほとんどの人が「共通語」を用いることができるようになったこんにち、「共通語」とは別に、生まれ育った地域の「方言」をもつことが「かっこいい」「誇らしい」ことになったのだ。

「方言」を「かっこわるい」「恥ずかしい」ものとみていた時代は、ほとんどの人が「共通語」と生育地方言のバイリンガルとなった一九八〇年代あたりでほぼ終わりを告げたといっていいだろう。多くの人が場面に応じて、生育地方言と「共通語」を使い分けられる時代となり、「方言」が個性のひとつとしてポジティブに認識されるようになったのだ。

生育地方言と「共通語」をスタイル(style)として使い分ける時代を経て、「共通語」勢力の強い地域では、スタイルとしての包括的な「方言」使用が衰退し、生育地方言の部分的使用が観察されるようになった。「共通語」に生育地方言の部分的要素を、気分や場によってつけたりはずしたりするという用法だ。このような「共通語」に生育地方言の部分的要素をちりばめる用法は、アクセサリーの着脱になぞらえて「方言」の「アクセサリー化」(小林隆、二〇〇四)と呼ばれている。「共通語」が普段着で「方言」がアクセサリーという付加価値をもつ時代となったことをあらわしている呼び方である。

生育地方言をアクセサリーとして部分使用する段階を経て、ヴァーチャル方言を用いた「方言コスプレ」が顕在化するような時代を迎えた。それは、「方言」は「かっこいい」「誇らしい」というポジティブな価値観に加え、「おもしろい」「楽しい」という娯楽としての側面が加味されてきたことを意味しており、このような意味において現代は「方言おもちゃ化」の時代を迎えたといっていいだろう。

「方言おもちゃ化」とは、どのようなことか定義をしてみるとするならば、「「方言」を目新しいもの、おもしろいもの、価値あるものとして、それが生育地方言であるか否かを問わず、表現のバリエーションを広げたり、楽しんだりすることを主目的に採用・鑑賞する」という「方言」の受容態度と言語生活における運用態度のことである。ヴァーチャル方言を用いた「方言コスプレ」現象の顕在化は、「方言おもちゃ化」が典型的にあらわれたものといえるだろう。

「現代は、共通語が方言を引き立ててくれる時代」(小林隆、二〇〇四)という感覚が広く日本語社会に行き渡ったのは、一九九〇年代以降と思われるが、一九七〇年代中頃の東京の大学に通う非東京出身者が、「方言」と聞いて思い浮かべるもの、という問いに対して抱いた「東京弁しか話せぬ友の前で、同郷の友と郷土のことばをしゃべりまくって、その友がびっくりしているのを見て感じた」という「優越感」には、すでにこんにちの「方言」は「かっこいい」「誇らしい」という感覚につながる下地が形成されていたことがうかがえる(吉沢典男、一九七六)。

「方言」の「アクセサリー化」は東日本の都市部を中心に観察される現象で、西日本とりわけ近畿・九州などでは都市部においても包括的なスタイルとしての「方言」が主流であるといういくつかの指摘(陣内正敬、二〇〇六／真田信治、二〇〇九／二階堂整、二〇〇九)があることからもわかるように、「方言」の「アクセサリー化」の程度には地域差がみられる。「方言おもちゃ化」顕在化の程度も、当該のコミュニティーが「方言主流社会」であるか「共通語中心社会」であるかによって、相当異なることが想像される。「方言主流社会」とは「共通語はもちろん通じるのだが、方言を使って生活した方が地域社会での人間関係をうまく保てる社会」(佐藤和之、一九九九)のことである。一方の「共通語中心社会」は、「方言主流社会」のようには「方言」が機能していない、どのような場面においても「共通語」が言語生活の中心となっている社会のことを指す。

「方言おもちゃ化」のあらわれのひとつである「方言コスプレ」が、現時点においては、東日本の都市部の若年層が中心となった現象として観察されやすいのは、このような背景によると考えられる。

しかし、「方言」を「おもしろいもの」「楽しいもの」とみる「方言おもちゃ化」という感性は、広く全国において共有される時代となっていることが次のような例からわかるだろう。二〇〇五年から二〇〇六年にかけてマス・メディアで全国に向けて盛んに取り上げられた「女子高生方言ブーム」などがそれである。携帯メイルにおける「方言コスプレ」のツールとして、女子高校生などの若年女性を目当てとした「かわいい方言本」の刊行が相次ぎ、さまざまなメディアで取り上げられたことは記憶に新しい。また、同時期には全国放送のテレビ番組における方言クイズや、タレントが「方言」で「なまる」ことを売りにしたコーナーが人気を呼び、深夜枠や特番からゴールデンタイムへ進出した番組が相次いだことなども話題となった。「方言」を「売り」とするお笑い芸人が注目を集めはじめたのもこのころである。いずれも、「方言おもちゃ化」的感性が全国的に受け入れられてきていることを示すものといっていいだろう。

第1章
方言コスプレの背景と実態

そうやねん、〜だべ、〜たい――「打ちことば」にみる方言コスプレ

「方言コスプレ」が前景化してきた背景のひとつとして、「打ちことば」の普及があるとみていることは、先に述べた通りである。ここでは、まず、その理由について少しくわしくみていき、その後、二〇〇五〜二〇〇六年にかけての「方言ブーム」以前の「打ちことば」データにおいてすでに「方言コスプレ」行動が出現することをみていく。

もともと親密な間柄でやりとりする「打ちことば」には、話しことばに近いくだけた文体があらわれやすいことがわかっている。「共通語」と「方言」のバイリンガル状態がほぼ完成した一九八〇年代以降、「方言」は「くだけた話しことば」のスタイル(親密コード)としてすでに機能しており、一九九〇年代中頃以降に急速に普及した「打ちことば」において、「くだけた話しことば」らしさを表現するのに、「方言」は非常に効果的な素材となっていたといっていいだろう。

また、「打ちことば」は、音声を伴わないため、正確な再現がなかなかむずかしい「方言」のアクセントやイントネーションを気にせずにヴァーチャル方言を使用することができる。つまり音声を伴う対面コミュニケーションに比べ、ヴァーチャル方言を採

用するハードルが低いわけだ。

「打ちことば」における「話しことば」らしさと「方言」への欲求は、ＡＴＯＫ（ジャストシステムの仮名漢字変換ソフト）の「話し言葉方言モード」開発者による「日本語入力システムでも、話し言葉と方言への対応は、ユーザーから寄せられる要望の中で上位を占めていた」（新田実、二〇〇三）というような証言からも確認できる。同時に「インターネット環境の普及があったからこそ、方言対応が行えたともいえる」（新田実、二〇〇三）という発言もしており、「方言モード」の開発と展開はインターネット環境の一般化と強く関わりあうもので、「打ちことば」と「方言」が非常になじみのよいものであったということが確認される。

携帯メイルにおける「方言コスプレ」

ここで、二〇〇四年に筆者が実施した首都圏の大学に通う大学生を対象とした携帯メイルにかんするアンケート調査の結果から、「方言ブーム」以前に「携帯メイル」において「方言コスプレ」行動が行なわれていたことを確認しよう。

携帯メイルとは、携帯電話会社が提供するアドレス間でやりとりする電子メイルのことである。パソコンでやりとりをするウェブメイルよりも短く、頻繁で、気楽な媒体として認識される。携帯電話の番号間でやりとりするショートメッセージサービス（Short

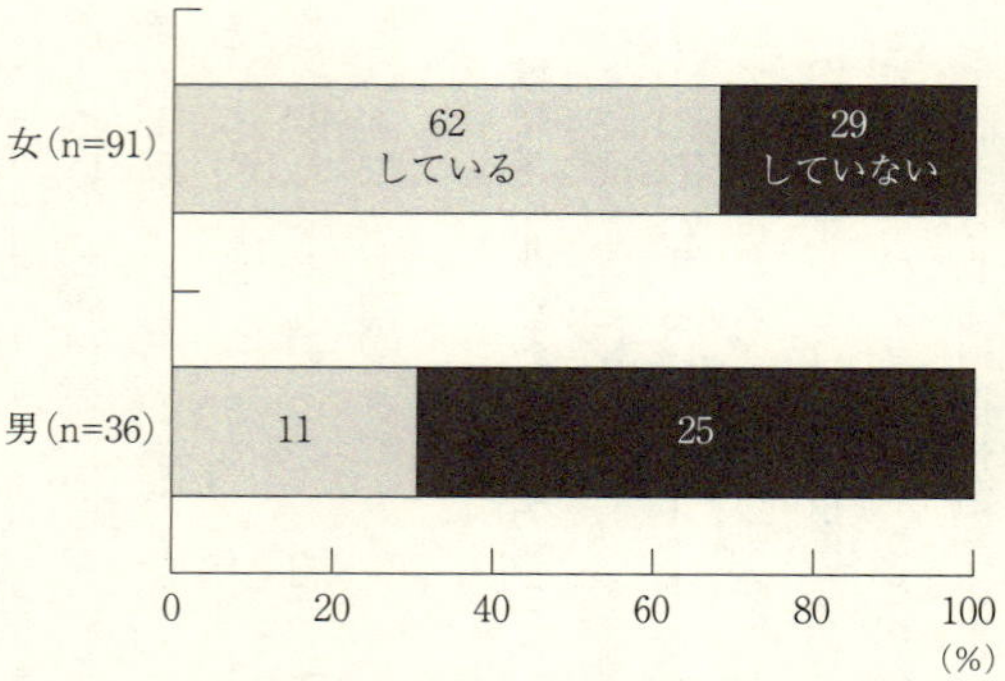

図1-1　携帯メイル特有表現を使用しているか
(nは回答数(以下同)，図中の数値は度数，2004年調査)

Message Service、略してSMS)や、LINEのようなモバイル端末向けのアプリを介したインスタントメッセンジャーを通じたコミュニケーションに似た特性をもつ。

二〇〇四年に実施した東京二三区内の二つの私立大学に通う大学生を対象としたアンケート調査(有効回答数一二七:首都圏生育者六四人、非首都圏生育者六三人。以下、二〇〇四年調査)のデータから、「方言コスプレ」行動が流行として世間の注目を集める以前における首都圏大学生の意識をみていく。

まず、携帯メイルならではの表現(以下、「特有表現」)をしているかどうか尋ねたところ、これにははっきりとした男女差が確認された(図1-1)。女子学生では七割弱が「使用している」と回答したのに対し、男子学生は三割強しか「使用している」という回答をしていない。

次に、「特有表現をしている」と回答した学生に、九つの選択肢を示し、どのような表現を自分自身は用いているのか、という質問を行なった。その上で、それぞれの選択肢に該当する例文を思いつくかぎりいくつでも上げてもらった。その二六三例文にあらわれた二九四の表現を選択肢に当てはまるように再分類したものが図1-2である。図1-2からは、「文末表現」がもっともよく用いられており、ついで「定型表現」、「記号」、「呼称」、「ニセ方言」が用いられていることがわかる。「ニセ方言」とは、ヴァーチャル方言の一種である非生育地方言のことで、自分自身の生育地方言(図中の「方言」)と区別するために「ニセ方言」と仮称している。「文末表現」は、「キャラ助詞」にほぼ相当するものである。

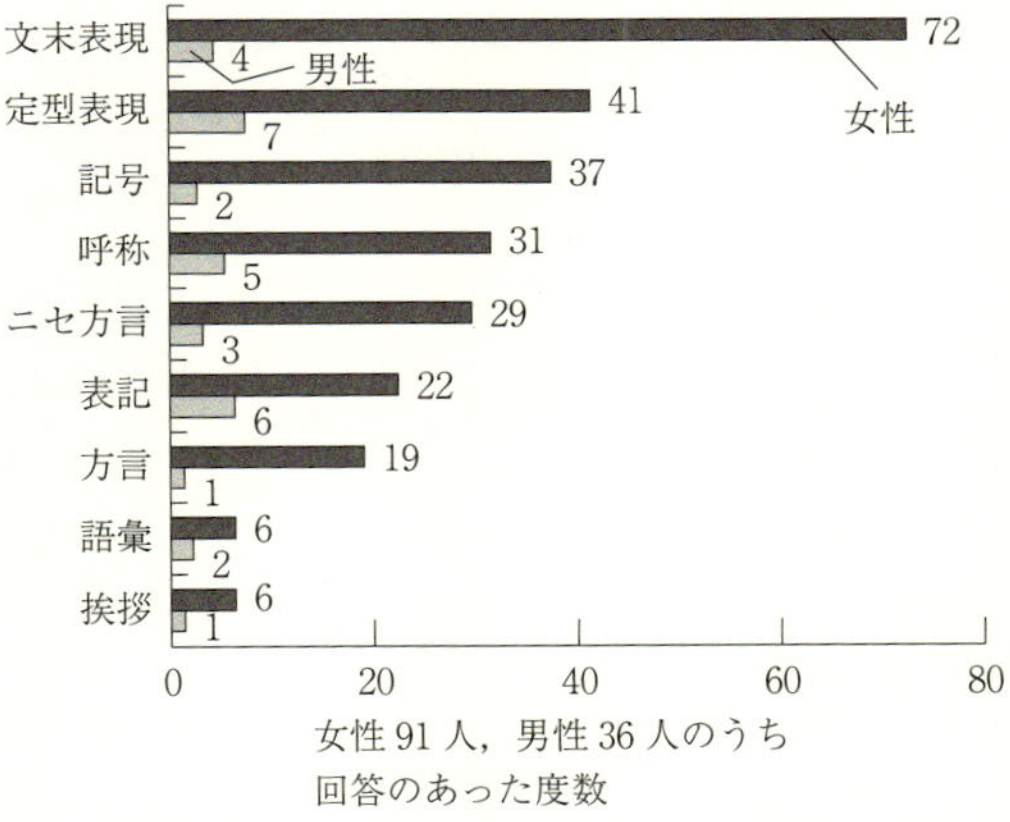

図 1-2 どのような特有表現を用いているか
(図中の数値は度数，複数回答可，2004 年調査)

これら携帯メイルの特有表現として意識されているものには、「素の自分」とは異なる別のキャラを演出するための表現が多く選択されていることがわかる。

非対面・非同期という「打ちことば」のメディア特性が「自己装い表現」を促進するという面をよく示している結果といえる。

生育地方言を意味する「方言」は、「ニセ方言」よりも「使用する」という回答が少ない。また、有効回答数に差があるものの、すべての特有表現は、男子学生より女子学生においてより活発に用いられていることもわかる。

各種の「特有表現」を多用する、この女子学生の装飾志向は、もともと「女子コミュニティー」におけるくだけた手紙などの手書き場面においても確認されている（徳川宗賢、一九八五／山西由里子、二〇〇七）ため、手書き女子文化の「打ちことば」への〝移植〟とみていいだろう。

ところで、この二〇〇四年調査では、「ニセ方言」を使用すると回答した学生には、その具体例も上げてもらった。ヴァーチャル方言の使用例が記述されていた回答二九例は、一五例が首都圏生育者からの回答、一四例が非首都圏生育者（うち三例は日本語を第一言語とする国外生育者）からの回答であった。

「ニセ方言」の使用例二九例のうち、回答者本人からの「申告」も含め、おおよその地域が推測された二三例をおおまかに分類すると、「関西弁」が九例ともっとも多く、ついで「東北／北関東弁」七例、「九州弁」四例、「中国方言」三例であった。

さらに、「ニセ方言」の使用例として示された回答をみていくと、ほとんどが「〜やん」「〜だべ」「〜たい」のような「文末表現」や、「なんでやねん」のような「定型表現」であることがわかる。

《二〇〇四年調査における「ニセ方言」使用例》

関西弁‥　〜やん、〜やろ、〜じゃ、〜やから、なんでやねん、そうやねん、なにしとんねん
東北／北関東弁‥　〜だべ、〜だべさ、〜っぺか、んだども
九州弁‥　〜けん、〜たい、〜ですたい、〜でごわす
中国方言‥　〜やけ、〜けぇー、〜じゃけん
地域不明方言‥　〜なんさ、〜なんよ、〜やね、〜さ、〜だがよ、〜だやね

使用例からは、携帯メイルで使用される「ニセ方言」は、「文末表現」や「定型表現」のようなきわめて部分要素的なものばかりであることがわかる。これは、「方言コスプレ」の前段階的現象と位置づけた生育地方言の部分的要素を「共通語」にちりばめる用法である「方言」の「アクセサリー化」(小林隆、二〇〇四)とまったく重なる「方言」の用いられ方であることを示している。

ここまで「方言コスプレ」がマス・メディアで社会現象として取り上げられる前の首

都圏大学生を対象とした「携帯メイル」についてのアンケートデータにおいて、すでに「方言コスプレ」行動が行なわれていることを確認してきた。以下では、「方言コスプレ」行動について、いくつかのデータからもう少しくわしくみていきたい。

「方言」の三つの層

「方言おもちゃ化」の時代である現代における「方言」には、もともとの土地や生活と結びついた「生活のことば」としての生育地方言（リアル方言）と、方言ステレオタイプに基づくヴァーチャル方言の二つの層が存在する。さらにヴァーチャル方言には、リアル方言由来の「土地」との結びつきをもつヴァーチャル方言と、自分自身のリアル方言とは無関係な「土地」からも切り離されたヴァーチャル方言が想定される。つまり、土地や生活との結びつきの程度の強い順にみていくとすると、リアル方言、リアル方言由来で「土地」との結びつきをもつヴァーチャル方言、リアル方言とは関わりのない「土地」との結びつきももたないヴァーチャル方言の少なくとも三層が存在している。

土地や生活と結びついたリアル方言を、区別のために「本方言」と呼んでおこう。一般に言語形成期に生活した土地の「方言」を生育地方言と呼び、自分自身が生育する過程で自然に身についたもののことを指す。これがここで想定する「本方言」である。「本方言」は、自分自身を「方言話者」と意識しているかどうかとは関わりなく、本来、どの話者ももつもので、いわば「手もちの方言」である。ここでみている三層の「方言」のうち、話者自身の固定的属性ともっとも切り離しにくい言語変種(language varieties)である。一般に「本方言」は「共通語」と対比的に「同じ地域方言を話す相手」や、「親しい相手」に対する「親密コード」として用いられることが多い。

第二層は、リアル方言由来の「土地」との結びつきをもつヴァーチャル方言である。これも区別のために「ジモ方言」と呼ぼう。生育地で使用されている「方言」であるものの、自分自身の方言としては使用せず、自分より上の世代である両親や祖父母世代の使用方言として見聞きしているもののことを指す。近年では、地方自治体や、地域メディアや企業などがローカルアイデンティティーの〝アイコン〟として用いる地元の伝統的な「方言」などもここに含めてもいいかもしれない。ともかく、自分は使わないが、「地元の方言」という認識があるもののことである。自分自身のもつ「本方言」に比べ、「より濃厚な生育地方言」ということになる。第一層の「本方言」と区別するために、「ジモ方言」と呼ぶ大学生がいたことからとっている。「地元の人」を指す若者ことば「ジモティ」の「方言」の略である。

「ジモ方言」は、その使用者にとっては、生育地方言の地域性を強調した変種であり、地元色をより濃厚に示す目的でこれを用いることが多いようだ。大学生のコメントにおいて、「ジモ方言」は「地元の友だちとのやりとりで地元っぽい感じを出すために使う」

という指摘が目立った。東京の大学に在学中の地方出身者が、地元の友人に対して送る携帯メイル等での使用が典型例だ。「地元」という紐帯を太くするため「ジモ方言」を選択するという用法である。

たとえば、自分のリアル方言としては「高いべー(高いだろう)」はもつが、より伝統的な形式である「高かんべー(高いだろう)」はもたないような場合、地元友人に対するメイルにおいて、あえて本来の自分の手もち方言ではない伝統的な形式である「高かんべー」を用いることによって、地元色を強めるというような用法である。

第一層の「本方言」が、非地元の親しい相手に対しても「親密コード」として選択されることと同様に、第二層の「ジモ方言」も、非地元の親しい相手に対する「親密コード」としての用法をもつ。「本方言」が自分の「手もちのことば」からの選択であるのに対し、「ジモ方言」は、地縁のあるものとはいえ、自分自身にとってのリアル方言ではないヴァーチャル方言を用いたものであるため、「本方言」と比べると一段、手の込んだ「方言」の運用といえる。「ジモ方言」の装着によって「地元キャラ」を発動するのである。

地元色を濃厚にあらわす「ジモ方言」の非地元友人に対する使用は、「意味が通じない」というリスクがあるように思われるが、むしろそのことを逆手にとってコミュニケーションのきっかけとする、という用法を報告する男子大学生による次のコメントは興味深い。

「「ジモ方言」を用いて、もし意味が通じなくても、「これ、どういう意味?」という新しいコミュニケーションのきっかけづくりになる」

これは「ジモ方言」の少し高度な用法といえそうだが、「方言」をコミュニケーション・ツールのひとつとして、はっきりと意識した用法といえるだろう。

第三層は、自分自身のリアル方言である生育地方言からも「土地」からも切り離されたヴァーチャル方言である。これも区別のために「ニセ方言」と呼んでおこう。「ニセ方言」は非生育地の「方言」で、第二層「ジモ方言」のもつ人工的な側面を強化したより仮想性の高いヴァーチャル方言である。これもまた、「親密コード」として用いられるが、地元との関わりにおいて使用されるよりは、地元との関わりのない間柄どうしや場などで使用されることが多い。「ニセ方言」を装着することによって、その「ニセ方言」がもつ方言ステレオタイプをキャラとして発動させる。たとえば、「つっこみキャラ」ならばヴァーチャル関西弁を装着する、というような具合である。

また、「土地」と切り離された「ニセ方言」使用に際する特徴として、ひとつの発話単位において異なる地域方言形式を併用することも多く観察されている。キャラのその場その場における発動という観点からも生じうる事態である一方、さまざまなヴァーチャル方言どうしを組み合わせること自体が目的と化した行為でもあるように思える。がちゃがちゃと装飾的に「盛る」(二〇〇〇年代以降の若年層女子を中心とする流行語。化粧や装飾などを過剰に施すこと)という方向性を示す用法である。

「ニセ方言」の摂取は、直接接触したリアル方言からとみられるケースもあるが、多くは、マス・メディアなどを通じた創作物からの間接接触によるケースが多いとみられる。

二〇〇二年に首都圏生育者四一七人を対象に筆者らが行なった調査で「関西弁」の好悪に影響を与えたものは何か質問したところ、もっとも多い回答は「テレビ」(五九・〇%)で、「友人・知人」「仕事」「家族」といった直接接触を上げた回答は合計しても一四・四%であった(田中ゆかり、二〇〇五)。この質問は、ヴァーチャル方言の仕込み先について直接尋ねたものではないが、間接接触、とくにテレビのような近代マス・メディアの社会に与える影響は大きいことがうかがえる。文化庁が毎年実施している「国語に関する世論調査」においても、「生活に必要な情報を何から得ているか」という質問に対して、年代を問わず九割以上がテレビを選択しており、テレビが大きな影響力をもつメディアであることがここからもうかがえる。活字メディアである新聞・雑誌、新しいメディアであるインターネットとする回答はそれぞれ年代差が非常に大きい(図1-3・

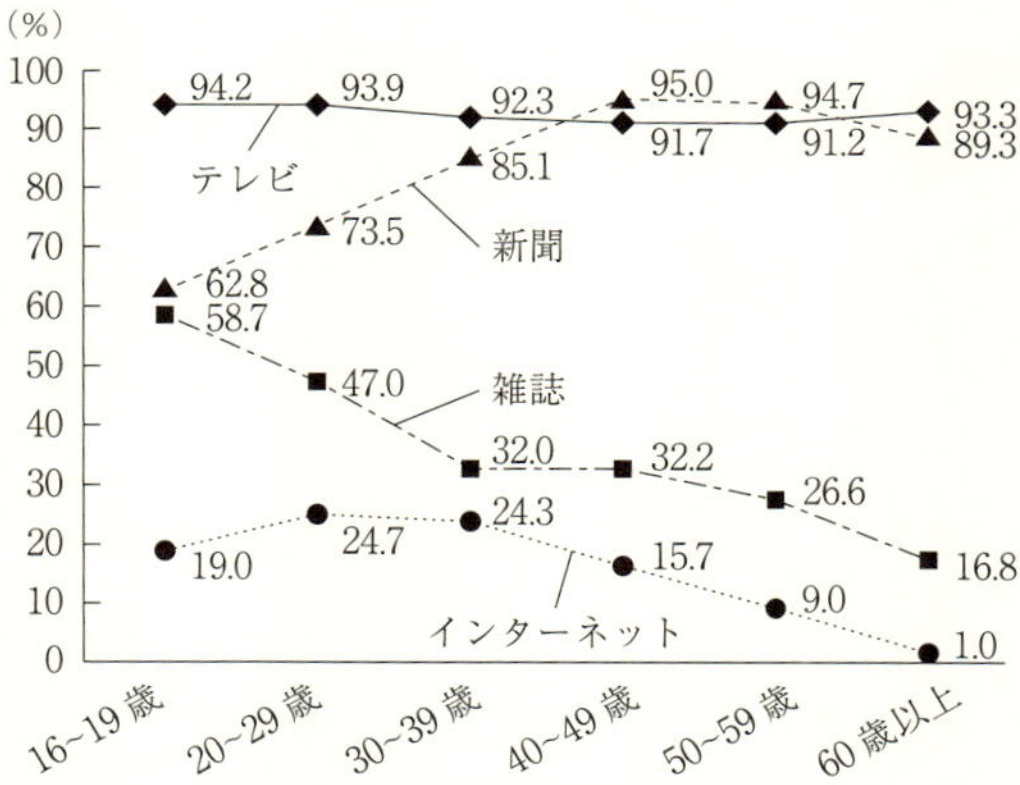

図 1-3 生活に必要な情報を何から得ているか
(文化庁国語課, 2003)

表 1-1 「本方言」「ジモ方言」「ニセ方言」の特性

	ヴァーチャル度	ステレオタイプ度	着脱自由度	土地との結びつき度	遊び度	親密度
本 方 言	−	−	−〜+	+	−〜+	±〜+
ジモ方言	+	+	+	+	+	+
ニセ方言	+ +	+ +	+ +	−	+ +	+

文化庁国語課、二〇〇三〈http://www.bunka.go.jp/kokugo_nihongo/yoronchousa/h13/kekka.html〉。

ここまでみてきた「本方言」「ジモ方言」「ニセ方言」の三層の「方言」をヴァーチャル度、ステレオタイプ度、着脱自由度、土地との結びつき度、遊び度、親密度という観点からまとめると、表1-1のようになる。

では、この三つの層の「方言」は、実際にはどのように使い分けられているのだろうか。いくつかのデータから、もっとくわしくみていきたい。

本方言、ジモ方言、ニセ方言――首都圏若年層における三つの方言

若年層における「本方言」「ジモ方言」「ニセ方言」の使用意識について、二〇〇七年に、首都圏の大学に通う大学生(日本語を第一言語とする二六五人)を対象に筆者が行なったアンケート調査(以下、二〇〇七年調査)の結果からみていく。さまざまな場面を示した上で、三層の「方言」についての使用意識を聞いたものである。

質問で示した場面は、「相手(家族、地元友人、大学友人)」「メディア(会話、メイル、手紙)」を組み合わせた九つである。この九つの場面においてどの程度、それぞれの「方言」を使うか、三段階(よく使う、たまに使う、使わない)で質問した。

表1-2は「使う(よく使う+たまに使う)」と回答した比率を、回答者の生育地が、共通語の基盤方言地域である東京都・埼玉県・千葉県・神奈川県の首都圏(一八八人)か、非首都圏(七七人)かで分けて比較している。全体の結果は右端に示し、生育地による二つのグループの間で統計的に有意な差が認められた部分を白黒反転させて示した(χ二乗検定を行ない、p値が〇・〇五未満の場合を有意差ありとした)。

この結果から明らかとなるのは、三つの「方言」にはそれぞれの使用パターンがあり、

表 1-2　「本方言」「ジモ方言」「ニセ方言」場面別使用率（2007 年調査）

	場　面	首都圏（%）		非首都圏（%）	全体（%）	全体（n）
本方言	対家族会話	42.5	＜＜	85.7	55.1	263
	対地元友人会話	41.9	＜＜	86.8	55.0	262
	対大学友人会話	34.4	＜＜	59.7	41.8	263
	対家族メイル	33.3	＜＜	59.7	41.1	263
	対地元友人メイル	34.4	＜＜	63.6	43.0	263
	対大学友人メイル	30.1		33.8	31.2	263
	対家族手紙	24.7		35.1	27.8	263
	対地元友人手紙	27.4	＜	40.3	31.2	263
	対大学友人手紙	24.7		22.1	24.0	263
ジモ方言	対家族会話	14.5	＜＜	49.4	24.7	263
	対地元友人会話	9.1	＜＜	46.8	20.2	263
	対大学友人会話	6.5	＜	15.8	9.2	262
	対家族メイル	9.1	＜＜	24.7	13.7	263
	対地元友人メイル	7.5	＜＜	29.9	14.1	263
	対大学友人メイル	7.5		10.5	8.4	262
	対家族手紙	5.9	＜＜	19.7	9.9	262
	対地元友人手紙	6.5	＜＜	22.4	11.1	262
	対大学友人手紙	5.4		10.5	6.9	262
ニセ方言	対家族会話	41.2		37.7	40.2	264
	対地元友人会話	47.1		44.2	46.2	264
	対大学友人会話	54.0		42.9	50.8	264
	対家族メイル	26.2		15.6	23.1	264
	対地元友人メイル	48.1	＞＞	29.9	42.8	264
	対大学友人メイル	47.1	＞	33.8	43.2	264
	対家族手紙	11.2		9.1	10.6	264
	対地元友人手紙	12.8		13.0	12.9	264
	対大学友人手紙	12.8		19.5	14.8	264

［凡例］　＜＜／＞＞　p 値＜0.01
　　　　　＜／＞　p 値＜0.05

生育地のグループによる使用パターンにもはっきりとした違いがみられることである。表からは、おおむね次のようなことが読み取れる。

(1) 全体のデータにおいて、使うという回答がもっとも多いのは、「対家族」「会話」における「本方言」。ついで「対地元友人」「会話」における「本方言」。一方、使うという回答がもっとも少ないのは、「対大学友人」への「手紙」における「ジモ方言」。

(2) 「会話」場面では「本方言」と「ニセ方言」を使うという回答が多い。ついで「メイル」における「本方言」と「ニセ方言」。「手紙」は「相手」を問わず三つの「方言」いずれにおいても「使う」が少ない。

(3) 「本方言」は、非首都圏生育者における「会話」・「地元メイル(家族・友人)」・「地元友人手紙」の使用が多い。

(4) 「ジモ方言」は、非首都圏生育者における「会話」・「地元メイル(家族・友人)」・「地元手紙(家族・友人)」での使用が多い。

(5) 「ニセ方言」は、首都圏生育者の「友人メイル(地元・大学)」における使用が多い。

以上の結果は、「相手」や「メディア」、生育地のグループによって、使うとする回答の比率が異なるということを示しており、首都圏の大学に通う大学生たちにおいては、

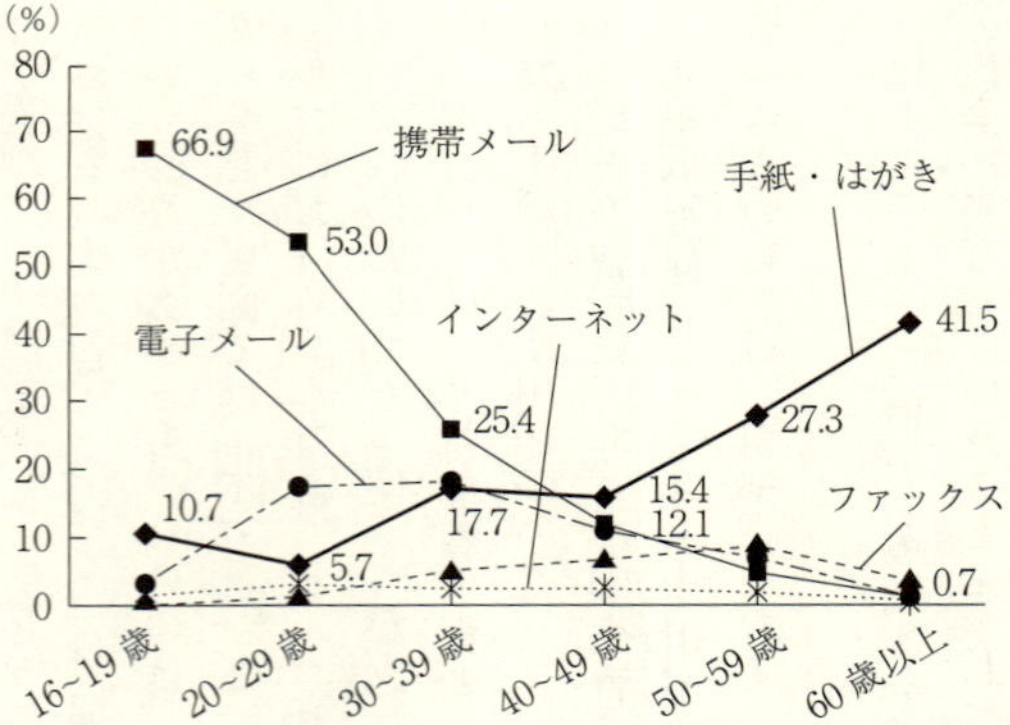

図1-4　人とのやりとりに，どのような方法を用いているか(文化庁国語課，2003)

三つの「方言」がそれぞれ別のレベルのものと意識されていることがわかる。

メディアによる使い分けをみてみると、「会話」「メイル」「手紙」のうち、「手紙」においてもっとも「方言」が使用されないことがわかる。これは、「手紙」が「会話」や「メイル」に比べ、正式性をもつ「書きことば」であることと、そもそも若年層においては「手紙」を書く機会が減っていることから、自然、それぞれの「方言」も「使わない」という回答になったことが推測される。

実際、文化庁が実施した「国語に関する世論調査」をみても、一〇代から二〇代の若年層にとっての人とやりとりをする「書きことば」としては、「手紙」の選択率は非常に少なく、「携帯メール」が第一選択肢であることがわかる(図1-4：文化庁国語課、二〇〇三〈http://www.bunka.go.jp/kokugo_nihongo/yoronchousa/h13/kekka.html〉)。

ヴァーチャル方言とそのステレオタイプ

二〇〇七年調査では、「ニセ方言」を使用するとした回答者に、さらに四七都道府県のリストを選択肢として示し、どこの「方言」を使用するかについても、複数回答可で質問している。つまり、「方言コスプレ」をするに際して、どこの「方言」を使っているという意識なのか、を聞こうとした質問である。

さらに、これとは別に、一四のイメージ語――「おもしろい」「つまらない」「かわいい」「かわいくない」「かっこいい」「かっこわるい」「男らしい」「女らしい」「洗練されている」「素朴」「あたたかい」「冷たい」「怖い」「やさしい」――を示して、このイメージに当てはまる「方言」をやはり四七都道府県のリストを提示しながら、回答を求めた。

この二つの質問をまとめたものを、表1-3に示す。都道府県名は「ニセ方言」として使うという回答が五度数以上あったものについて、回答度数の多い順に示している。「イメージ」は一四のイメージ語に当てはまるとした回答が全体の五%以上のものについて、そのイメージ語と回答された度数を示した。「イメージ」の欄が「—」のものについては、五%以上の回答がないことを示す。

表中で、度数の多いものは「ニセ方言」の対象として多く選ばれる「方言」である。

表 1-3　「ニセ方言」として使用したことがある方言(5 度数以上)
(n＝265，2007 年調査)

方　言	度数	イメージ (回答者のうち 5% 以上の回答があったもの．[　]内は度数)
大　阪	114	おもしろい[123]，怖い[85]，かっこいい[53]，男らしい[34]，冷たい[26]，かわいい[22]
京　都	45	女らしい[160]，かわいい[98]，洗練されている[78]，やさしい[52]，かっこいい[18]，あたたかい[15]
北海道	21	素朴[19]，あたたかい[17]，やさしい[14]
福　岡	14	男らしい[31]
沖　縄	13	あたたかい[56]，やさしい[53]，おもしろい[48]，かわいい[21]，素朴[20]
東　京	12	つまらない[98]，冷たい[79]，洗練されている[54]，かわいくない[24]，かっこいい[17]
広　島	12	男らしい[48]，怖い[31]，かっこいい[25]
兵　庫	9	―
青　森	8	素朴[35]，おもしろい[21]，かっこわるい[20]，あたたかい[18]，かわいくない[17]
神奈川	7	―
茨　城	6	素朴[15]，かわいくない[14]
愛　知	6	―
静　岡	5	―
熊　本	5	男らしい[15]

度数の多いものからみていくと、「大阪」がもっとも多く、ついで「京都」となる。「兵庫」も九度数あらわれる。ここから、「ニセ方言」といえば「関西弁」がまず想起されるものであることがわかる。さらに「北海道」「福岡」「沖縄」「東京」「広島」が続いてくる。

「東京」が「ニセ方言」としてあらわれてくる理由は、その選択者が主として非首都圏生育者であることから「全国共通語」が「東京方言」と捉えられているためであることがわかる。さらに、「東京」の第一イメージは「つまらない」であり、その他の「方言」とは位置づけが明白に異なっている。

九州地方の「方言」としては「福岡」「熊本」があらわれるが、東北地方は「青森」だけである。「茨城」は、ヴァーチャル北関東弁としての回答と思われるが、調査した大学が首都圏であるためあらわれたと考えられる。

次に、それぞれの「方言」にあてはまるイメージ語についてみてみよう。「ニセ方言」としてもっとも多く選択された「関西弁」は、あてはまるイメージ語も他の「方言」に比べバラエティーが豊かだ。「関西弁」はイメージ喚起力も強いことがわかる。これは、「関西弁」の方言ステレオタイプが他の「方言」に比べ明確であることによるといえるだろう。とりわけ、「大阪」を「おもしろい」、「京都」を「女らしい」とする回答はそれぞれ一〇〇度数を超えており、共有度の高いステレオタイプがあることがわかる。表中で「大阪」のイメージとして喚起されたものは、「かわいい」を除くと、おおむね「役割語」にあらわれる「大阪人・関西人のステレオタイプ」(金水敏、二〇〇三)と重なる。「大阪方言」の「かわいい」をどのように考えるか、であるが、これには、男子大学生による次のようなコメントが参考になるだろう。

「関西弁を話す女子には萌える」

関西弁に限らず「方言を話す女子はかわいい」という「方言萌え」の感覚が存在しており、その感覚が反映された「大阪」=「かわいい」とみることができる。「かわいい」が五%以上あらわれたのは、ほかに「京都」「沖縄」で、これらの「方言」は「萌え方言」のひとつとみることができる。

このほかヴァーチャル方言として選択された「方言」のうち、特定のイメージ語との結びつきが強いものをみていくと、「北海道」=「素朴」、「福岡」=「男らしい」、「沖縄」=「あたたかい」、「広島」=「男らしい」、「青森」=「素朴」、「茨城」=「素朴」、「熊本」=「男らしい」などが上げられる。「北海道」、東北、北関東は「素朴」、九州と「広島」は「男らしい」、「沖縄」は「あたたかい」という傾向がみえる。このようなイメージ語との結びつきの強いヴァーチャル方言が、「方言コスプレ」時の「キャラ」発動装置として機能していることをうかがわせる。

それぞれの「方言」を使用する理由

二〇〇七年調査では、三つの「方言」を九つの場面のうち一場面でもそれぞれ使用すると回答した人に、その「方言」を使用する理由を、いくつかの選択肢を示して回答を求めた。三つの「方言」を使用する理由として回答されたもののうち、一〇度数以上の回答があった選択肢を、多い順に示すと次のようになる。（　）内は回答度数。首都圏生育者と非首都圏生育者の二つのグループの回答を比較し、統計的な有意差がみられた場合、回答の多いグループを《　》内に示した（χ二乗検定を行ない、p値が〇・〇五未満の場合を統計的な有意差があるとした）。

・「本方言」を使う理由
一位　「ふだんの自分のことばだから」（九九）《非首都圏》
二位　「地元で使われることばだから」（四四）《非首都圏》
三位　「親しい感じを出せるから」（二一）《非首都圏》
四位　「おもしろい感じを出せるから」（一〇）

・「ジモ方言」を使う理由

一位　「地元で使われることばだから」(三三)
二位　「親しい感じを出せるから」(一五)
三位　「おもしろい感じを出せるから」(一三)
四位　「地元とのつながりを示せるから」(一一)

・「ニセ方言」を使う理由
一位　「おもしろい感じを出せるから」(九五)
二位　「雰囲気にふさわしい感じを出せるから」(四一)
三位　「友人・知人の使う方言だから」(三三)
三位　「親しい感じを出せるから」(三三)《首都圏》
五位　「内容にふさわしい感じを出せるから」(二七)
六位　「家族や親戚の使う方言だから」(二二)
七位　「新しい感じを出せるから」(一七)
八位　「かわいい感じを出せるから」(一七)

リアル方言である「本方言」の使用理由は、一位「ふだんの自分のことばだから」、二位「地元で使われることばだから」で、「本方言」が身についている「方言」であること、「土地」と結びついた「地元」の「方言」であることが意識されていることがわかる。また、三位の「親しい感じを出せるから」という理由も含め、非首都圏生育者においてこれらの理由が多く選択されていることがわかる。これは、「本方言」が、生育地と切り離せないものであることと同時に、そのような生育地方言をもつと意識している人々にとっては、「方言」が親しさをあらわすためのことば、「親密コード」として機能していることを示す結果といえる。

ヴァーチャル方言ながら、「土地」との結びつきをもつ「ジモ方言」にも、「本方言」と同様、「地元で使われることばだから」「親しい感じを出せるから」が理由としてあらわれる。四位には「地元とのつながりを示せるから」が出現しており、「ジモ方言」が地元との紐帯として意識されていることがわかる。

一方、「ニセ方言」を使用する理由は、がらりと変る。「おもしろい感じを出せるから」「雰囲気にふさわしい感じを出せるから」「内容にふさわしい感じを出せるから」「新しい感じを出せるから」「かわいい感じを出せるから」と、演出的な理由が並ぶ。三位の「親しい感じを出せるから」は、「本方言」・「ジモ方言」では非首都圏生育者の選択が多いのに対して、「ニセ方言」では首都圏生育者に多くあらわれる。

首都圏生育者の多くは、自分たちの生育地には「方言らしい方言」があると思っておらず、そのことによって「本方言」・「ジモ方言」をもっていないと意識していることが多い。「ニセ方言」の使用理由として「親しい感じを出せるから」という回答を首都圏生育者が非首都圏生育者よりも多く選択する理由は、首都圏生育者にとって「ニセ方言」が、非首都圏生育者にとっての「本方言」・「ジモ方言」相当の「親密コード」として意識されているためであろう。

また、「ニセ方言」の使用理由として、生育地が首都圏か非首都圏かにかかわらず、「友人・知人の使う方言だから」「家族や親戚の使う方言だから」という身近なリアル方言への直接接触に関わる理由があらわれる点も、「本方言」・「ジモ方言」とは異なるところである。身近な人の使うよその土地の「方言」への「歩み寄り」(accommodation)としての「ニセ方言」の採用も少なからず意識されていることがわかる。

以上から、三つの「方言」の使用理由を整理すると、「本方言」・「ジモ方言」は非首都圏生育者にとっての「親密コード」としておもに使用されており、「ニセ方言」は首都圏生育者の「親密コード」としておもに使用されているという興味深い傾向がうかがえる。このことからも、首都圏生育者における「ニセ方言」は、非首都圏生育者における「親密コード」である「本方言」・「ジモ方言」の代替物という側面をもつものであることがわかる。

また、「おもしろい感じを出せるから」という使用理由が三つの「方言」すべてに登場している点にも着目したい。「ニセ方言」や「ジモ方言」は、その表現意図のためにわざわざ借り出してくるヴァーチャル方言であるから、「おもしろいから」とする使用理由があらわれることは、ある意味当然といえる。しかし、自然と身についた「本方言」の使用理由としても「おもしろい感じを出せるから」という回答があらわれたことはどう考えるべきだろうか。

ここからは、「本方言」さえも、演出効果を狙う言語変種のひとつと認識する回答者の存在がうかがえる。「ジモ方言」を使用する理由においても「地元とのつながり」という地元紐帯効果と同程度、「おもしろい感じを出せるから」という回答があらわれている。ここからも首都圏生育者の「ニセ方言」を「おもしろいから」使うとする感性が、非首都圏生育者における「本方言」・「ジモ方言」を「おもしろいから」使うとする感性と響き合うものであることがわかる。つまり、「方言」を「おもしろい」と捉える感覚は、「方言」をもたない「都会」の人間だけがもつ、都会勝手なものの見方とは、もはやいえない、ということである。

「本方言」は、生育地方言として身についた「土地」との結びつきの強い「生活のことば」ではあるが、その「本方言」を使用する理由を「おもしろい」とする感性は、「方言おもちゃ化」につながるものと考えられる。二〇〇七年調査では、非首都圏生育者においても「ニセ方言」は四四・二%から九・一%の範囲で使用されており(表1-2参照)、「本方言」の使用理由として「おもしろいから」という回答もみられた。この結果は、非首都圏生育者における「方言おもちゃ化」的感性の存在を十分に感じさせるものとなっている。

再び「方言コスプレ」の提示するもの

「方言コスプレ」という言語行動は、「方言おもちゃ化」現象のあらわれで、日本語社会における「方言」の位置づけが、また一段新しい段階に入ったことをうかがわせる具体的事例といえる。ただし、二〇〇七年調査のデータは「首都圏の大学に通う大学生」における結果であるため、「方言主流社会」で生活する人々の感覚とまったく同じとはいえないだろう。しかし、先にみたように、「方言おもちゃ化」的感性は、全国的現象として捉えられる部分も多く、まったくの都会勝手、東京勝手な感性とも言い切れない。

また、言語表現の中で、「新しいもの」「物珍しいもの」「手垢のついていないもの」として、「方言」を採用するという行動は、文学など表現の玄人が携わる創作物においては、古くから行なわれてきたものでもある。文学における表現模索の一環として、時々の標準的な文学に対する異化作用をもくろんだ「方言」や「ニセ方言」の取り入れなどは、こんにちまでの間、繰り返し繰り返しあらわれてきている。これらは、玄人による「方言コスプレ」といえるだろう。

たとえば、古くは貞門・談林・蕉風などにみられる江戸期俳諧における新規性・土着性などを求めた「方言」語彙の採用や模索（米谷巖、一九八二）、言文一致がほぼ完成した時期以降の近代文学における「方言」や「方言」に対する視点を取り入れた作品の出現やそれらを用いた表現模索（磯貝英夫、一九八一）などが想起される。

近代文学を例としてみても、リアルさを求めて「方言」を採用した「自然主義文学」「農民文学」「プロレタリア文学」や、新しい表現手段として「方言」を採用した谷崎潤一郎や井伏鱒二などによる作品群などを指摘できる。現代文学においても、リアルさを求めた「方言」や、目新しさなどを求めた表現ツールとしての「方言」という近代文学において発見されてきた「方言」の用法に基づく作品は、しばしば観察される。

これら玄人による表現模索のための「方言コスプレ」は、文学に限らず、芸能、映画、テレビ番組、マンガといった大衆文化においても踏襲され、日本語社会における「方言ステレオタイプ」の蓄積とマス・メディアによる拡散が生じたと考えられる。このようなことが、こんにちの「方言おもちゃ化」の時代とあいまって、一般における「方言コスプレ」の素地ともなっていったようにも思える。

本章でみてきた「方言コスプレ」は、一般の人々の言語生活における現象である。日本語社会における「方言」の価値の上昇や、「打ちことば」の普及、キャラ着脱といった演出的な言語行動の拡張などによって、素人の日常生活における言語行動としての「方言コスプレ」が顕在化してきたものと推測される。

演出的なキャラ着脱の視覚的イメージとしては、一九七〇年代中頃以降のギャグマン

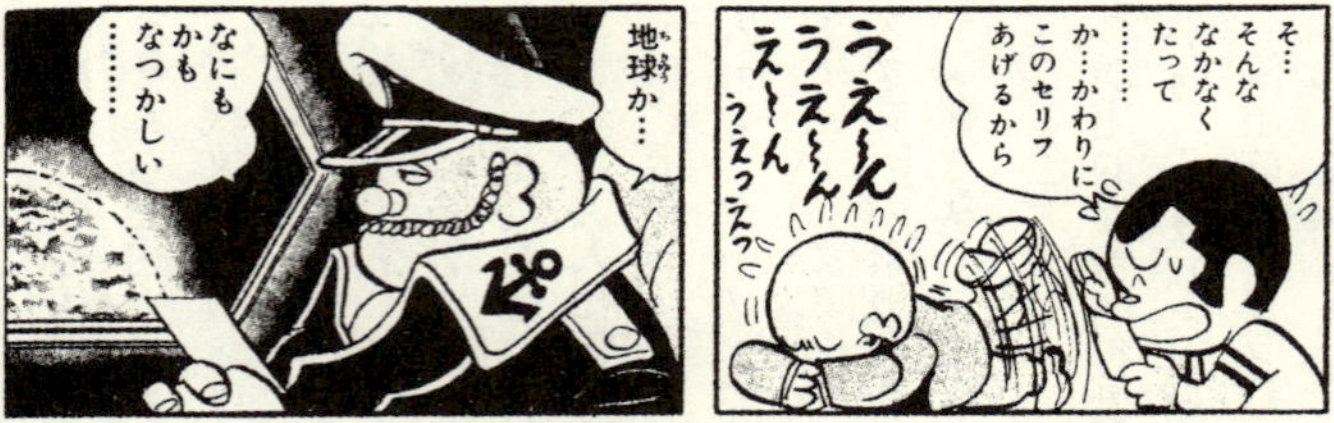

図 1-5　登場人物によるコスプレギャグ(左コマ.『宇宙戦艦ヤマト』の沖田艦長)(江口寿史『すすめ!!パイレーツ』第 3 巻，集英社，1979)

図 1-6　通常コマ八頭身キャラ(上)と，息抜き的コマの三頭身キャラ(下)(たがみよしひさ『軽井沢シンドローム』第 1 巻，小学館，1982)

ガなどで顕在化した、登場人物の衣装や表情や描線などが別の世界観をもつものに一瞬置き換えられるコスプレギャグのコマを指摘することができる(図1-5：江口寿史『すすめ!!パイレーツ』、連載は『週刊少年ジャンプ』集英社、一九七七—一九八〇)。このような視覚的なコスプレによって明示化されるキャラの着脱手法は、ギャグマンガに特徴的にあらわれることが多いものの、キャラが三頭身化したり(図1-6：たがみよしひさ『軽井沢シンドローム』、連載は『ビッグコミックスピリッツ』小学館、一九八一—一九八五)、キャラの輪郭や表情を通常コマよりも〝雑な〟感じの描線でデフォルメしたりする(図1-7：山本鈴美香『エースをねらえ!』、連載は『週刊マーガレット』集英社、一九七三—一九八〇)ことによるキャラやストーリーの臨時的な逸脱を示すような息抜き的シーンは、シリアスな作品にも多くあらわれる。

図1-7　主人公(左)のずっこけ描線キャラ(山本鈴美香『エースをねらえ!』第2巻, 集英社, 2002)

「方言コスプレ」において採用されるヴァーチャル方言が、呼称や文末表現、定型表現、一部語彙などといった部分的要素に限られているのは、その着脱の簡易さや表現上のアクセントという性質をもつためでもあろうが、広範囲の逸脱や脚色は発信する側の〝符号化〟(encode)、受信する側の〝復号化／解読〟(decode)いずれの局面においても期待される〝効果〟に比して手間ひまがかかりすぎるから、ともいえそうである。たとえば、携帯メイルにおける若年女性の流行現象として一時期話題となった、「ナよしニ《（なに）》」のように各種文字や記号を組み合わせてある文字列を形作るいわゆる「ギャル文字」が、短期間のブームで終わり定着しなかったのは、「書くのもめんどくさい」上に「読むのもめんどくさい」という不経済さによるものと推測される。

第2章
方言の価値の変遷

「方言を笑うな」――国家の方針と方言コンプレックス

「方言コスプレ」が多くの人の目に触れるようになった背景のひとつとして、現代が「方言おもちゃ化」の時代を迎えたことを序章で指摘した。「方言おもちゃ化」とは、「方言」が「目新しいもの、おもしろいもの、価値あるもの」として日本語社会でさまざまなかたちで受け入れられていることを指しており、このような傾向がはっきりしてきたのは二〇〇〇年代以降といっていいだろう。

序章でも少し触れてきたが、ここでは、日本語社会において「方言」の位置づけがどのように変遷してきたのか、についてくわしくみていく。端的にいえば、「方言」が「恥ずかしい」「かっこわるい」ものから、いくつかの段階を経て「誇らしい」「かっこいい」ものへと変化してきた流れをたどることになる。

国家の方針の変遷

近代以降における「方言」の日本語社会での位置づけについての研究はさまざまあり、どの時期をどのように呼ぶかといった細かな差異はあるものの、位置づけとその位置づけの背景として指摘されていることについてはさほど大きな違いはない。

「方言」の社会的位置づけは、「土地」のことばである「方言」と対比的な概念や実態をあらわす「標準語」「共通語」が日本語社会においてどの程度達成されたかという観点から整理されたものが多く、どのような段階を経てこんにちの状況に及んだのか、という見方についても大局は一致している(井上史雄、一九九三/小林隆、一九九六/真田信治、二〇〇〇/陣内正敬、二〇〇七など)。

「方言」の価値の変遷をみていく前に、「方言」と対比的な概念としてしばしば登場する「標準語」と「共通語」という二つのことばの言語学上の術語(専門用語)としての定義とこんにちにおけるそれらの一般的な受けとめられ方について簡単に触れておきたい。

まず、「標準語」と「共通語」の言語学上の術語としての定義は次のようなものとなっている(亀井孝・河野六郎・千野栄一編著、一九九五)。

標準語：　文法・語彙・音韻の各面にわたって規範的統一性を有し、公文書、文学、教育、新聞、放送などに用いられる言語。外国人への教育対象ともなる言語でもある

共通語：　言語・方言を異にする二つ以上の集団の成員間でのコミュニケーションに使われる言語

術語の定義上、両者のはっきりと異なるところは、「標準語」には「規範的統一性」がある、ということころである。「共通語」はコミュニケーションを成立させるためのことばであるため、「規範的統一性」はかならずしも求められておらず、「地域共通語」「全国共通語」「国際共通語」などさまざまなレベルのものが想定される。

また、「標準語」も「全国共通語」も、「東京」あたりのことばを基盤としたものであるという感覚は、こんにちにおいても広く共有されていると思われる。これは、明治期の標準語政策に大きな影響を与えた上田万年の「標準語に就きて」(一八九五)で示された、〝「東京」「山の手」「教養層」のことばを基盤としたものを「標準語」とする〟という考え方の流れをくんだものである。

日本国においては、「国家」として定められた「標準語」は存在しないので、日本語には「標準語はない」という考え方もあるものの、「新聞や教科書、公文書などに書かれた日本語」や「NHKのアナウンサーが原稿を読み上げる際に用いる日本語」が、事実上の「標準語」であるという考え方が一般的なものとなっているといっていいだろう。この場合の「標準語」は、公の場で使用される「全国共通語」の同義語として受けとめられているといってもよい。公の場で使用される「全国共通語」は、単に「共通語」と呼ばれることも多い。

こんにちのさまざまな場面において、「標準語」よりも「共通語」ということばが用いられることが多いのは、登場・成立の経緯から「標準語」に付与されたイデオロギー色を嫌い、やわらかい言い換えとして戦後一般化したことばである「共通語」の方が好まれたからとされている(柴田武、一九七七／真田信治、一九九一)。

研究者によって、どちらのことばを使うかなど分かれることもあるが、おおむね「標準語」と公の場面で使用される「全国共通語」という意味の「共通語」は、同義語として用いられることが多い。本書においても「標準語」「共通語」については、直接引用でとくにその定義が指定されている場合を除き、事実上の同義語として取り扱う。

さて、ここから、「方言」の社会的位置づけの変遷について、「標準語」「共通語」の日本語社会における達成度の観点から整理された先行研究をふまえながら、どのような段階を経てこんにちの状況に及んでいるのかみていくことにしたい。

まず、大きな流れとしては、近代から戦後にかけての「標準語」の登場、国家によるその強制期、すなわち方言撲滅期を経て、戦後から一九八〇年代にかけてのテレビなどのマス・メディアの影響による「共通語」の普及期があったというものだ。一九八〇年代ごろには、この「共通語」の普及により、日本語社会における多くの人が「方言」と「共通語」のバイリンガルとなり、程度の差こそあれ、場面に応じた「方言」と「共通語」の包括的なスタイルとしての使い分け能力をもつようになったとされる。

戦後からこんにちまでの「共通語」の普及とバイリンガル状態の一般化の背景には、先に触れたテレビの影響ばかりではなく、戦前の方言撲滅から方言尊重への国家の大きな方針転換が存在する。戦後からそれほど時間の経過していない一九五〇年代の国語審議会報告においては、「標準語」の獲得を「望ましい」ものとしていたが、一九九〇年代以降の国語審議会報告では「方言尊重」「共通語と方言の共存」が明確に示されるようになる(傍線は筆者)。

- 一九五四年　国語審議会標準語部会報告　第二部「これからの日本語」「六　話しことばについて」「二　(前略)標準的発音を普及することが望ましい。」
- 一九九三年　第一九期国語審議会「現代の国語をめぐる諸問題について」「共通語とともに方言も尊重することが望まれる。」
- 一九九五年　第二〇期国語審議会報告「新しい時代に応じた国語政策について」「「方言の尊重」のための方策」「共通語と方言の共存を図りつつ、(適切な指導が為されているところであるが、今後も学校、家庭、地域社会がこのような認識の下に)更に方言に親しむための工夫をすることが望ましい。」
- 二〇〇四年　文化審議会答申「これからの時代に求められる国語力について」

「地域での意思疎通の円滑化と地域文化の特色の維持のためには、方言についても十分に尊重されることが望まれる。」

学校教育の方針を示す学習指導要領では、先の審議会報告より早い時期の一九五一年学習指導要領「国語(試案)」において「共通語と方言の共存」が提示されたものの、一九五〇年代から一九六〇年代は、学校教育としても、家庭での教育でも、実態として推奨されるものとしては「標準語教育」「方言矯正」が主流であったことが、次のような新聞記事からもうかがえる(傍線は筆者)。

なお、本書で引用する新聞記事・投書は、「国立国語研究所　ことばに関する新聞記事見出しデータベース(一九四九年〜二〇〇九年三月)」〈http://www6.ninjal.ac.jp/sinbundb/〉に収められているものを用いた。「見出し」とキーワードに相当する「キー1」に「方言」を含むものを抽出し、重複を排除した新聞記事二三二〇件と投書四九〇件から適宜引用している(以下同)。

- 「読売教育賞に輝く業績　テレビ教育方言減り学力向上」(一九五九年七月一二日　読売新聞)
- 「方言なおしにひと役　テープで「声の交換」　品川区大間窪小　秋田のお友だち

のため」　（一九五九年一〇月二三日　毎日新聞）
・「山形で母親が標準語運動　消える粗雑な「方言」二重の言葉づかいから子供を解放」（一九六〇年七月一四日　毎日新聞・家庭面）
・「読売教育賞に輝く業績　話ことばの指導　徳島市冨田小学校教諭　まず自分の発音を直し方言などを改善」（一九六三年七月四日　読売新聞）
・「レコードで正しい日本語のしつけ　児童向けに楽しく　ビクターから発売　方言の矯正も付く」（一九六五年四月一三日　読売新聞・夕刊・娯楽面）

一九五〇年代から一九六〇年代においては、学校という場で「方言」使用を抑制する運動もあちこちに存在したことが知られている。たとえば、沖縄や九州地方における「方言札」という「罰札」の存在や、一九五八年に神奈川県鎌倉市立腰越小学校からはじまり、一九六〇年代には一〇〇を超える多くの学校にも影響を与えたとされる「方言」使用を抑制する「ネサヨ運動」などだ。
沖縄における「方言札」は、次のようなものであった。

標準語励行のために沖縄各地の学校で用いられていた罰札。方言を使うと次に使う人が現れるまで、〈方言札〉と書かれた板を首からぶら下げなくてはならない決まり。

明治四〇年ごろから行われ、昭和期に入り盛んになった。

（『最新版　沖縄コンパクト事典』琉球新報社、二〇〇三
http://ryukyushimpo.jp/news/storyid-42917-storytopic-121.html）

この「罰札」については、井上ひさし（一九三四―二〇一〇）の子ども時代の実体験としても次のように書かれているので、一九四〇年代の東北地方においても同様の指導が行なわれていたことがわかる。

始業式の朝、クラス全員に罰札《ばつふだ》というものが配られ、教師が「これからは学校内で汚い米沢弁を使ってはいけない」と告げた。「もし、友だちが米沢弁を使っているのを聞いたら、その友だちの首にこの罰札をさげよう。罰札をさげられた者は、終業式まで首にさげっぱなしにしておくこと。ただし他の友だちが方言を使うのを聞いたら、そのときは『あ、聞いたぞ』といって、罰札をその友だちの首へ移してよい」

（井上ひさし『聖母の道化師』中央公論社、一九八一）

「ネサヨ運動」は、児童たちに対し、神奈川方言で多用される文末詞「ネ」「サ」「ヨ」に代表される「方言」的な物言いを抑制し、それら「悪い言葉」や「嫌な言葉」を「こ

とばのカード」に書かせ「ネサヨ祭り」で焚き上げるなどして、反省を促すという運動であった。先述の腰越小学校では一九六六年まで続いたとされる（橋本典尚、二〇〇八）。

近年の学習指導要領においては、審議会報告で示された「方言尊重」の考え方は次のように取り込まれており、現在では、下記の指導要領が示す当該学年の「国語」教科書のほとんどに「方言」を解説する項や、「方言と共通語」という項が設けられている（傍線は筆者）。

二〇〇八（平成二〇）年三月告示

・中学校「国語科」第二学年

「話し言葉と書き言葉との違い、共通語と方言の果たす役割、敬語の働きなどについて理解すること。」

・小学校「国語科」第五学年及び第六学年

「共通語と方言との違いを理解し、また、必要に応じて共通語を話すこと。」

新聞の投書欄から一般における「方言」に対する認識を推測してみても、一九九〇年代ごろになると、「方言」「共通語」のバイリンガル状態という感覚が浸透してきたものと思われる。「方言」と「共通語」のバイリンガル状態にかんするもっとも早い時期の新聞投書は一九六〇年代にあらわれるが、一九八〇年代に入るとバイリンガル状態についての討論コーナーがシリーズとして設けられ、一九九〇年代に入るとバイリンガル状態についての意見を述べる投書がいくつもみられるようになってくる。

- 「共通語話し方言も使う」　（一九六六年三月一日　朝日新聞「声」）
- 「討論コーナー　方言と共通語三　言語の二機能どちらも必要」　（一九八四年六月二三日　朝日新聞「声」）
- 「方言・標準語両方使う子に」　（一九九五年六月二八日　朝日新聞「のびのび通信」）
- 「共通語＋方言が話せる社会の柔軟さがほしい」　（一九九六年一一月一六日　毎日新聞「読者からのお便り」）

バイリンガル状態を安定化させた「共通語」の普及は、「方言」の衰退をまねき、失われゆく「方言」を文化財として保存しようという動きにもつながっていった。ただし、共通語能力の獲得は、「方言」の衰退と連動するものというわけではなく、こんにちにおいてはその衰退傾向は押しとどめられ、むしろ方言安定期に入ったとする見方もある（佐藤亮一、一九九六）。

実際、方言アーカイブの公開や、「方言」の収集と公開を目的とする大型のプロジェクトが一九八〇年代末ごろより次々とあらわれる。NHKも放送開始七五周年事業の柱の一つとして、二〇〇〇年四月から翌年三月にかけて都道府県別方言アーカイブ系番組『ふるさと日本のことば』を制作・放送している。

「方言」の文化財としての価値の上昇は、「方言」に対するネガティブな感情をポジティブなものへと反転させ、「楽しむ対象(娯楽)としての方言」(井上史雄、一九九三)という位置づけを与えるようになり、さまざまな方言みやげや方言商品、方言CMや方言番組などの方言企画を生んだ(井上史雄、二〇〇七)。この「方言娯楽化」が行きついた姿を、こんにちの「方言おもちゃ化」の時代とみることができる。

新聞記事と投書からみる「方言コンプレックス」

先にみたように、近代において一つの国家に一つの国語という発想に基づいた標準語政策がとられるようになると同時に、「方言」を「好ましくないもの」「劣るもの」「恥ずかしいもの」として日本語社会の中において低く位置づける考え方が浸透し、「方言コンプレックス」(柴田武、一九五八)を生んだ。「方言」を「恥ずかしい」と感じることに代表される「方言コンプレックス」的感覚は、おおむね一九七〇年代末ごろまではかなり強く存在したとされる。

では実際、日本語社会において、いったいいつごろまで、「方言」に対するネガティブな感情が続いてきたのだろうか。一九五〇年代から二〇〇〇年代までのことばについての新聞記事と投書から世論の流れをたどってみよう。

まず一九五〇年代であるが、五〇年代の後半には「「方言自殺」と殺人」と題するコラムが新聞に掲載されており、「方言コンプレックス」に基づく事件が社会問題化していたことがわかる。同時期の投書をみても、方言話者の立場から「東京人よ、方言を笑うな」と訴えるもの、逆に東京人の立場から「地方ナマリ」を「聞きづらい」と指摘するものなどがあり、「方言コンプレックス」ということばが生まれた時代背景が浮かびあがる。

・一九五〇年代

［記事］

「ことば戯評　「方言自殺」と殺人」
（一九五七年五月二八日　産経時事新聞・夕刊［石黒修］）

［投書］

「東京人よ、方言を笑うな」
（一九五七年五月二八日　朝日新聞・夕刊・家庭面「ひととき」）

「聞きづらい地方ナマリ」　（一九五七年七月二一日　東京新聞）

高度経済成長期である一九六〇年代にも、「方言コンプレックス」に関連する新聞記事・投書は多くあらわれる。「方言を笑うな」というタイプの投書の掲載日が年度替わりの時期に集中していることは興味深い。高度経済成長を支えた「集団就職者」に代表される都会での就職を控えた方言話者、あるいは就職したばかりの方言話者にとって、この「方言コンプレックス」がいかに重大な問題であったのかが伝わってくる。方言をからかわれての殺人事件を報ずる記事も複数あり、この時期、この問題が深刻なものとして社会で受けとめられていたのがわかる。並行して、「方言を直そう」「ズウズウ弁追放運動に期待」「正しい国語を使おう」といった戦前の流れをくんだ標準語政策・方言撲滅的考えを支持する投書もみられる。

・一九六〇年代

［記事］

「少年工員が同僚殺す　集団就職　方言笑われ、不仲」　（一九六四年五月一三日　毎日新聞・夕刊）

「方言をからかわれ、兄の婚約者絞殺　カッとなった予備校生」

（一九六五年八月二七日　読売新聞）

「はかなし「東京の夢」「脱走」相つぐ就職少年　方言ノイローゼから」（一九六八年四月一三日　東京新聞「こちら特報部」）

[投書]

「方言を直そう」（一九六〇年一二月三〇日　産経新聞「くらしの声」）
「就学学生に「方言」の悩み」（一九六一年二月二四日　読売新聞「気流」）
「正しい国語を使おう」（一九六一年七月一九日　東京新聞「声」）
「ズウズウ弁追放運動に期待」（一九六一年九月二七日　毎日新聞・夕刊「マイクへ一言」）
「方言ノイローゼの経験」（一九六二年三月二〇日　読売新聞「赤でんわ」）
「方言から起こる劣等感」（一九六二年四月一二日　産経新聞「風」）
「新就職者の方言問題」（一九六三年二月三日　産経新聞「風」）
「「お国なまり」を笑わないで」（一九六六年五月二〇日　毎日新聞「女の気持ち」）
「集団就職者の方言笑わないで」（一九六八年三月二六日　読売新聞「気流」）

一九七〇年代に入っても、引き続き「方言が恥ずかしい」「方言を笑うな」という記事や投書があらわれる。一九七〇年代後半は、方言を用いたテレビCM、方言歌謡などが流行し、「方言おもちゃ化」の萌芽期とみることができるものの、「方言」を娯楽的に用いることを「侮辱」ととる投書もあらわれている。これは、「方言を馬鹿にするな」という「方言コンプレックス」的感覚が色濃く残る時代における捉え方とみることができるだろう。

・一九七〇年代

[記事]

「「方言が恥ずかしい」　友達できず老夫婦自殺　八幡」
（一九七二年一月一六日　西日本新聞）

「ことばの十字路　方言を笑うな」（一九七三年四月一五日　東京新聞［芳賀やすし］）

「就職試験と方言コンプレックス」
（一九七六年一〇月二六日　朝日新聞「天声人語」）

[投書]

「方言を笑わないで」
（一九七三年五月一四日　東京新聞「発言」）

「方言を軽蔑しないで」
（一九七四年四月一七日　サンケイ新聞「私の意見」）

「方言ＣＭの笑いにひそむ地方人侮辱」
（一九七七年六月一日　朝日新聞「声」）

「方言を笑わないで子供心に思いやりを」

（一九七九年一一月九日　読売新聞「気流」）

一九八〇年代以降は、「方言コンプレックス」にかんする記事・投書はすっかり影を潜める。一九九〇年代の記事・投書に一件ずつあらわれるものの、一九七〇年代までの出現頻度とは比べものにならない。一九八〇年代を境として、「方言コンプレックス」が大きな社会問題とはならなくなってきたことを示している。二〇〇〇年代の記事・投書としても「方言コンプレックス」という捉え方はみられず、「方言」をネガティブなものとして捉える考え方がほぼ消滅したことがわかる。

・一九九〇年代

［記事］

「高校生「方言ばかにされた」　熊本vs.和歌山　寝込み襲い殴るける…　スキー修学旅行、長野のホテル」　（一九九六年一月三一日　朝日新聞・三〇面・第二社会面）

［投書］

「方言バカにしないで」

（一九九九年七月四日　読売新聞・日曜版「ほっとぱーくPART1」）

一九八〇年代以降、「方言コンプレックス」関連の記事・投書がみられなくなっていくのと入れ替わるように、「方言テレビCM」や「方言テレビドラマ」などのマス・メディアにおける方言の不正確さに対する批判や、「方言」を娯楽的に用いる「方言おもちゃ化」に対する批判といった、「自分の話す方言が恥ずかしい」という感覚とは異なる反応が目立ち始めることになる。

同時に、「方言おもちゃ化」現象をストレートに伝える記事・投書も目立ち始める。次節では、「方言」を「誇らしいもの」「かっこいいもの」「おもしろいもの」として捉える記事・投書の推移から「方言」がプレステージとなっていくようすをたどっていこう。

「方言話せるって幸せ」――方言がプレステージ

「方言」にかんする投書の全体的なトーンが変貌していく萌芽がみられるのは、「方言コンプレックス」についての記事・投書からも確認したように一九七〇年代だ。さらに大きくこんにち的な感性に近づいたのは一九八〇年代の後半である。

萌芽は一九五〇年代から

「方言」がプレステージとなっていく第一段階は、一九五〇年代の投書にもすでにみられるような「方言」を「大切にすべきもの」「保存すべきもの」と捉える感性からはじまり、一九七〇年代になると「方言」を「共通語」「標準語」を「豊かにするもの」、「おもしろいもの」として捉えるようになっていく。

・一九五〇年代

［投書］

「方言を滅ぼさないで」　（一九五七年七月一七日　朝日新聞・三面）

・一九六〇年代

［記事］

「方言　恥ずかしいものか　いい表現には自信を　標準語に推薦しよう」（一九六五年九月一九日　朝日新聞［金田一春彦］）

「方言もっと大切に」（一九六五年一一月一三日　北海道新聞「ぴっくあっぷ」）

［投書］

「方言も立派な日本語」（一九六九年三月一九日　読売新聞「赤でんわ」）

「消えゆく方言の記録保存を」（一九六九年四月二五日　毎日新聞「読者の広場」）

・一九七〇年代

［記事］

「人気を呼んだ流行語の方言」（一九七一年三月八日　毎日新聞・夕刊「ズームイン」）

「方言ナショナリズム　心の交流支える　統一論は「標準語帝国主義」」（一九七一年六月一八日　読売新聞・文化面［京極純一］）

「方言について　味わいの深さに愛着　東北弁の劣等感薄れる　翻訳調の田舎弁」（一九七一年一二月二五日　朝日新聞・夕刊・文化面［三浦哲郎］）

「方言恥ずかしくない――風俗遺産　標準語　どこでも通じる便利さ　それぞれよさがある」（一九七二年二月一五日　毎日新聞・家庭面）
「標準語さらば方言ようこそ　テレビドラマで新ブーム」（一九七三年三月一三日　朝日新聞・大阪版）
「「方言ドラマ」に声援　共通語に豊かさ輸血」（一九七三年四月二八日　北海道新聞・夕刊「広場」[川崎洋]）
「ことばのファッション　インヴェーダー　方言が「つぎはぎルック」　国語教育とラジオ、テレビで」（一九七六年三月一七日　東京新聞・夕刊[宗左近]）

[投書]
「方言は大切に残そう」（一九七一年三月一日　朝日新聞「声」）
「故郷の方言に誇りを持とう」（一九七一年五月三〇日　朝日新聞「声」）
「地方なまりを使おう」（一九七一年一〇月八日　朝日新聞「声」）
「方言、誇り持って保存を」（一九七四年六月一四日　サンケイ新聞「私の意見」）
「方言は地方の宝」（一九七六年一二月五日　西日本新聞「こだま」）

一九八〇年代というターニングポイント

一九八〇年代に入ると、「方言コンプレックス」的記事や投書が影を潜めるということは先に述べた通りで、代わりに、「方言」に価値を見出す考え方に基づく記事や投書が多くあらわれるようになっていく。

このころになると、一九七〇年代以降に萌芽のみられた「方言」を個性と捉え、均質性に対抗するもの、一極集中に対する挑戦、と捉える傾向が明確になる。「共通語」への刺激、「方言」は「おもしろい」という記事や投書は「方言おもちゃ化」の時代の幕開けを象徴するものとみていいだろう。

「方言を堂々と使おう」という主張が地方紙の投書欄に多く登場することも特徴のひとつである。同時に「東京」にも「方言」があることを指摘する投書があらわれ始め、「東京」も「東京のことば」も数ある「地方」や「方言」のひとつとして相対化され始めていることも確認できる。

・一九八〇年代

［記事］

「テレビ「方言」の再認識を　共通語への刺激剤に」

（一九八一年七月一一日　サンケイ新聞「マスコミ論壇」［山本明］）

「方言の面白さどんどん生かして」

（一九八二年二月一四日　毎日新聞「今江祥智のCMコレクション五〇」）

「郷土自慢、お国なまりで　方言大会でムラおこしだ　伊奈かっぺいさんも一肌
山形・三川町」（一九八七年八月一一日　読売新聞・夕刊・五面「列島二四時」）
「「正しい訛り」に爆笑の渦　方言でお国自慢を…　「言いたい方言大会」山形」
（一九八八年八月一六日　毎日新聞・二三面・社会面）
「書店で見かけた異変　方言どもは一極集中に挑戦する」
（一九八九年八月八日　毎日新聞・四面・総合面）

［投書］

「方言恥じるより個性尊重したい」（一九八〇年一一月五日　朝日新聞・五面）
「標準語にない方言の温かみ」（一九八三年一〇月二日　西日本新聞「こだま」）
「すばらしい方言堂々しゃべろう」（一九八四年三月六日　北海道新聞「読者の声」）
「東京弁は方言」（一九八五年五月二四日　西日本新聞「こだま」）
「方言おもしろい」（一九八六年三月一三日　北海道新聞「いずみ」）
「方言を話せる人は自信持っていい」（一九八七年五月二三日　北海道新聞「読者の声」）
「面白い方言」（一九八七年六月一四日　西日本新聞「こだま」）
「標準語だけが日本語ではない」（一九八八年三月一四日　サンケイ新聞・七面）
「「方言」もあります　東京の言葉や発音」（一九八九年一一月二三日　朝日新聞「声」）

また、「方言」を付加価値として捉える「方言で村おこし」というような記事があらわれてくるのも一九八〇年代後半からである。方言大会や方言講習会など方言話者が自ら「方言」をコンテンツとして楽しむ企画や、「方言」を売りにする企画が立ち上がり、またそのことが肯定的に報道されるようになる。このころから目立ち始めた「方言」企画はさまざまあり、「コラム・方言をめぐる各地の活動」(小林隆・篠崎晃一・大西拓一郎編、一九九六)に掲載されている「方言」をコンテンツとする企画の多くも、一九八〇年代を起源とするものとなっている。

以上のようなことからみても、一九八〇年代は、「方言」がネガティブなものからポジティブなものに明確にシフトした時代であることがわかる。

一九九〇年代には、さらに「方言」をコンテンツとする企画や、売りとする企画にかんする記事が多くあらわれてくるのと同時に、「注意をするときは大阪弁」というような「方言コスプレ」用法についての記事も登場してくる。「方言」を「標準語」を「越える表現力」をもつものとみる記事もあらわれ、コンテンツとしての「方言」から、ツールとしての「方言」という傾向が明確化し、「方言おもちゃ化」の時代が本格的に到来したことを感じさせる。

・一九九〇年代

［記事］

「東北弁から琉球語まで　映画や演劇・TVドラマ　方言生かした作品続々　標準語越える表現力　均一化に飽き多様さ志向」（一九九〇年二月一日　朝日新聞・夕刊・一三面）

「方言のニュアンス活用　注意をするときは大阪弁」（一九九〇年九月一四日　読売新聞・九面・経済面「当世魅力的勤人考　八　きかくをこえるさらりーまん　第三部　人間関係」）

「復帰二〇年目　沖縄から　お笑いにのって沖縄方言復権　宮古弁コント大受け「卑下」脱し楽しむ余裕」（一九九一年一〇月一一日　朝日新聞・夕刊・三面「にゅうす・らうんじ」）

「「大阪弁で放送しまっせ」NHKラジオ第一　一八日に九時間　方言考える第一弾」（一九九二年四月九日　朝日新聞・二九面・第三社会面）

「方言が大手を振ってメディア歩く　多様化社会を反映「いいんでねえの」」（一九九二年五月八日　朝日新聞・夕刊・一七面「TVスペシャル」）

「歌は世につれ方言ラップ　歌詞は話し言葉、方言にも「発言権」「ダヨネ」地方版が流行」（一九九五年六月二三日　朝日新聞・夕刊・四面［井上史雄］）

「タレント三上大和くん　芸能界に津軽旋風　方言が大ウケ」

（一九九五年一〇月八日　毎日新聞・くりくり Weekly）

「トーク笑・なまるが勝ち！　青森テレビ（TBS系）　失われゆく方言見直す」

（一九九九年七月一三日　読売新聞・夕刊・八面）

［投書］

「故郷の言葉が今は誇りに」（一九九二年一月一四日　朝日新聞・一五面「声」）

「標準語の発音教育は不要」（一九九四年一〇月一四日　朝日新聞・五面「声」）

「方言話せるって幸せ」

（一九九五年一一月一二日　朝日新聞・二三面・家庭面「ひととき」）

「方言の面白さ」（一九九五年一二月一五日　毎日新聞・二三面「放送サロン」）

「方言を上手に使う人うらやましい」

（一九九七年五月三一日　毎日新聞・二六面「永六輔その新世界　読者からのおたより」）


二〇〇〇年代に入ると、「はやり」としての「方言」、「方言」をツールとして捉える記事・投書が多くあらわれる。「ニセ方言」を用いた「方言コスプレ」ブームを伝える記事や、「方言に萌える人へ」という表現も登場し、「方言おもちゃ化」の時代があたりまえの風景になりつつあることがうかがえる。医療現場における「方言」の効能について触れた投書もあらわれるようになる。

●二〇〇〇年代

［記事］

「ジャストシステムが関西弁でも自然に変換できる日本語ソフトを開発　方言のホームページも開設」（二〇〇二年二月一一日　朝日新聞・三九面・社会面「青鉛筆」）

「ウチらのはやりモン　方言　サークル勧誘にも一役」（二〇〇三年五月四日　朝日新聞・二四面・家庭面［小松亜子］）

「方言がなまらはやっとるとです　携帯メールで広がる消える　蔑視は昔　各地混合を楽しむ　東京風味　視聴率急上昇　アクセサリー？　表現の宝庫」（二〇〇五年七月七日　毎日新聞・夕刊・二面「特集WORLD」）

「文豪書簡　個人指導は夜に　方言に萌える人へ」（二〇〇五年九月一〇日　朝日新聞・四面 be-e「だんらん」［島田雅彦］）

「テレビでも「日本語」ブーム　今月から五番組　コントや方言で独自色　特番から続々昇格」（二〇〇五年一〇月一三日　朝日新聞・夕刊・一一面・芸能面）

「女子高生「方言」ブーム　遊び感覚で温かみ求め　グループ内での仲間語」（二〇〇五年一〇月二七日　読売新聞・夕刊・二〇面「KODOMO伝える」）

［投書］

「味わい深い方言　胸はって使おう」（二〇〇四年三月三日　読売新聞・一四面「気流」）

「姉に効いた薬　看護師の方言」（二〇〇四年四月四日　朝日新聞・一八面「声」）

「温かい方言、残ってほしい」（二〇〇四年六月二五日　毎日新聞・七面「みんなの広場」）

「方言は面白い」（二〇〇六年七月一五日　読売新聞・夕刊・一〇面・週刊KODOMO新聞「ジュニアプレス」）

「方言に関心と誇りを持とう」（二〇〇七年一一月二三日　毎日新聞・六面「みんなの広場」）

二〇〇〇年代の「方言ブーム」

二〇〇〇年代の記事の特徴として、「方言コスプレ」を例とした「方言」をはやりとして伝えるものが目立つことを指摘できる。「方言」を「遊び」「おもしろいもの」として取り上げており、そこには一九七〇年代にはみられた「方言」を娯楽とすることに対するネガティブな記事や投書はみられない。「方言」が価値あるものという位置づけが確立され、それを「おもしろいもの」「かっこいいもの」として認識・受容する「方言おもちゃ化」が一般の感覚としても受け入れられてきたことがわかる。

二〇〇五年はとくに「方言」をはやりとして伝える記事が集中してあらわれている。出版傾向からも「方言」の流行は裏付けられる。その年に刊行された「ことば」にかんする図書についてのレビュー「国立国語研究所　日本語ブックレット」の二〇〇五年、二〇〇六年刊行図書について述べている部分を引用する(傍線は筆者)。

- テーマ別に見てみると、まず全国の方言を紹介する本が夏以降多く刊行されています。一般向けのそのような本は以前からありますが、二〇〇五年に出た一連の本にはそれらにはない大きな特徴がありました。また方言に関するものを含め、言葉を扱ったテレビ番組に関連する本も刊行が続きました。

　　(国立国語研究所　日本語ブックレット二〇〇五「図書」の概観
　　http://www6.ninjal.ac.jp/nihongo_bt/2005/download/booklet2005.pdf)

- 二〇〇五年夏から秋にかけては、若い世代(特に東京とその近辺の女子高生・女子大生)の間で、全国各地の方言を会話やメールに織り込む「方言ブーム」が起きていると各メディアが報じました。また同年一〇月には、テレビで日本語に関するクイズ番組が一斉に始まり、「日本語クイズ番組ブーム」が話題になりました。しかし、この二つのブームはいずれも二〇〇六年前半には沈静化してしまいました。それでも方言に関する図書や、テレビ番組関連の図書は二〇〇六年も刊行されています。

（国立国語研究所　日本語ブックレット二〇〇六　図書の動向
http://www6.ninjal.ac.jp/nihongo_bt/kikan/nihongo_bt2006.pdf）

この「方言ブーム」期に集中的に刊行された「方言」本の特徴は、従来の「方言」本にみられるような学術的なものやその一般的な解説書としての体裁ではなく、一般向けのとりわけ「遊び用法」を主たる目的としたものが多いことである。いわゆる「かわいい方言本」である(図2-1)。その出版経緯については、そのうちの一冊で早い時期に刊行された『ちかっぱめんこい方言練習帳！』(主婦と生活社、二〇〇五・七月)の森本泉編集長のことばに集約される。

「調べた方言をノートにつけている子がいて、『辞書があれば』と言っているのを聞いたのが、本を作るきっかけでした」

（二〇〇五年一〇月二七日　読売新聞・夕刊二版・二〇面・KODOMO伝える「女子高生〝方言〟ブーム」）

左：『ちかっぱめんこい方言練習帳！』，中：『ザ・方言ブック』(日本文芸社，2005)，右：『使える方言あそび』(ブティック社，2005)

図 2-1 「かわいい方言本」

「かわいい方言本」の表紙や帯では、「いますぐ使えるかわいい方言がいっぱい！」（『ちかっぱめんこい方言練習帳！』）、「言いにくいことも、ビミョーなことも、方言にすると、かわいく言えてしまう」（『かわいい方言手帖』河出書房新社、二〇〇五・九月）というようなあおり文句を示したものが多く、執筆者が特定されない本のつくり、ギャル風の女子のイラストや携帯メイルを打ち込む姿のイラストが中央に配置された表紙デザインなどからみて、若年女性が携帯メイルで使うヴァーチャル方言のリソースをめざした「方言」の「遊び用法」を目当てとしたものであることがわかる。

また、「かわいい方言本」の中には、

『ちかっぱめんこい方言練習帳！』のように「ちかっぱ（九州方言「とても」）」「めんこい（東北方言「かわいい」）」とタイトルが地域の異なる方言のパッチワークとなっているものもある。このような事例からも、ヴァーチャル方言を用いた「方言コスプレ」の実態がうかがえる。このようなヴァーチャル方言のパッチワークを「ことばの新しいハイブリッド」と捉える見方もある（三宅和子、二〇一二）。

「かわいい方言本」の刊行ラッシュと、ほぼ同時期に、すでに共通語で活躍しているメジャーなタレントたちが「方言」で「なまる」ことを意外性として売りにするような番組が人気となり、さらには「方言」で話すこと自体を売りにするローカル・アイドルが「なまドル（なまり＋アイドル）」と呼ばれ、クローズアップされるようになった。これらも「方言おもちゃ化」の流れとして捉えることができるだろう。

「女子高生方言ブーム」のひろがりの一端として、現代小説における「方言コスプレ」行動の描写をみてみよう。以下は、東京近郊に住む小学生男子の生活についての描写部分である。「照れ隠し」と「あけすけさのカモフラージュ」として「朴訥キャラ」や「ちょっとワイルドな感じのキャラ」を発動させるために「流行のニセ北関東弁」が用いられたと思われる「方言コスプレ」シーンである（傍線は筆者）。

……例えば放課後、クラスの男同士が顔を合わせれば、

「な、お前、ぶっちゃけ河口のこと好きだっぺ？　言ってみ、ここだけの話」

流行のニセ北関東弁で腹の探り合いを延々繰り返してもまだ飽きない、……

（藤野千夜『親子三代、犬一匹』、二〇〇八年七月二九日　朝日新聞・夕刊・八面）


「方言」を「ブーム」として取り上げる報道が一段落した今、「方言ブームは去ったのか」という質問を受けることがしばしばあるが、「方言」関連のテレビ番組や女性誌での特集、関連商品などが新規に開始・展開されるケースは少なくない。方言お笑い芸人の活躍や、方言テレビＣＭが話題となるなど、「方言」を「かっこいい」「おもしろい」といった付加価値のあるものとする考え方や行動は、「ブーム」から恒常的なものとして定着してきたとみていいだろう。

第3章

方言ステレオタイプの形成と流通

——意識調査と創作物から

おもしろい、素朴、男らしい――さまざまな方言ステレオタイプ

第1章では、首都圏大学生のデータを中心に、ヴァーチャル方言である「ニセ方言」を用いた「方言コスプレ」の実態と、その背景や意味するところをみてきた。

「ニセ方言」によって繰り出される臨時的なキャラは、「〇〇弁」といえば「〇〇らしい」、「△△方言」といえば「△△っぽい」という〝頭の中〟にあるヴァーチャル方言と「らしさ」をあらわすイメージ語との結びつきによって選択されるものというわけである。自己が演出したいキャラは、ヴァーチャル方言である「ニセ方言」に付与された「方言ステレオタイプ」の発露である、ということになる。

「方言ステレオタイプ」は、具体的な「方言」の単語やいいまわしなどの「ことば」や、その「方言」のイメージである「方言イメージ」、また、その「方言」を使用する人々に対して抱く「方言話者イメージ」、さらにその「方言」が使用されている地域に対する「地域イメージ」などさまざまなものが複雑にからみあって形成されるものとみていいだろう。第3章の前半では、このヴァーチャル方言と結びつく「方言ステレオタイプ」について、いくつかの視点からアプローチしてみたい。

まず、現代の日本語社会における「方言ステレオタイプ」とはどのようなものか、二〇〇七年に筆者が行なった首都圏の大学生を対象にしたアンケート調査と二〇一〇年に筆者らが企画・実施した全国方言意識調査のデータからたどろう。「〇〇弁」や「△△方言」が、どのようなイメージ語として捉えられているか、という観点からこんにちにおける「方言ステレオタイプ」の実態をみていくことになる。

一方、意識調査データから確認された、こんにちにおける「方言ステレオタイプ」が、どのように形成され、日本語社会の中でどう広く共有されてきたかという背景も考えなくてはならない問題のひとつである。「方言ステレオタイプ」の形成過程については、特定のメディアにあらわれるヴァーチャル方言に焦点を絞ってみていくことにしたい。メディアで流通する創作物に蓄積された「方言ステレオタイプ」をみていくために、ここでは、近代文学と現代マンガにあらわれるヴァーチャル方言を取り上げていくことにする。

また、「方言ステレオタイプ」が日本語社会において広く共有されてきた要因を考えると、近代的なマス・メディアの影響力がもっとも大きなものであったことは、想像に難くない。もちろん、ある「方言」や「地域」、それら「方言」や「地域」と関連の深い人物との直接的な関わりからも、「方言ステレオタイプ」が強化されたり、書き換えられたりしていくことがあるだろうが、日本語社会全体に与える影響の大きさ、ということを考えると、マス・メディアの比ではないだろう。

個人個人の直接接触による「方言ステレオタイプ」の蓄積や書き換えは、大抵の場合、少しずつ折り重なっていくものであろうが、マス・メディアによって放出される「方言ステレオタイプ」は短期間に幅広く影響を与えるものであると考えられる。テレビ番組の放送によって、ある「方言」が脚光を浴び、急浮上したり、「方言ステレオタイプ」が新たに付与されたり、書き換えられたりする、というようなことは容易に推測される。このような事例については、第5章で少しくわしくみていくことにしたい。

意識調査データからみる「方言ステレオタイプ」

ヴァーチャル方言が「方言コスプレ」の参照枠として機能するためには、「方言ステレオタイプ」と強く結びついている必要があることは先に示した通りである。「○○弁」といえば「○○らしい」、「△△方言」といえば「△△っぽい」という「らしさ」をあらわすイメージ語と強く結びついているヴァーチャル方言ほど、「方言コスプレ」の参照枠としての資格が高まるのである。

ここでは、二つの言語意識にかんする調査データから、現代の日本語社会における「方言ステレオタイプ」をみていくことにしよう。

一つ目のデータは、「方言コスプレ」を実際の言語行動として採用する傾向の強い首都圏の大学生たちを対象に筆者が二〇〇七年に実施した調査(二〇〇七年調査)のものである。この調査は、首都圏の大学に通う大学生二六五人を対象としたもので、「方言ステレオタイプ」に相当するイメージ語を提示した上で、そのイメージ語に当てはまる「方言」を四七都道府県名が示されたリストから選んでもらうという方式をとった。この二〇〇七年調査で、提示したイメージ語は「おもしろい、つまらない、かわいい、かわいくない、かっこいい、かっこわるい、男らしい、女らしい、洗練されている、素朴、あたたかい、冷たい、怖い、やさしい」の一四種類である。

二つ目のデータは、二〇一〇年に筆者らが企画・実施した全国方言意識調査データである(以下、二〇一〇年調査)。二〇〇七年調査データが首都圏の大学生という限られた対象によるアンケート調査データであるのに対し、この全国方言意識調査データは、層化三段無作為抽出法で抽出した一六歳以上の全国の男女四一九〇人を対象に実施した調査データで、全国各地に住むさまざまな職業・年代の人々から幅広く得たデータである。一三委託した調査会社の調査員によって個別に行なわれたインタビューによるもので、一三四七人から回答が得られた(回収率三二・一%)。この調査は、筆者が共同研究者として参加している国立国語研究所の基幹型共同研究「多角的アプローチによる現代日本語の動態の解明(リーダー：相澤正夫)」によるものである。

この二〇一〇年調査も、二〇〇七年調査と同様に、八つのイメージ語(おもしろい、かわいい、かっこいい、あたたかい、素朴、怖い、男らしい、女らしい)を提示し、そのイメージ語に当てはまる「方言」を四七の都道府県名リストから選んでもらう方法で回答を求めた。都道府県名リストから回答が得られなかった場合は、「北海道、東北地方、関東地方、中部地方、近畿地方、中国地方、四国地方、九州地方、沖縄」に全国を分けた地域ブロックリストを提示し、そこから当てはまる「方言」を選んでもらうという二段構えで回答を求める方法をとった。

どちらの調査においても「方言」の選択に際して、都道府県名や地域ブロック名を記したリストから選択してもらうという方法をとったが、「方言」の区分と、都道府県名や地域ブロック名がかならずしも一致するわけではない。しかし、まったくリストを示さない形式では、なかなか回答が得にくいため、調査上の便宜として、このようなかたちをとった。

以上のような二つの意識調査データから、こんにちの日本語社会におけるイメージ語として捉えられた「方言ステレオタイプ」についてみていく。

イメージ語とヴァーチャル方言の結びつき

二つの意識調査の結果を、それぞれまとめたものを表として示す。それらから、二つのまったく異なる回答者によるデータの共通点をみていく。これが、イメージ語として

表 3-1　14 のイメージ語に当てはまる「方言」

（n＝265，2007 年調査）

地域	都道府県	おもしろい	かわいい	かっこいい	あたたかい	素朴	怖い	男らしい	女らしい	洗練されている	やさしい	つまらない	かわいくない	かっこわるい	冷たい
東日本	北海道				△	△					△				
	青森	△			△	**○**							△	**△**	
	茨城					△							△		
	東京			△			△			◎		**◎**	**△**		**◎**
西日本	京都		**◎**	△	△				**◎**	**◎**	○				
	大阪	**◎**	△	**◎**			**◎**	○							△
	広島			△			○	**○**							
	福岡							○							
	熊本							△							
	鹿児島							○							
	沖縄	○	△		**◎**	△					**◎**				

◎：20% 以上，○：10% 以上，△：5% 以上が選択．白黒反転は第 1 位．

捉えられた、こんにちにおける最大公約数的な「方言ステレオタイプ」ということになる。

首都圏大学生を対象とした二〇〇七年調査については、一四のイメージ語に当てはまる「方言」として五%以上の大学生が選択したものを示す（表3-1）。二〇一〇年調査については、八つのイメージ語に当てはまる「方言」として回答者全体の三%以上が選択したものを示す（表3-2）。どちらの調査においても使

表3-2　8つのイメージ語に当てはまる「方言」
(n＝1347, 2010年調査)

地域	都道府県ブロック	おもしろい	かわいい	かっこいい	あたたかい	素朴	怖い	男らしい	女らしい
東日本	〈東北〉	△			○	**◎**			
	青森	○				○			
	秋田					△			
	東京			**○**					
西日本	京都		**◎**		△				**◎**
	大阪	**◎**		△			**◎**		
	広島						△		
	高知							△	
	〈九州〉							**◎**	
	福岡							△	
	熊本							△	
	鹿児島							○	
	沖縄	○			**○**				

◎：10%以上，○：5%以上，△：3%以上が選択．
白黒反転は第1位．

用したイメージ語を左に寄せて示している。首都圏大学生を対象とした二〇〇七年調査でのみ回答を求めたイメージ語は表3-1の右側に寄せて示した。

二つの表を比べてみると、首都圏大学生と全国に居住する幅広い年代・職業の人々という調査対象のまったく異なる二つの調査から確認される「方言ステレオタイプ」の全体的な傾向は、大きくは一致していることがわかる。このことは、回答者が住んでいるところが首都圏かそうでないか、都市か非都市か、また、回答者が若者かそうでないか、といったこととは別に日本語社会の中に広く共有される「方言ステレオタイプ」というものが存在することを示していることになる。

一方、二つの調査結果は、異なる傾向をみせる部分もある。この差異は、あるものは回答者の居住地や属性によると考えられるし、あるものについては、二つの調査の実施時期によるものと考えられる。

双方の調査において回答を求めた八つのイメージ語を中心に結果をみていこう。

最初に指摘できることは、イメージ語から喚起されるヴァーチャル方言の数は、どちらもそれほど多いわけではない、ということである。しかも、喚起されたヴァーチャル方言はほとんどが両調査で重なっていることもわかる。つまり、「〇〇らしい」「△△っぽい」というような「らしさ」である「方言ステレオタイプ」が明確にあらわれるヴァーチャル方言は、多くの「方言」の中でも非常に限られたものである、ということになる。どちらの調査においても共通してあらわれる「方言」は、北から「青森」「東京」「京都」「大阪」「広島」「福岡」「熊本」「鹿児島」「沖縄」のみである。これら九つのヴァーチャル方言が強い「方言ステレオタイプ」をもつもので、キャラ繰り出し行為である「方言コスプレ」の際の強力な参照枠となるものといえるだろう。

首都圏大学生が対象の二〇〇七年調査にのみあらわれるのは「北海道」と「茨城」。

「茨城」は首都圏隣接方言であり、かつ無アクセント方言という「方言らしい」特徴をもつものであるため、首都圏居住者にとっての身近な「方言」として喚起されてきたのだろう。地理的な近さという要因が、喚起される「方言」に影響を与えた一例とみていいだろう。「北海道」が全国方言意識調査である二〇一〇年調査にあらわれない理由はよくわからない。

一方、地域ブロック名を除き、二〇一〇年調査にのみあらわれるのは、「秋田」「高知」である。「高知」が全国方言意識調査データにのみあらわれたのは、調査実施年の二〇一〇年に放送された大河ドラマ『龍馬伝』の影響だろう。「秋田」が二〇〇七年調査データにあらわれない理由はよくわからない。

次に、個別のイメージ語から喚起されるヴァーチャル方言について、表の左側から順にみていこう。

「おもしろい」から喚起されるヴァーチャル方言の第一位は、どちらも共通しており、「大阪」である。二〇一〇年調査では一四・八％が選択しており、これも全体からすると選択率は高い方であるのだが、二〇〇七年調査では四六・四％が選択しており、他の「方言」を圧倒した高い選択率となっている。「大阪」は、どちらの調査においても他のイメージ語からも喚起されることの多い「方言」で、「おもしろい」の他に、二〇〇七年調査では「かっこいい」「怖い」「男らしい」「かわいい」が、二〇一〇年調査では

「怖い」「かっこいい」として選択される傾向にあることがわかる。この結果は、後段でみていく「役割語」としての「関西弁」がもつ七つのステレオタイプ「冗談好き、笑わせ好き、おしゃべり好き」「けち、守銭奴、拝金主義者」「食通、食いしん坊」「派手好き」「好色、下品」「ど根性」、「やくざ、暴力団、こわい」(金水敏、二〇〇三)とも重なるところが多い。また、ヴァーチャル大阪弁は「吉本弁」(中井精一、二〇〇四)という「お笑いコスプレ方言」としての立ち位置も確立されており、それがこのような結果に結びついたと考えられる。

「おもしろい方言」として、どちらにもあらわれるものとして「青森」「沖縄」もあるが、こちらは、南北両端の「方言」として、「共通語」とは異なる言語としての「おもしろさ」(interest)が反映されたものと考えられる。

「かわいい方言」は、どちらの調査結果も共通しており、「京都」が一位となっている。「京都」は「女らしい方言」としても双方の調査で圧倒的に支持されており、「女弁」としての「かわいさ」の反映と思われる。二〇〇七年調査では「かわいい方言」として「大阪」「沖縄」があらわれてくるが、これは「萌え方言」としての「かわいさ」という新しい「方言ステレオタイプ」が、一般に先駆けて首都圏大学生の意識において発露したものとみることもできそうだ。

「かっこいい方言」は、「東京」と「大阪」が共通するが、その順位は二つの調査の間で逆転している。二〇一〇年調査では一位「東京」九・五％、二位「大阪」三・五％なのに対して、二〇〇七年調査では一位「大阪」二〇・〇％、「東京」は、二位「広島」九・四％、三位「京都」六・八％についであらわれる四位で六・四％となっている。これは、全国各地に居住する幅広い年齢層が回答した二〇一〇年調査においては、「東京」のことばが「かっこいい」ものとしてまだ機能していることをあらわし、二〇〇七年調査の回答者である首都圏大学生にとっては「東京」のことばはもはや「かっこいい」ものとして機能しなくなってきていることを示している。

このことは、二〇〇七年調査のみで回答を求めた「つまらない方言」においてその一位が「東京」（三七・〇％）であることからも確認できる。さらに、「つまらない方言」として五％未満だが選択されているのは「埼玉」「神奈川」「茨城」と、首都圏ならびに首都圏近郊に位置する県の「方言」であることも、回答者のほとんどにとってのリアル方言である「東京」あたりの首都圏方言が、「共通語」との差異を感じることのできない「味のない」「つまらない」方言と評価された結果とみることができる。

「東京」の「方言」は、二〇〇七年調査でのみ回答を求めた「冷たい方言」としても一位（二九・八％）、「かわいくない方言」としても一位（九・一％）と首都圏若年層においてはさんざんな〝評価〟となっているが、これは、共通語基盤方言としての「東京」の「方言」の宿命が、近年の「方言」の価値の上昇によって一層明確なかたちで示されるようになった結果といえるだろう。

その「東京」に対するネガティブな捉え方の〝反動〟として首都圏大学生たちは「大阪」「京都」「広島」を「かっこいい方言」として選択していることになる。ただし、二〇〇七年調査のみで回答を求めた「洗練されている方言」としては、一位「京都」二九・四％、二位「東京」二〇・四％となっており、首都圏の大学生にとっても新旧の都のことばは「洗練されている方言」として受けとめられていることもわかる。

「あたたかい方言」は一位「沖縄」、二位「東北（「青森」）」、三位「京都」と順位も含めて二つの調査において共通する「方言」が選択されている。「沖縄」は、気候としての暖かさと、二〇〇〇年代以降顕著となった「沖縄のオバァ」のような癒やし系としての「沖縄イメージ」（多田治、二〇〇八）が反映されたものだろうか。

「あたたかい方言」の三つの「方言」のうち、「東北（「青森」）」は「素朴な方言」としてもどちらの調査結果においても共通して選択されており、「素朴なあたたかさ」が「東北方言」の「方言ステレオタイプ」となっていることがわかる。「京都」の「あたたかさ」は「女弁」としてのイメージの反映だろうか。

「怖い方言」は、どちらの調査結果においても一位「大阪」、二位「広島」と共通している。二〇〇七年調査ではどちらも「男らしい方言」「かっこいい方言」としての選択率が高い。首都圏若年層においては「大阪」「広島」は、単に「怖い方言」というだけでなく、「かっこいい男らしさ」も呼びおこすヴァーチャル方言となっていることがうかがえる。

「男らしい方言」として二つの調査結果が一致するのは「九州（「福岡」「熊本」「鹿児島」）」である。「九州」は、「男らしい」というイメージ語以外では、喚起されることはなく、「方言ステレオタイプ」としては、純粋「男弁」とみていいだろう。二〇〇七年調査では、先にみた通り「大阪」「広島」も「男らしい方言」として選択されている。一方、二〇一〇年調査にのみあらわれる「男らしい方言」は「高知」である。これは、先にも触れたように、二〇〇七年調査時点では埋没していたヴァーチャル高知方言が、二〇一〇年調査では、同年に放送された大河ドラマ『龍馬伝』の影響によって急浮上したためと推測される。この「男弁」として機能するヴァーチャル方言については、第5章でメディアとの関わりから、その方言ステレオタイプの蓄積と拡張・増幅についてテレビドラマ、映画、現代マンガなどを例としてみていくことにする。

「女らしい方言」は、どちらの調査データにおいても「京都」が圧倒的に多く選択されている。二〇一〇年調査では四三・九％、二〇〇七年調査では六〇・四％と他の「方言」の追随を許さない。「女らしい」と「京都」の結びつきは、調査を行なったすべてのイメージ語と「方言」の結びついたセットとしては、どちらの調査においても、もっとも多くの回答者によって支持されたものである。

二つの調査結果を通して、イメージ語として捉えられた「方言ステレオタイプ」とヴァーチャル方言がセットとして強く結びついているものについて整理すると、次のようなことになる。

「おもしろい」＝「大阪方言」
「かわいい」＝「京都方言」
「かっこいい」＝「東京方言」「大阪方言」
「あたたかい」＝「沖縄方言」
「素朴」＝「東北方言（「青森」）」
「怖い」＝「大阪方言」「広島方言」
「男らしい」＝「九州方言」
「女らしい」＝「京都方言」

これらが、「方言ステレオタイプ」をキャラとして発動する「方言コスプレ」に際しては、有力な参照枠となるヴァーチャル方言ということになるわけだ。

第1章では首都圏大学生たちが「方言コスプレ」を行なうに際して、用いるヴァーチャル方言をみてきた。第1章で用いた二つの調査データにあらわれたヴァーチャル方言をその出現度数の多い順に示すと、二〇〇四年調査では「関西弁」「北関東/東北弁」「九州弁」「中国方言」、二〇〇七年調査では「大阪」「京都」「北海道」「福岡」「沖縄」「東京」「広島」「兵庫」「青森」「神奈川」「茨城」「愛知」「静岡」「熊本」である。

本章において「方言ステレオタイプ」と結びつくヴァーチャル方言としてみてきたものと、そのほとんどが重なることが確認されるだろう。

また、ここで抽出された「方言ステレオタイプ」と結びつきやすいヴァーチャル方言は、一九九〇年代の中頃に全国一四都市に居住する高校生から七〇代までの約二八〇〇人を対象に行なわれた「方言」と「共通語」についての意識調査の結果とも重なっている。この結果をもとに、さまざまなイメージ語を喚起する力の強い「方言」を「イメージ濃厚方言」、イメージ喚起力の弱い「方言」を「イメージ希薄方言」と呼び、調査対象の一四都市の「方言」が分類されている(友定賢治、一九九九)。「イメージ濃厚方言」として分類されたものは「弘前」「京都」「広島」「高知」「福岡」「鹿児島」「那覇」、「イメージ希薄方言」は「札幌」「仙台」「千葉」「東京」「松本」「大垣」「金沢」。「東北方言」と「西日本方言」のイメージ喚起力が強く、東北以外の「東日本方言」は弱いという基本的な構造が、第1章や本章でみてきた調査結果と一致していることがわかる。

創作物に蓄積される「方言ステレオタイプ」

次に、「方言ステレオタイプ」の形成過程について、創作物に用いられるヴァーチャル方言を材料にみていこう。先に二つの意識調査データから確認したような日本語社会に共有される「方言ステレオタイプ」は創作物に蓄積され、拡張・増幅されていくと推測されるからだ。

しかし、ヴァーチャル方言と結びついた「方言ステレオタイプ」の形成過程については、「関西弁」を除けばあまりわかっていない。「関西弁」と結びついた「方言ステレオタイプ」の形成過程については、「役割語」としての「関西弁」研究の成果がすでに知られている(金水敏、二〇〇三)。

金水の研究によると、江戸時代後期の戯作において「関西弁」のステレオタイプはすでに「かなり完成されたもの」となっており、それが近代以降のマス・メディアによって増幅され拡散された結果、こんにちのような「関西弁」ステレオタイプが定着するに至ったとしている。

同時に、近代的な物語における「役割語」セオリーとして、ヒーロー・ヒロインは、〈標準語〉で筋を運び、類型化された脇役には類型化された非標準語的な言語変種が与えられるということを示し、〈大阪弁・関西弁〉の脇役にはトリックスターの役割が与えられてきたことも述べている。「役割語」としての〈大阪弁・関西弁〉のステレオタイプは、「冗談好き、笑わせ好き、おしゃべり好き」「けち、守銭奴、拝金主義者」「食通、食いしん坊」「派手好き」「好色、下品」「ど根性」「やくざ、暴力団、こわい」の七つに集約されるとしている。

前段でみてきたヴァーチャル大阪方言の「方言ステレオタイプ」は、「役割語」としての「関西弁」ステレオタイプと重なり、そのヴァーチャル大阪方言を用いた「方言コスプレ」において演出を意図されるキャラも、この「役割語」として観察されてきた七つのステレオタイプのいずれかと重なりあうのである。

「関西弁」以外のヴァーチャル方言において、メディアを通じて拡張・増幅される機会が与えられてきたものにはどのようなものがあるだろうか。また、いつごろから、どのような「方言ステレオタイプ」がそれらに蓄積されてきたのだろうか。

ここでは、創作物のうち、近代文学と現代マンガというメディアを取り上げて、「方言ステレオタイプ」の蓄積と拡張・増幅の過程をみていくことにする。近代文学は明治期から戦後までの日本語社会の意識の反映、現代マンガは現代における日本語社会の意識の反映として捉えていく。ひとつひとつの作品のメディア内部における位置づけにはばらつきがあるのは当然だが、近代文学と現代マンガのそれぞれの時代における文化としての位置づけを考えてみると、それぞれの時期の日本語社会を構成する人々に広く受容されたメディアとみなしてもいいだろう。近代文学や現代マンガを、日本語社会において生産されてきた「方言ステレオタイプ」の蓄積と拡張・増幅の装置のひとつとしてみていく、ということである。

日本近代文学におけるヴァーチャル方言

「方言ステレオタイプ」は、日本語社会の中において作られてきたものであるが、そのひとつひとつがどのように形成されてきたのかについては、先にも触れたように、「関西弁」を除けば、はっきりしないことが多い。地域のイメージ、「県民性」のような地域に連続するもののイメージなどと密接に関わりながら、日本語社会に流通してきた芸能や小説、映画やドラマ、マンガやアニメなどのさまざまなメディアとしてあらわれる創作物によって特定のイメージが蓄積・拡張・増幅されてきたものと推測される。

日本語社会に流通する創作物においてどの地域の「方言」がどの程度使用されてきたのか、ということについて、近代文学の「方言文学」作品の都道府県別の出現点数分布(図3-1：井上史雄、二〇〇七。磯貝英夫、一九八一のグラフ化より引用)をみると、「東京」を除くと「関西(「京都」「大阪」)」が多く、ついで「北海道」「広島」「九州(「熊本」「長崎」「福岡」「佐賀」)」が多いということがわかる。「北海道」が例外となるが、「方言文学」が多くあらわれる「関西」「広島」「九州」は、前段でみてきた現代の日本語社会において広く共有されている〝「方言ステレオタイプ」との結びつきが強いヴァーチャル方言〟と一致している。

日本近代文学は、欧州文学などと比較して、ヴァーチャル方言を取り入れた「方言文学」が「たいへん活発」であったことは、先行研究において指摘されている。採用されるヴァーチャル方言の地域的偏りやその正確さには幅があるものの、採用自体が「たいへん活発」であった理由として「方言自体が多様に分化していること」「近代の作家が、都鄙の別なく、全国にまたがって輩出してきていること」「自然体のリアリズムを重んずること」「漢字を活用することによって、方言のわかりやすい記録が可能」の四点が指摘されている（磯貝英夫、一九八一）。つまり、近代文学がヴァーチャル方言を好んで採用してきた、かっこうの「方言ステレオタイプ」蓄積・拡張・増幅装置であったことを示している。

ただし、「本土方言」に比べ言語的差異の大きな「沖縄方言」については、「本土方言」において適用された主要な方法である「漢字を活用する」方法――「方言文」を漢字仮名交じり文として示したり、「方言語彙」に漢字のルビをふるなどして文意を示したりする方法――とは、別の方法が採られていたことが指摘されている。「沖縄の方言が文学作品に使われる時は、そのままでなく、多く共通語の注釈や大意がつけられる」（槇林滉二、一九八二）のである。

また、近代文学においてヴァーチャル方言の採用が本格的に始まるのは標準語政策と連動した〈言文一致〉の確立期である明治四〇年代以降であり、とくに大正から昭和にか

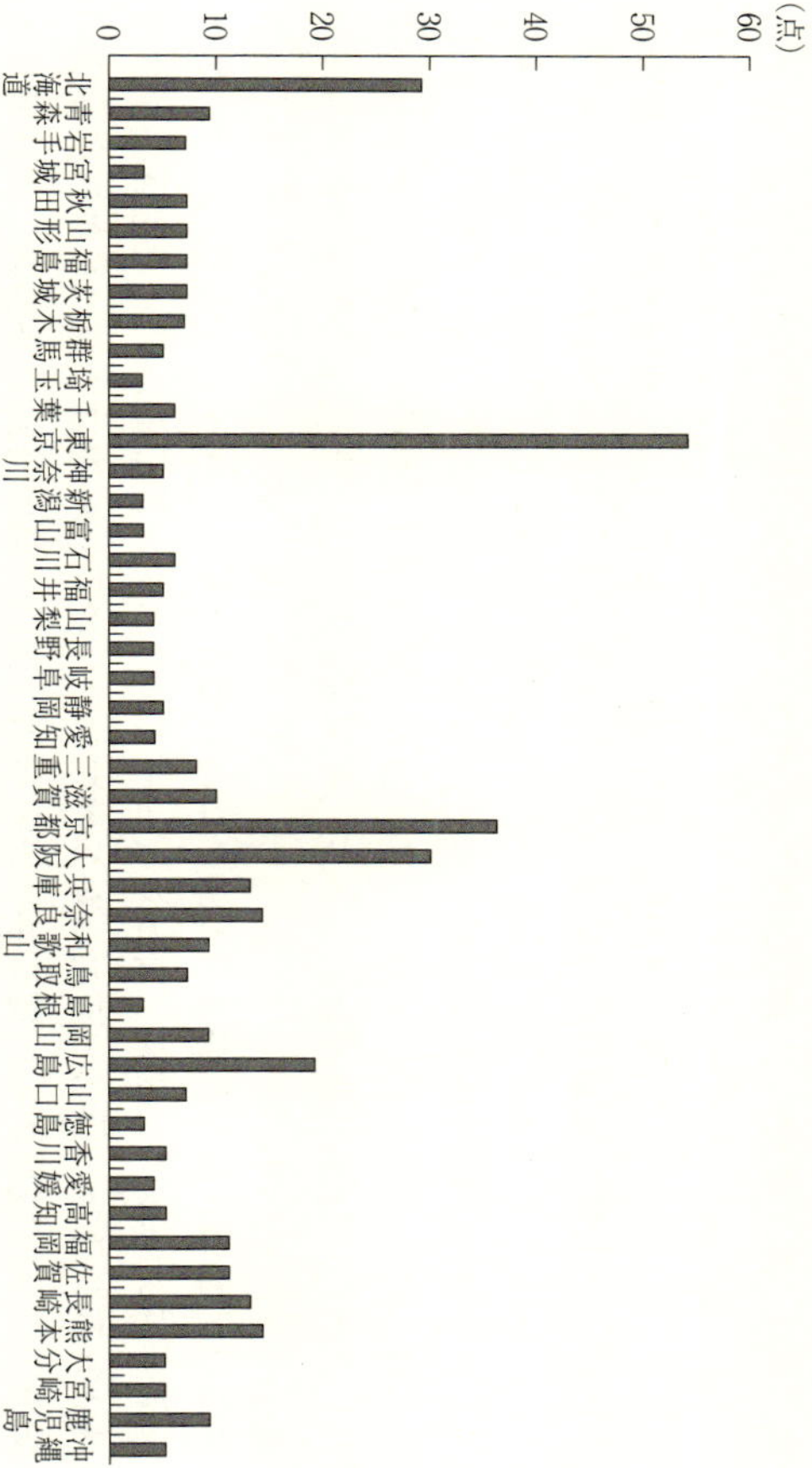

図3-1　「方言文学」作品の都道府県別出現点数（井上，2007）

けてのプロレタリア文学・農民文学の系統において非常に盛んであったという。

昭和に入ると、それまでのようなリアリズム発露の道具としてのヴァーチャル方言採用とは異なる、意図的な文学表現手段としての採用が井伏鱒二、谷崎潤一郎、宮澤賢治などの作品において見られるようになったとしている。井伏・谷崎・賢治らによって進められた意図的な文学表現手段としてのヴァーチャル方言の採用方法をさらに進展させたものとして、戦後の木下順二による複数の方言を用いて再構成した「普遍的方言」を位置づけている(磯貝英夫、一九八二)。

近代文学におけるヴァーチャル方言の採用は、リアリズム発露の道具としても、意図的な文学表現の一環としても、文学研究の文脈においては、どちらの場合も「標準語」または「共通語」で書かれた小説の「よそよそしさ」に対抗する意図が含まれていたと近代文学研究者からはみられてきたようだ。

近代文学における「方言文学」を、ヴァーチャル方言の採用意図の観点からみていくと、少なくとも次のような三つのステージがあるといえそうだ。

- 第一ステージ(明治四〇年代以降＝一九一〇年代前後以降)：〈言文一致〉の確立によって登場してきた「標準語文学」に対抗するリアリズムの発露としてのヴァーチャル方言の採用。自然主義文学や農民文学、プロレタリア文学におけるヴァーチャル方言採用が典型的。

- 第二ステージ（昭和初年代以降＝一九二〇年代前後）：　井伏・谷崎・賢治などによる、文学的表現意図を含んだヴァーチャル方言の採用。
- 第三ステージ（戦後＝一九四五年前後以降）：　木下順二による複数の方言を再構成した「人工方言」である「普遍的方言」の登場。

ここから、近代文学におけるヴァーチャル方言採用の新しいステージのはじまりは、各時代における「標準」からの逸脱をめざした文体模索からであったことがみえてくる。〈言文一致〉による「標準語文学」の確立時期である明治後期にはじまるリアリズムを求めたヴァーチャル方言の採用、リアリズムの発露としてのヴァーチャル方言採用が一般化した昭和初年代における「ニセ方言」を用いた文体とテーマの模索、そして戦後に登場する「ここではないどこか」を表現する装置としての究極の「ニセ方言」である「人工方言」の登場。

第二ステージ以降の作品として、一九二〇年代から一九三〇年代に執筆された次のようなものを例として考えてみると、リアリズムの発露としてヴァーチャル方言を採用した第一ステージとはあきらかに異なるスタンスがみてとれる。

たとえば、東京下町生育の谷崎潤一郎が「卍」（一九二八―一九三〇連載）などにおいて

「学習した大阪弁」を用いた小説を書いたことは、こんにちの「ニセ方言」を用いた「方言コスプレ」の萌芽を感じさせるし、宇野浩二の「大阪弁」小説(「美女」一九二〇、など)や太宰治の「津軽弁」小説(「雀こ」一九三五、など)などからは、こんにちの「ジモ方言」を用いた「方言コスプレ」的感性がうかがえる。

井伏鱒二は、自身の生育地方言を参照枠とした「ジモ方言」的小説もさまざまなものを著しているが、地方に「標準語」「ニセ東京弁」「ニセ関西弁」が移入されてきたことによるドタバタを「「槌ツア」と「九郎ツアン」は喧嘩して私は用語について煩悶すること」(一九三七)で描いており、「ニセ方言」というものの存在に意識的であったことをうかがわせる。

また、戦後に登場する木下順二の戯曲作品における複数の「方言」をパッチワークした「普遍的方言」は、非〝純粋日本語〟としての〈田舎ことば〉をめざして造形したもの(木下順二、一九八二)とされていることから、この「ニセ方言」の造形の背景にも〝純粋日本語〟という「標準」からの「異化作用」をねらったものがあるとみてもよさそうだ。

昭和初期から戦後にかけて執筆されたこれらの作品におけるヴァーチャル方言の用いられ方は、いずれも近代文学における〈言文一致〉完成期以降の「標準語文学」や時代の「標準」に対抗する文体や文学テーマの模索のあらわれであるのと同時に、こんにちの「方言コスプレ」の萌芽とみることもできるだろう。小説家や戯曲家ということばのプロの手による「方言コスプレ」である。

戦後、プロの手によるさまざまな形態の「方言コスプレ」が広がるにしたがい、映画やテレビドラマやCMにおけるヴァーチャル方言の「不正確さ」や「いいかげんさ」、場合によってはそれを「〝笑い〟の道具」として用いることについての批判が一九五〇年代以降の世論をにぎわせていくことは、第5章でみていく通りである。

近代文学において観察されたヴァーチャル方言を用いた「標準」からの逸脱は、現代文学の「方法」としてもしばしば観察される。戦後に限っても「方言文学」が文壇の「新しい潮流」として取り上げられるという現象は何度も繰り返されてきている。

近年の文芸時評欄などで取り上げられた「方言文学ブーム」としては、二〇〇七年度下半期(第一三八回)の芥川賞受賞作品「乳と卵」(川上未映子)といった「大阪弁」小説や、古川日出男の『聖家族』(二〇〇八)における東北各地の「方言」をとりこんだ文体についての言及などが、記憶に新しい。

現代文学作家が「地方」を舞台とすることについて述べた次のようなコメントは、文学作品における「地方」のアイコンとなるヴァーチャル方言を用いた「方言文学」が繰り返し「新しい潮流」として登場する背景を端的に示すと思われる。

〔桜庭一樹が最新作で「地方」を舞台としたことの理由を記者に問われて〕「田舎なら都会

ではできないファンタジックな表現が可能になる」
（二〇〇八年三月二九日　日本経済新聞・四四面「現代文学にラテンアメリカの流れ　地方の姿、神話仕立て　虚実交ぜ異空間に」）

ここで、近代文学研究の場において言及されてきた「方言ステレオタイプ」について確認したい。近代文学研究の場において言及されてきた「方言ステレオタイプ」は、じつはそれほど多くない。明治初期における三遊亭円朝の落語においてすでにあらわれていたという指摘のある「いなか者」と「パターン化された関東方言」という結びつきについてと、「役割語」研究においてすでに指摘のある「トリックスター」と「関西弁」という結びつきについてのみである。

ただし、金水敏（二〇〇三）では、「関西弁」の「方言ステレオタイプ」は近世後期には「ほぼ完成」されていたとするが、近代文学においてこんにちのような「関西弁」の「方言ステレオタイプ」があらわれてくるのは、武田麟太郎、藤沢桓夫、織田作之助らによる「昭和初期のプロレタリア文学・風俗小説・大衆小説あたりから」とされている（藤本千鶴子、一九八一）。

現代マンガにおけるヴァーチャル方言

もう少しこんにち的でポピュラーな創作物におけるヴァーチャル方言の採用傾向について、「方言マンガ」の都道府県別作品点数からみてみよう。

図３-２は、『このマンガがすごい！　ＳＩＤＥ-Ｂ』(宝島社、二〇〇八)の「ご当地マンガＭＡＰ」に掲載された作品と、「方言ヒロインを探せ!!」(うめ／難民チャンプ〈http://media.excite.co.jp/book/news/topics/116/〉、二〇一一年三月一一日最終閲覧)に掲載された作品のうち「ご当地マンガＭＡＰ」に掲載されていない作品を加えてグラフ化したものである。

「方言マンガ」の出現点数を都道府県レベルでみていくと、「東京」と「大阪」がツートップ、ついで「北海道」と「神奈川」、「広島」「京都」「千葉」「新潟」「埼玉」「静岡」「福岡」「沖縄」「秋田」「兵庫」が多い。地域ブロックとしてまとめてみると、「首都圏(「東京」「神奈川」「千葉」「埼玉」)」と「関西(「大阪」「京都」「兵庫」)」がやはり多く、「北海道」「東北(「秋田」)」「静岡」「新潟」「広島」「九州(「福岡」)」「沖縄」に一定の度数があらわれてくる、ということがわかる。

先にみた通り、近代文学における「方言文学」の都道府県別出現点数の多いものは、「東京」「関西(「京都」「大阪」)」「北海道」「広島」「九州(「熊本」「長崎」「福岡」「佐賀」)」であった。近代文学と現代のマンガに共通してあらわれる頻度の高いヴァーチャル方言は、「東京」と「関西」の「方言」がもっとも多く、ついで「北海道」「九州」ということになる。

一方で、近代文学と現代マンガでは細かな差異も確認できる。まず、現代マンガは、近代文学に比べ、登場するヴァーチャル方言のバリエーションが多くなっていることが指摘できる。また、現代マンガでは「東京」が「首都圏」の全域に、「関西」が「京都」「大阪」から「大阪」「京都」「兵庫」へと広がっているのに対し、「九州」は「福岡」への一極集中が進んでいるようだ。

近代文学では目立ってあらわれなかった「新潟」「沖縄」「静岡」「東北（「秋田」）」が現代マンガでは出現点数の高いものとしてあらわれている。「沖縄」は、近代文学においてはそのヴァーチャル方言の採用方法としても「本土方言」とは異なるレベルであった。現代マンガでの頻度の上昇は、一九九〇年代以降の「沖縄ブーム」が反映されており、沖縄出身のマンガ家によるものばかりではなく非沖縄出身の人気マンガ家による「沖縄」を舞台とした作品が描かれるようになり、それらの作品においても「沖縄方言」が採用されるようになってきたことなどによっている。「東北（「秋田」）」は牧歌的な「叙情マンガ」や「方言ヒロイン」が出てくる作品が登場してきたことによるのだろう。「新潟」「静岡」が増えた理由はよくわからない。

現代マンガにおけるヴァーチャル方言の用法としては、「方言ステレオタイプ」を用いた「キャラ用法」は確実に存在している一方、リアリズムの発露としてヴァーチャル

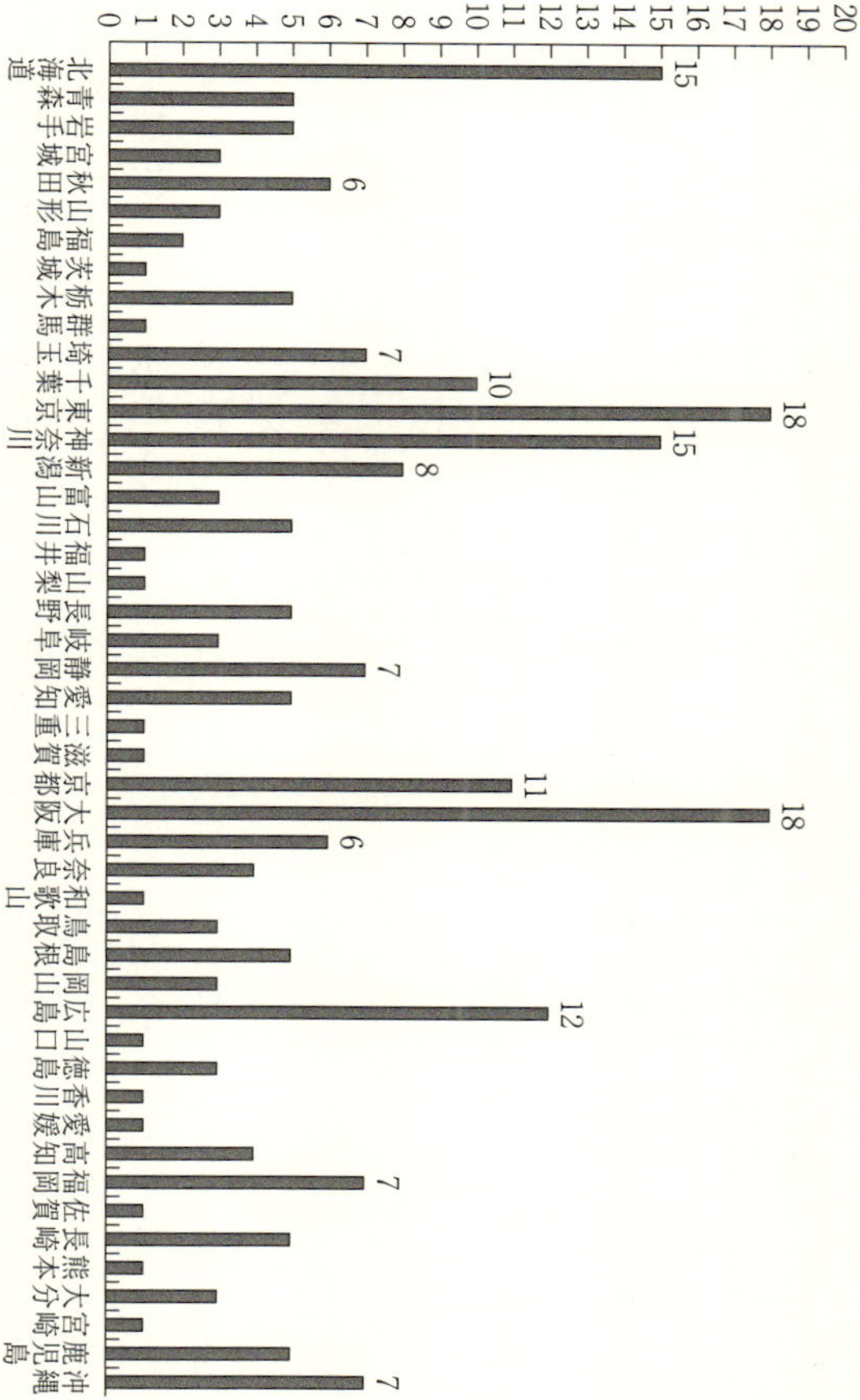

図 3-2 「方言マンガ」都道府県別作品数

方言を用いる「地域用法」が増加傾向をみせている。近代文学がリアリズム発露からスタートしたのとは逆の傾向を目指して、現代マンガはバリエーションを増やしてきているようだ。

また、近年では、「ご当地マンガ」「方言マンガ」が現代マンガのジャンルとして意識されるようにもなってきている。これらは、日本語社会における「方言」の価値上昇を受けてのこととみていいだろう。

「マンガ強まる地域色　埼玉　郊外の典型　中国地方　恋と青春の「聖地」…　ゆるい日常がリアル　方言ふんだん個性的」

（二〇〇九年三月一〇日　朝日新聞・朝刊・二三面・文化欄）

以上、日本語社会の中で「方言ステレオタイプ」を蓄積・拡張・増幅する装置のひとつとして、近代文学と現代のマンガを取り上げ、そこにあらわれるヴァーチャル方言の傾向性についてみてきた。近代文学と現代マンガでは異なる部分も認められたが、全体的な傾向は一致していた。つまり、ここでも確認されたことは、創作物に登場する機会の多いヴァーチャル方言は限られている、ということである。

また、近代文学や現代マンガで出現度数の高いヴァーチャル方言は、前段でみてきた意識調査において「方言ステレオタイプ」と強い結びつきを示すヴァーチャル方言ともほぼ重なっていることもみてきた通りである。

近代文学や現代マンガなどの創作物に高頻度であらわれてくるヴァーチャル方言は、創作物において「方言ステレオタイプ」を蓄積しやすく、また創作物そのものがその「方言ステレオタイプ」の拡張・増幅装置ともなる。その結果、意識調査の結果として把握されるような、強い「方言ステレオタイプ」をもつヴァーチャル方言が日本語社会において広く共有されてくるようになるのだろう。このような強い「方言ステレオタイプ」をもつヴァーチャル方言は、現実の言語行動としての「方言コスプレ」においても、強力な参照枠として機能することになる。

なお、近代文学と現代マンガに現れるヴァーチャル方言の地域分布から読み取った傾向は、その他の大衆的創作物においても大枠では共通すると強く推測される。映画や話芸・演劇、とりわけ戦後日本語社会に大きな影響を与えたテレビコンテンツに再提示される「方言」の地域選択や実態の解明が進むことによって、より鮮明な言語意識史が浮かびあがるだろう。

本書第４章では、テレビドラマにおけるヴァーチャル方言をＮＨＫが一般公開する「番組公開ライブラリー」を資料とする検討を行う。一方、民放ドラマやアニメ・バラエティー番組、ＣＭなどのテレビコンテンツを草創期からたどることの可能なアーカイブは少ない。今後の整備・充実と公開が待たれる。

「首都圏・北海道型」から「沖縄型」まで

――方言／共通語意識と地域

「方言」や「共通語」をどのように受けとめるかは、時代によって大きく異なる。このことは、第2章でみてきた通りである。時代による違いばかりではなく、その人の生育地や居住地がどのような地域であるのかによっても、その受けとめ方は、ずいぶんと違ってくる。たとえば、そこが「方言主流社会」なのか、「共通語中心社会」なのか（佐藤和之・米田正人編著、一九九九）。さらに、その「地域」や「方言」が日本語社会においてどの程度の「力の強さ」(prestige)をもっているのか。加えて、その人自身の年代や、性、ことばに対する志向性などによっても異なる。

こういった「方言」や「共通語」に対する意識の違いは、個人個人の言語行動に対するスタンスやその実態に大きな影響を与える。「方言コスプレ」をするかしないか、またそのような言語行動をどのように評価するのか、というようなことを意識の違いの例としてみることができるだろう。

たとえば、次のようなことである。生育地方言である「本方言」をもっと意識しやすい非首都圏生育者よりも、「本方言」をもたないと意識しやすい首都圏生育者に、「ニセ方言」を用いた「方言コスプレ」行動が顕著に観察されたということ。また、「方言コスプレ」という言語行動に対する評価が、首都圏生育者や東日本生育者は基本的にポジティブであるのに対し、関西生育者を中心とした西日本生育者の多くはネガティブであること。さらに、西日本生育者においても、自身の生育地方言を「マイナーな方言」と認識している人は、首都圏や東日本生育者における「方言コスプレ」に対するポジティブな感覚に近いものをもっているらしいことなど、である。

これらから導かれることは、「方言」や「共通語」に対する意識について、一定の広がりをもつ「地域」によって異なるパターンが存在し、しかも、そのパターンはある程度類型化できそうである、ということである。

実際、「共通語」や「方言」に対する言語意識や、それらにかんする言語行動パターンから、「地域」を分類し、類型化しようとする試みは、先行研究によってもさまざまな角度から試みられてきた。

たとえば、一九七〇年代に示された研究者の観察による「方言」と「共通語」の使い分けについてのタイプ分類には、次のようなものがある(寿岳章子、一九七七)。

「関西型(地元でもよそでも関西弁)」

「東北型（地元では東北弁、よそでは共通語）」
「沖縄型（地元でもよそでも共通語）」

また、比較的最近の一九九〇年代半ばに行なわれた大規模調査データに基づく客観的な地域分類には、次のようなものがある（陣内正敬、一九九九）。

「方言開示型」　京都、東京、札幌、福岡
「方言抑制型」　仙台、千葉、那覇
「使い分け型」　弘前、鹿児島、高知、金沢
「中　間　型」　松本、大垣、広島

この分類は、一四都市に居住する高校生から七〇代までの約二八〇〇人を対象とした「方言」と「共通語」についての意識調査のデータに基づいたものである。「地元の道端で同郷の知人と話をする」「東京の電車の中で同郷の知人と話をする」「地元の道端で共通語を話す見知らぬ人と話をする」「東京で共通語を話す見知らぬ人に道を尋ねる」という四つの場面で「共通語」を使うか「方言」を使うかを尋ね、場面による都市別の「共通語」と「方言」使用率の平均値の偏差から導き出された分類である。

「方言開示型」はどの場面でも方言使用率が相対的に高い都市、「方言抑制型」はどの場面でも方言使用率が相対的に低い都市、「使い分け型」は話し相手が同郷人か共通語を話す人であるかによってはっきり使い分けをする都市、「中間型」は目立った特徴を示さない都市、である。

「関西型」「東北型」「沖縄型」という地域分類とはまた別の観点による類型であり、「中間型」といったその特徴を捉えにくい地域があることが浮かび上がっている。また同じ東北地方でも「共通語中心社会」化した「仙台」と、「方言主流社会」である「弘前」では異なるパターンをみせるなど、複雑化しているようすがうかがえる。

この調査とほぼ同時期にNHKが全国の約三万人を対象に実施した世論調査「全国県民意識調査」にも、「土地のことば」に対する質問項目があり、それらの項目の回答パターンによって都道府県を分類した表がある(NHK放送文化研究所編、一九九七)。

その表は、居住する都道府県の「土地のことば」についての次の三つの質問「この土地のことばが好きだ」(以下、「好き」)、「この土地のことばを残していきたい」(以下、「残す」)、「(この土地の)地方なまりが出るのは恥ずかしい」(以下、「恥ずかしい」)の都道府県別の回答率を全国平均の回答率と比較し、全国平均値との多寡の観点から都道府県を分類したものである。全国平均値との多寡の判定については、都道府県別回答率と全国平均値を比較し、統計的に有意な差(五％水準)が得られたものを多い、あるいは少ないとしている。

ここでは、筆者が、その表に示された「好き」「残す」を「土地のことば」に対する「愛着」と解釈・命名し、整理したものを「全国県民意識調査」による地域分類として示すことにする。

《「土地のことば」に愛着があるグループ》

「好き」「残す」が多く「恥ずかしい」が少ない：京都、大阪

「好き」「残す」「恥ずかしい」すべて多い：青森、岩手、宮城、秋田、山形、福島、島根、徳島、鹿児島

「好き」「残す」が多く「恥ずかしい」は平均並み：北海道、長野、高知、福岡、長崎、熊本、宮崎、沖縄

《「土地のことば」に愛着がないグループ》

「好き」「残す」「恥ずかしい」すべて少ない：千葉、埼玉、神奈川、奈良

「好き」「残す」が少なく「恥ずかしい」が多い：茨城、栃木、岐阜、和歌山、岡山

「好き」「残す」が少なく「恥ずかしい」は平均並み：滋賀

《すべて平均的なグループ》

「好き」「残す」「恥ずかしい」すべて平均並み：　静岡、三重、兵庫、鳥取、山口、香川、愛媛

《その他のグループ》

「その他」：　群馬、東京、新潟、富山、石川、福井、山梨、愛知、広島、佐賀、大分

この分類では、《「土地のことば」に愛着があるグループ》とそうではないグループに分かれ、それぞれのグループ内においてさらに「なまり」を「恥ずかしい」と思う「方言コンプレックス」の強いところとそうではないところに分かれていることがわかる。《「土地のことば」に愛着がないグループ》には、首都圏や京阪圏を構成する県とその周辺県といった大都市圏に含まれる一方、その中核とはならない県が集中してあらわれており、それら大都市圏に含まれる県は「土地のことば」にはアイデンティティーを見出しにくいことが示されている。

また、この分類からは、《すべて平均的なグループ》という言語意識の観点からは明確な特徴が示されないグループや、この三つの観点からはうまく説明できない《その他のグループ》があることもわかってくる。

冒頭で確認した「方言」と「共通語」の使い分けからみた「関西型」「東北型」「沖縄

型」という分類は、なんとなくわたしたちの〝実感〟にフィットするような気がする一方、一研究者の直感的な観察によるおおまかな分類であるということ、分類対象の地域が限られたものであること、一九七〇年代における分類であることから、大規模調査に基づく客観的な最新のデータによる地域分類と比較し、検証を行なう必要がありそうだ。

また、一九九〇年代の中頃に実施された二つの大規模調査データに基づいた客観的な地域分類では、両者の間で一致する部分も多いが、差異も明確に含むことはみてきた通りである。調査対象地域を都市に限るか全国の非都市も含むか、といった調査地域の選定や、質問内容によってその違いが生じたものと推測される。さらに、調査年による違いも当然反映されるものと思われる。

「方言」と「共通語」にかんする意識からみえてくる地域分類を試みた三つの先行研究から、このような地域類型の立て方と各類型に分類される「地域」は、調査年、調査対象地域、調査項目などによって少しずつ異なるものとして立ちあらわれてくるものであることがわかる。

以下では、二〇一〇年に筆者が企画に参加した全国のさまざまな年代・性別・職業の人々を対象にした無作為抽出による全国方言意識調査の結果から、現代における「方言」と「共通語」に対する意識の地域差をみていき、最後に意識調査データに基づく地域の分類と類型化を試みる。そこで得られた最新版の地域類型から、先に触れた「方言

「コスプレ」のような現代的な「方言」と「共通語」にかんする言語行動の「地域」によって異なる採否パターンなどが説明可能となるか、みていくことにしたい。

二〇一〇年全国方言意識調査データからみる地域差

以下では、二〇一〇年一二月に層化三段無作為抽出法で抽出した一六歳以上の全国の男女四一九〇人を対象に実施した全国方言意識調査(二〇一〇年調査)のデータから、二〇〇〇年代の「方言」と「共通語」についての意識の地域による違いをみていく。調査企画は筆者らが行ない、調査の実施は調査会社(中央調査社)に委託した。調査方法は、調査会社調査員による個別面接聴取法によるもので、一三四七人から回答が得られた(回収率三二・一%)。なお、この全国方言意識調査は、筆者が共同研究者として参加している国立国語研究所基幹型共同研究「多角的アプローチによる現代日本語の動態の解明(リーダー:相澤正夫)」の一環として実施したものである。

四七都道府県すべての居住者から回答を得ているが、ここでの地域差は、居住地とは別に質問した一五歳までに一番長く生活した地域(生育地)を「出身地」として、その差をみたものである。出身地による差は、以下に示す《出身地ブロック》レベルで検討する。なお、出身地を「海外」「わからない」とした六人については分析から除外する。北海道から沖縄までの一二の《出身地ブロック》の一三四一人による分析を行なう。

《出身地ブロック》

北海道(六六人)、東北(一二八人)、北関東(八五人)、首都圏(二七三人)、甲信越(七二人)、北陸(四四人)、東海(一四四人)、近畿(一九八人)、中国(八九人)、四国(五三人)、九州(一六九人)、沖縄(二〇人)、海外(四人)、わからない(二一人)

※首都圏：東京都・埼玉県・千葉県・神奈川県

以下では、「出身地」による違いを「地域差」とみて、「出身地」グループ間の比較を中心にみていく。「出身地」グループ間の比較に際しては、質問項目と「出身地」によるクロス集計を行ない、χ二乗検定の結果、p値が〇・〇五未満のものについて「差がある」とする。「差がある」場合、さらに残差分析を行ない、その結果、調整済み残差が＋二以上となった「出身地」について、当該の回答が「多い」と言及していくことにする。

年代差など他の要因による差について言及する場合も、「出身地」と同様の手続きを経た結果を示すものについて、「差がある」「多い」と言及する。

以下に掲出する「出身地」による地域差などを示した各図においては、煩雑さを避けるために「差がある」回答のみ図中に数値を示した。地域差のみられた質問すべてを図で示してはいない。その場合、当該の回答に対する地域と地域ごとの回答率を、「地域」(回答率：%)の形式で本文中に示している。

出身地の方言は、約六割が好き

まず、「出身地の「方言」のことが好きですか、嫌いですか」という質問に対する回答の全体的な傾向をみていく。「好き(好き＋どちらかというと好き)」六二・〇%、「嫌い(嫌い＋どちらかというと嫌い)」五・四%、「どちらでもない」二九・三%、「わからない」三・四%という結果になった(図3-3)。約六割の人が出身地の「方言」が好きだということになる。

一方、出身地による差は、次のようにみとめられた。回答ごとに差のあった地域についてのみ示す。「沖縄」(九五・〇%)、「九州」(七六・九%)、「中国」(七一・九%)に「好き」が多く、「北関東」(一〇・六%)、「東海」(一〇・四%)に「嫌い」が多い。「どちらでもない」は「首都圏」(四二・五%)、「甲信越」(四〇・三%)に多く、「わからない」は、「首都圏」(一〇・三%)、「北海道」(七・六%)に多い。

一九七八年と一九九六年にNHKが実施した全国県民意識調査(NHK放送文化研究所編、一九九七)の「地元のことばを好きかどうか」という質問に対する結果と比較すると、どちらも「好き」の全国平均は六割程度で、二〇一〇年に実施した今回の全国方言意識調査の結果と大差ない。ただし、NHKの調査結果と、今回の全国方言意識調査における「沖縄」出身者の地元の「方言」を「好き」とする回答率の結果には、大きな違いがみとめられた。二〇一〇年調査では、「好き」が九五・〇％と非常に高い。NHKの全国県民意識調査の沖縄県居住者における一九七八年(七四・九％)、一九九六年(八三・〇％)と比べると、「好き」の回答率の伸びが大きい。このような傾向は他の地域にはみられず、一九九〇年代以降に顕在化した「沖縄ブーム」による日本語社会における「沖縄方言」の位置づけの変化が、出身者の出身地方言の好悪に大きく影響したのではないか、と推測される。沖縄を舞台とした映画『ナビィの恋』(一九九九年公開、中江裕司監督)、「沖縄のオバァ」を世間に広めた『沖縄オバァ烈伝』(沖縄オバァ研究会編、双葉社、二〇〇〇)、NHKの連続テレビ小説『ちゅらさん』(二〇〇一年度前期放送)を経て、沖縄の全国的な認知度が高まり、「県民に新たな承認と誇りの意識を与えた」(多田治、二〇〇八)という指摘もなされている。

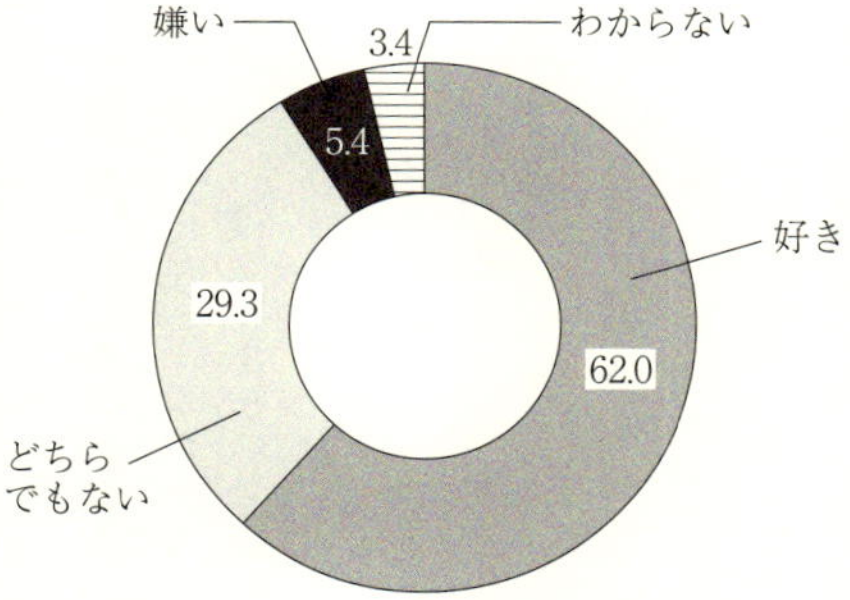

図 3-3 出身地の方言の好悪(％)
(n＝1341, 2010 年調査)

「共通語」が好きは約五割

次に「共通語」についての好き嫌いをみていく。全体では、「「共通語」のことが好きですか、嫌いですか」という質問に対して、「好き」五三・七%、「嫌い」二・九%、「どちらでもない」四一・五%という結果となった(図3-4)。「好き」と「どちらでもない」で大半を占めている。現代における「共通語」は、大半の人にとっては、とくに意識もせず使用される言語変種となっていることによると考えられる。

「共通語」の好悪にも、出身地差が確認できる。以下に地域による回答傾向の違いを示す。「好き」が多いのは「首都圏」(七三・六%)と「沖縄」(八〇・〇%)、「嫌い」が多いのは「近畿」(九・六%)と「四国」(七・五%)、「どちらでもない」は「近畿」(五一・五%)、「甲信越」(五二・八%)、「九州」(四八・五%)に多い。「わからない」は「東北」(八・六%)と「九州」(五・三%)に多い。

「出身地方言」の「好き」と「共通語」に対する「好き」の関係をみると、「首都圏」と「北海道」において「共通語」を「好き」とする比率が「出身地方言」を「好き」とする比率を上回っていること、「沖縄」が「出身地方言」ばかりでなく「共通語」も「好き」と回答する割合が高いことが特徴的である(図3-5)。

一九九〇年代半ばに一四都市で実施された調査における「共通語が好きですか、嫌いですか」という項目の調査結果からは、那覇を除き、東日本で「好き」が多く、西日本で少ないという地域差が示されており(沖裕子、一九九九)、今回の結果とおおむね重なっていることが確認される。

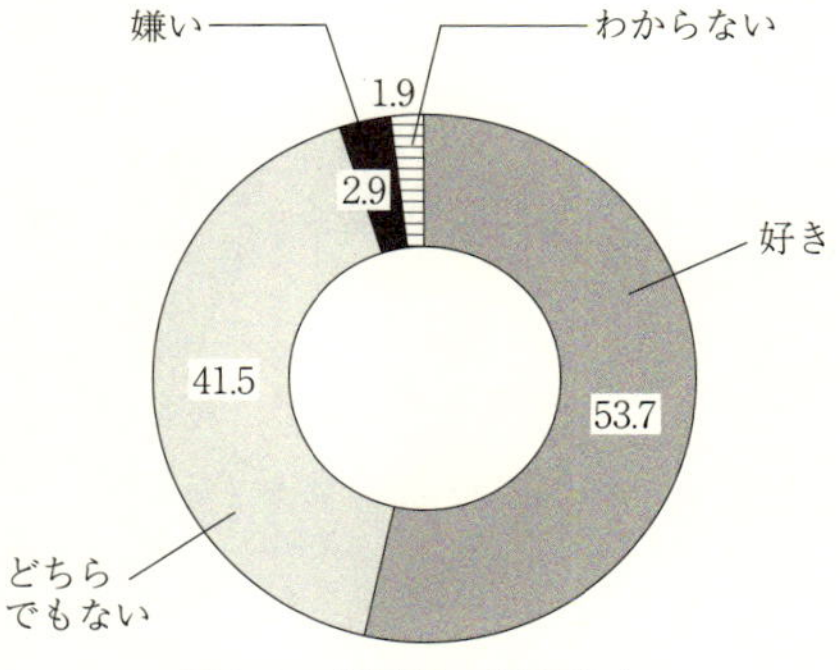

図 3-4 共通語の好悪(%)
(n＝1341, 2010 年調査)

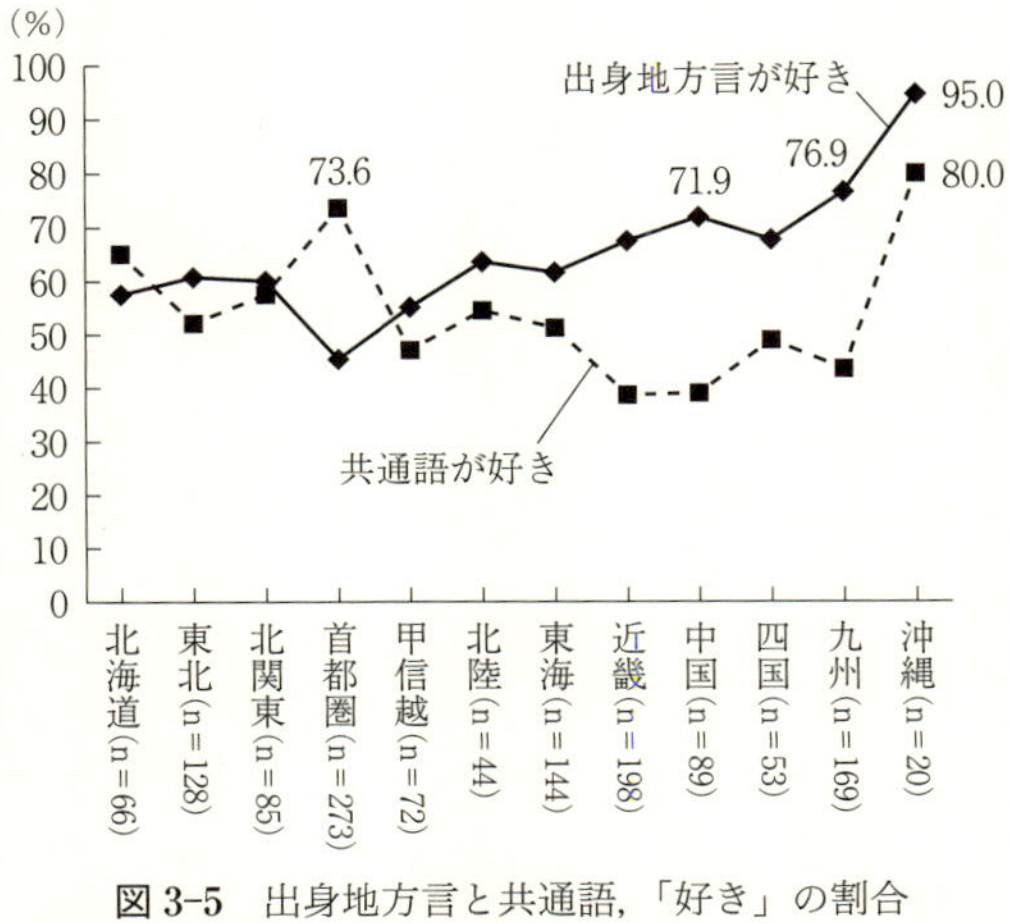

図 3-5 出身地方言と共通語,「好き」の割合
(出身地ブロック別, 2010 年調査)

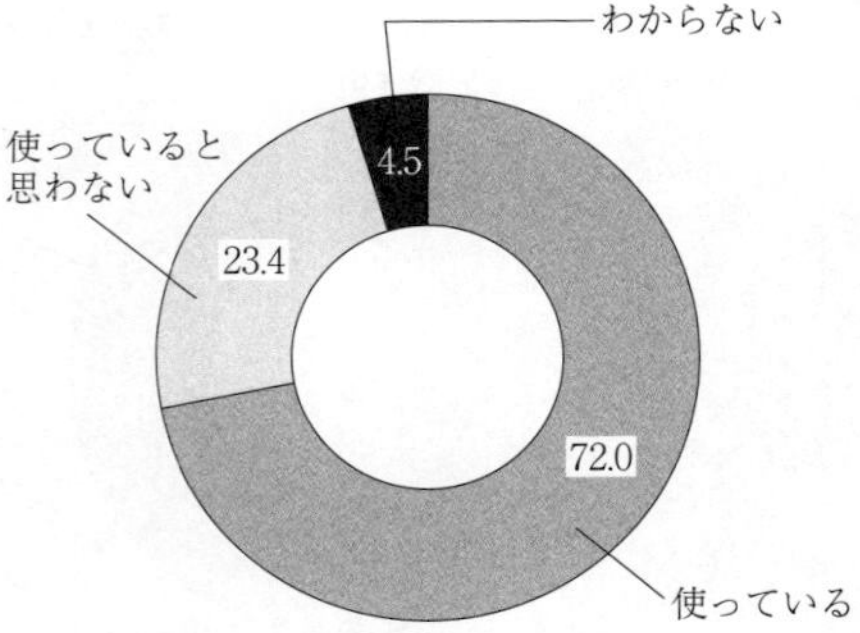

図 3-6　共通語使用意識（%）
（n＝1341，2010 年調査）

「共通語」使用意識のある人は約七割

次に、ふだんの生活における「共通語」使用意識についてみていく。「ふだんの生活において共通語を使っていると思いますか、思いませんか」という質問に対して、全体では、「使っている」七二・〇％、「使っていると思わない」二三・四％、「わからない」四・五％という結果となった（図3-6）。

この項目においても出身地差がみとめられた。「共通語」を「使っている」は、「首都圏」（九三・〇％）、「北海道」（九二・四％）、「甲信越」（八八・九％）と「沖縄」（九五・〇％）に多い。「使っていると思わない」が多いのは「近畿」（五六・一％）、「四国」（三九・六％）で、「わからない」が多いのは「東北」（九・四％）であった。

おおまかにみていくと、「使っている」が多い前者はこんにちにおける「共通語中心社会」、「使っていると思わない」が多い後者はこんにちにおける「方言主流社会」といえそうだが、ことはそれほど単純でもないようだ。「共通語」使用意識の高い地域には、のタイプが混在していることがわかる。「沖縄」のような「方言」使用意識がある一方、「共通語」使用意識も高い地域と、両極「方言がない」という感覚が広く共有されている「首都圏」「北海道」のような地域と、両極

「共通語」と「方言」の使い分け意識がある人は約四割

一九八〇年代には、「共通語」が全国に普及し、その結果ほとんどの日本語話者において「方言」と「共通語」のバイリンガル化が完了し、二つの言語変種の場面に応じた使い分け(code-switching)がなされる社会となったとされている(真田信治、二〇〇〇)。ここでは、二〇一〇年時点における、「方言」と「共通語」の使い分け意識についてみていく。「方言」と「共通語」のバイリンガル化が完了し、二つの言語変種の場面に応じた使い分けが意識的になされているならば、この使い分け意識は、地域によらず、高くなっているはずである。

ところが、「「方言」と「共通語」を場面によって使い分けていると思いますか、思いませんか」という質問の結果をみると、「使い分けている」は三七・九%、「使い分けていない」が五四・八%という結果となった(図3-7)。現代の日本語社会では、ほとんどの人が場面に応じた「方言」と「共通語」の使い分けをしているはずだが、場面による使い分けを意識している人はかならずしも多くないという結果となった。このことをど

う考えればよいのだろうか。「使い分けていない」という回答の多い地域と年代から考えてみる。

まず、使い分け意識についての出身地差からみていく(図3-8)。「使い分けている」が多いのは、「沖縄」(七〇・〇%)、「九州」(五九・二%)、「東海」(五一・四%)。「使い分けていない」が多いのは「首都圏」(七六・九%)。「わからない」が多いのは、「北海道」(一五・二%)と「東北」(一三・三%)となった。

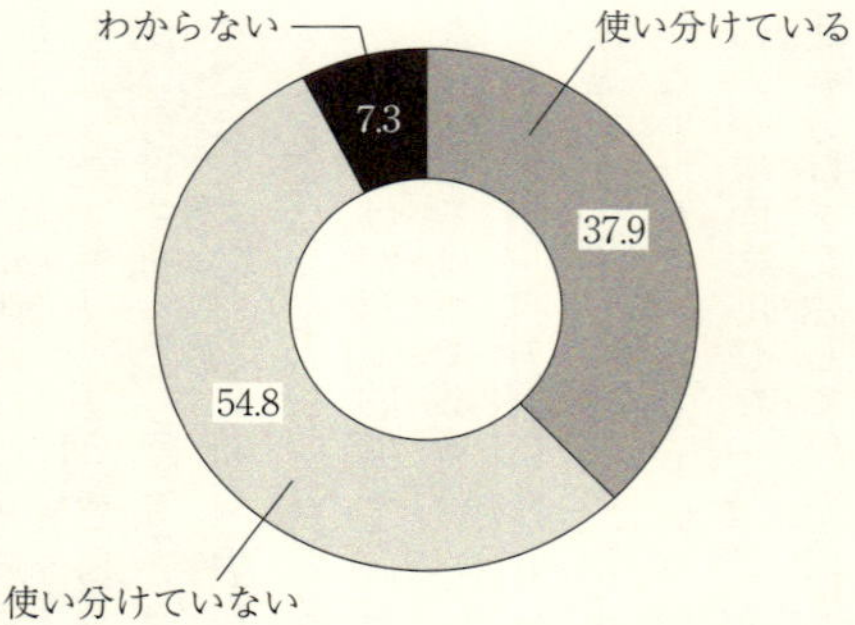

図3-7　共通語と方言の使い分け意識(%)
(n＝1341，2010年調査)

図3-8から、「首都圏」や「北海道」は、「共通語」使用意識は高いものの「方言」と「共通語」の使い分け意識は低いことがわかる。東日本における「共通語中心社会」に使い分け意識の低さが顕著にあらわれていることになる。このような地域では、出身地の「方言」と「共通語」との差異が明瞭ではなく、そのため、明確な切り換え意識がもてず、こうした結果を示したと推測される。首都圏出身者たちの、自分たちはリアル方言としての「本方言」、すなわち生育地方言をもっていない、という意識が、「共通語」の使用意識の高さと使い分け意識の低さとしてあらわれ

たとみていいだろう。

使い分け意識について、年代による推移をみてみよう(図3-9)。「使い分けている」という回答は、七〇代以上から三〇代までは増加しているものの、二〇代と一〇代では減少している。「使い分けていない」という回答は「使い分けている」という回答とちょうど裏表の増減傾向を示しており、三〇代が、「使い分けている」という回答が「使い分けていない」という回答にもっとも迫った年代となっている。

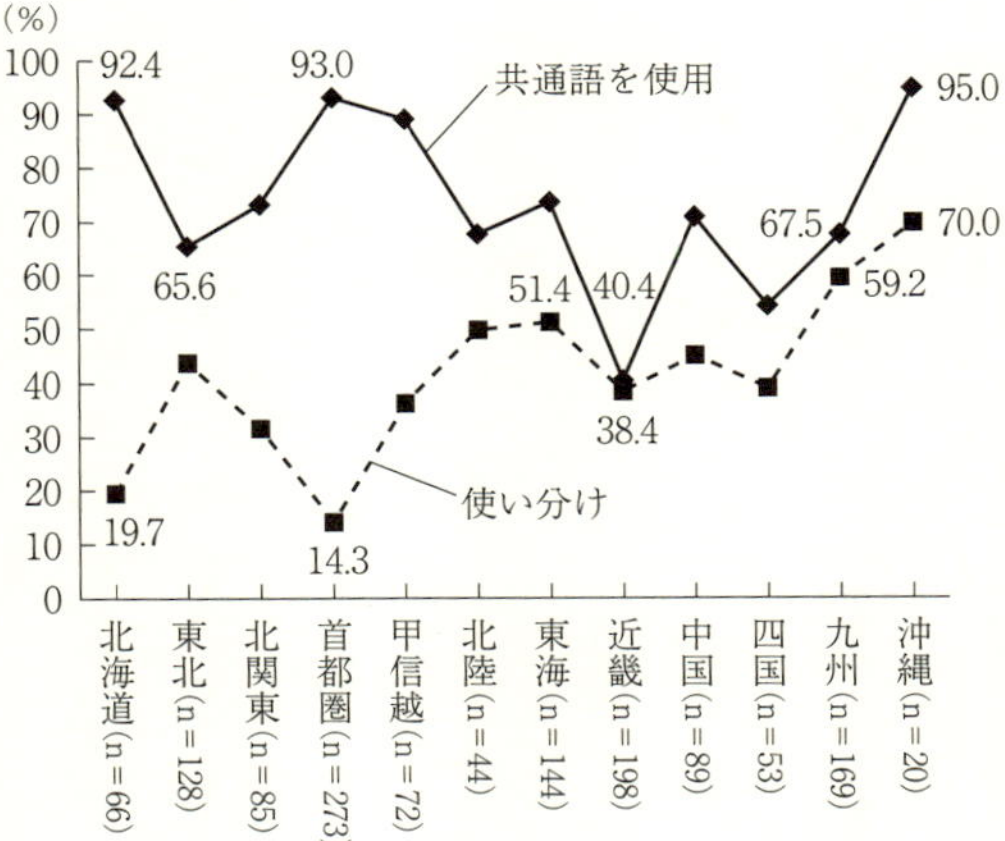

図 3-8 「共通語使用」と「方言/共通語使い分け」
(出身地ブロック別，2010 年調査)

高年層から三〇代にかけて「使い分けている」が増加する傾向については、「共通語」運用能力の獲得によるバイリンガル化と使い分け意識の進行の反映とみていいだろう。しかし、二〇代・一〇代の結果については、どのように考えられるだろうか。次のような

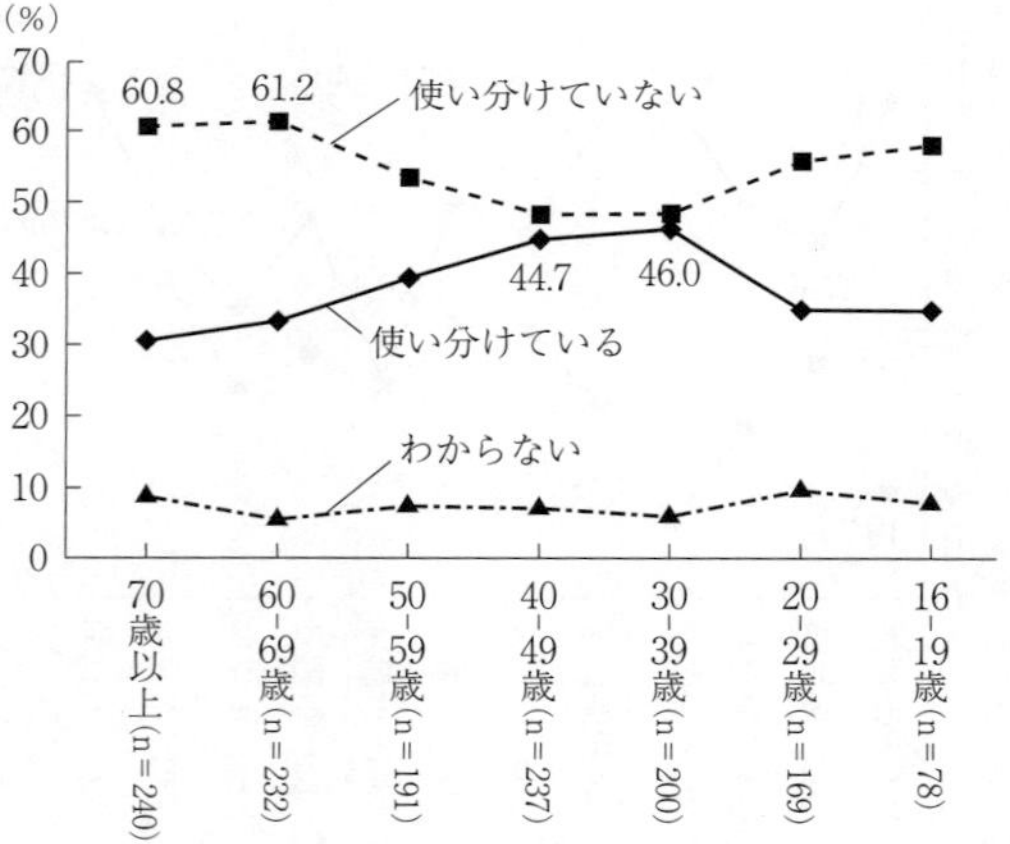

図 3-9　方言と共通語の使い分け
（年代別，2010 年調査）

二つの解釈が可能と考える。

ひとつは、二〇代・一〇代における「使い分けている」の少なさは、「共通語」運用能力はあるものの使い分けを明瞭に意識するようなライフステージに達していないため、使い分け意識が顕在化していないことの反映とみる解釈。もうひとつは、二〇代・一〇代の「使い分けている」の減少傾向を、これら最若年層は地域によらず「共通語」化が完了していることの反映として、「首都圏」同様、出身地の「方言」と「共通語」との差異が不明確となり、使い分け意識がもてない、という解釈である。

先に確認した通り、「共通語」の使用意識と、「方言」と「共通語」の使い分け意識は、かならずしも連動していない。最若年層の動向を「首都圏」の動向と重ねて考えると、後者の〝「共通語」化の完了した最若年層は「出身地方言」と「共通語」の区別がつけにくい〟という解釈も支持されるようにも思えてくる。

「出身地方言」の使い方パターンによる地域差

ここからは、「方言」を多く使用することが期待される三つの私的な場面において、どの程度「出身地方言」を使用するかについてみていく。「方言」を使うことが期待される私的な場面でどの程度「方言」を使用するのか、というところに的を絞った質問設定である。調査で示した三つの私的な場面とは、それぞれ親しい間柄の人を話し相手としたものである。「家族」「同じ出身地の友人(同郷友人)」は、「出身地方言」を共有する親しい間柄の人を相手とした場面、「異なる出身地の友人(異郷友人)」は「出身地方言」を共有しない親しい間柄の人を相手とした場面である。

三つの場面における「方言」の使用程度をみると(図3-10)、「家族」「同郷友人」に対しては七割弱が方言を使うのに対し、「異郷友人」に対しては、五割弱まで下がる。

それぞれの場面における地域差をみていくことにする。

「家族」場面における地域差には次のようなものが確認できる(図3-11)。「よく使う」が多いのは、「近畿」(六九・二%)、「四国」(五六・六%)、「九州」(五六・二%)、「中国」(五五・一%)。「使わない」が多いのは「首都圏」(六五・九%)、「北海道」(五九・一%)。「首都圏」

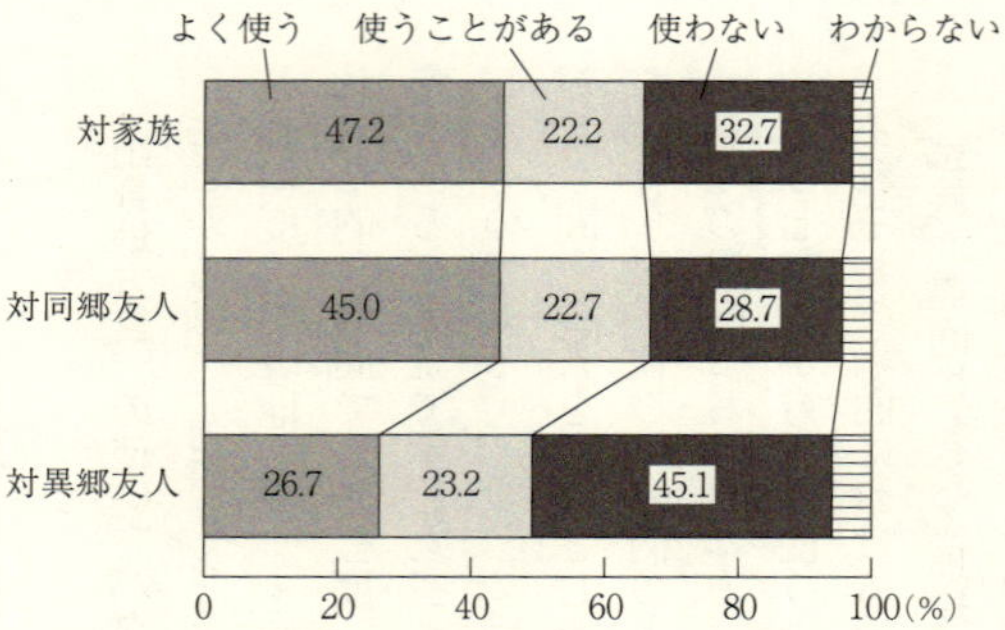

図 3-10　相手による出身地方言使用程度
(n＝1341，2010 年調査)

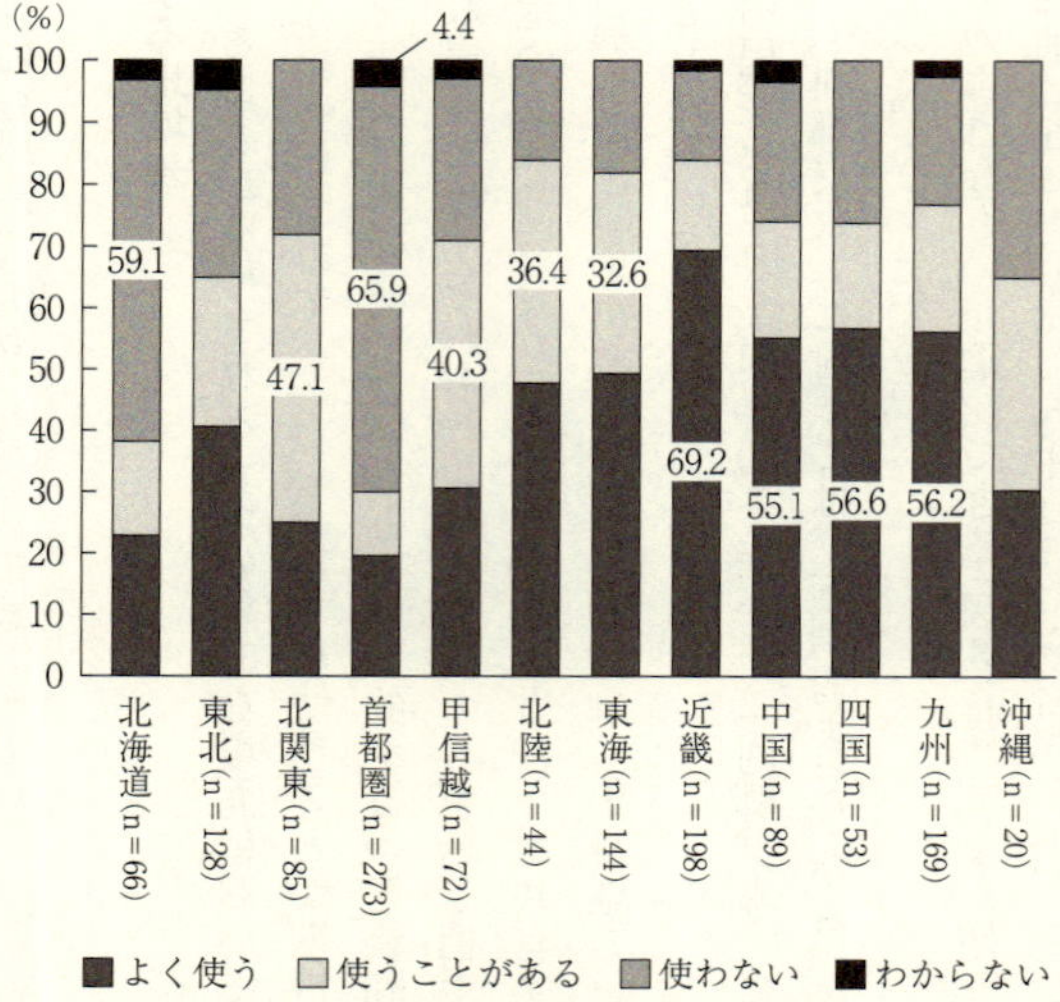

図 3-11　出身地の方言を使うかどうか(対家族)(出身地ブロック別，2010 年調査)

は「わからない」も多く四・四%。「使うことがある」が多かった「北関東」(四七・一%)、「甲信越」(四〇・三%)、「北陸」(三六・四%)、「東海」(三三・六%)は、「使う」とも「使わない」ともいえない中間的な傾向を示す地域である。「家族」に対する「出身地方言」使用率は西高東低、首都圏と北海道は「出身地方言」を使わない比率が高いことが共通する。

次に「同郷友人」に対する「出身地方言」の使用意識をみていく。

「同郷友人」に対する「出身地方言」使用率にも次のような地域差がみられる(図3-12)。「よく使う」が多いのは、「近畿」(六九・七%)、「中国」(六四・〇%)、「九州」(六三・九%)、「四国」(五八・五%)。「使わない」が多いのは、「首都圏」(六四・八%)と

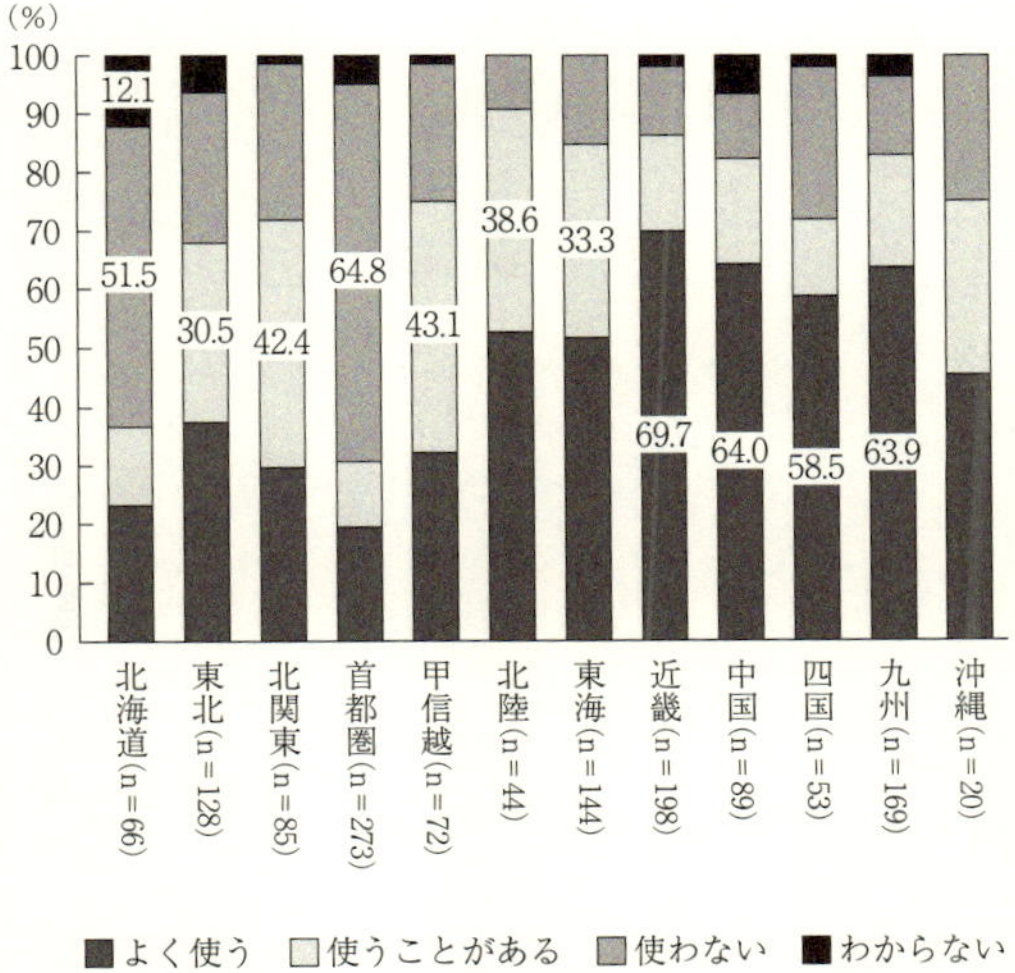

図3-12 出身地の方言を使うかどうか(対同郷友人)(出身地ブロック別, 2010年調査)

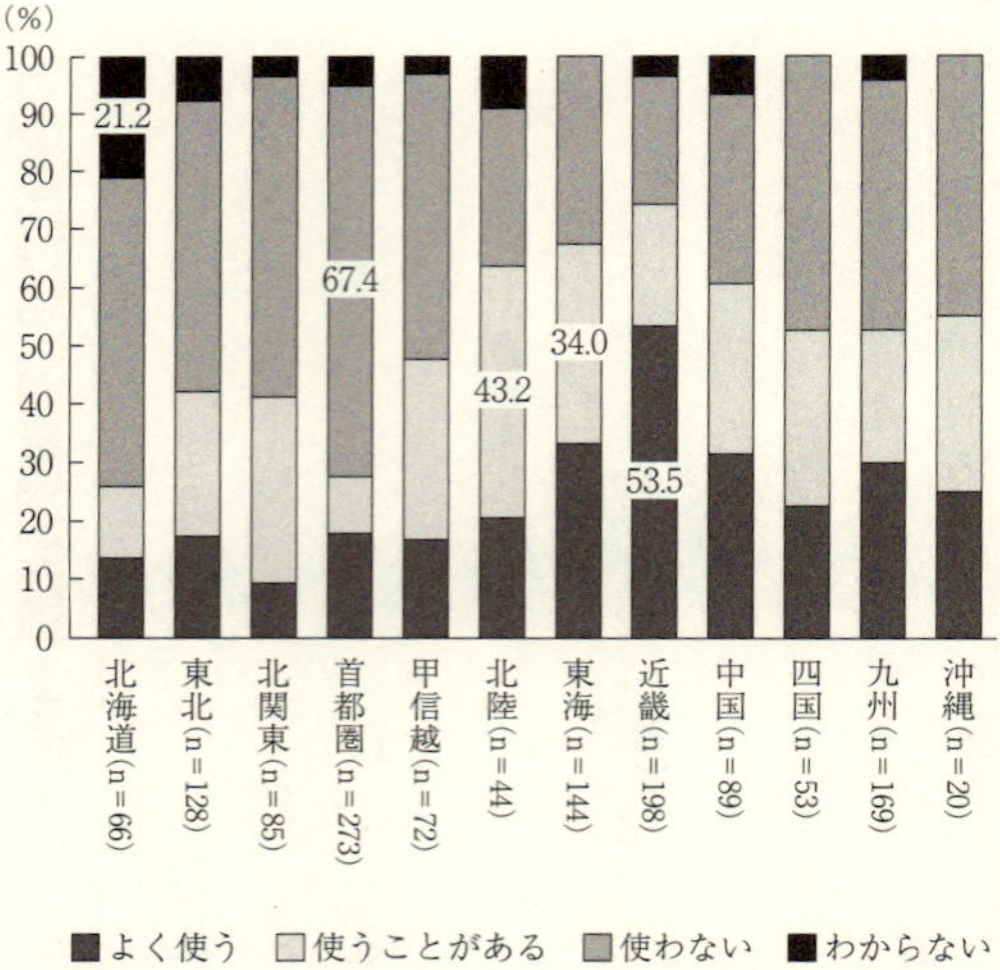

図 3-13　出身地の方言を使うかどうか(対異郷友人)(出身地ブロック別，2010 年調査)

「北海道」(五一・五%)。「北海道」は「わからない」も一二・一%と多い。「使う」とも「使わない」とも、そのどちらにも寄らない「使うことがある」が多いのは、「甲信越」(四三・一%)、「北関東」(四二・四%)、「北陸」(三八・六%)、「東海」(三三・三%)、「東北」(三〇・五%)。「家族」場面と同じ傾向を示していることがわかる。

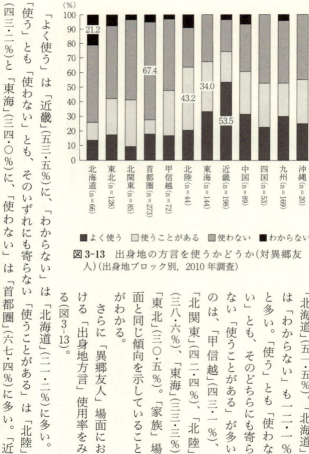

さらに「異郷友人」場面における「出身地方言」使用率をみる(図3-13)。

「よく使う」は「近畿」(五三・五%)に、「わからない」は「北海道」(二一・二%)に多い。「使う」とも「使わない」とも、そのいずれにも寄らない「使うことがある」は「北陸」(四三・二%)と「東海」(三四・〇%)に、「使わない」は「首都圏」(六七・四%)に多い。「近識」は「家族」「同郷友人」場面に比べると「よく使う」の回答率は低くなるものの、「異郷友人」場面でも半数以上が「出身地方言」を「よく使う」という回答をしており、「関西型」(寿岳章子、一九七七)として指摘されたような言語行動パターンは、こんにちの大規模データからもその存在が確認されたことになる。

「出身地方言」を使う理由

表3-3　出身地方言を使う理由

(2010年調査)

理　由	出身地方言(%) (n=948)
自然に出てくる	84.2
家族・親戚の使う方言	31.9
親しい感じを出せる	28.9
友人・知人の使う方言	27.0
雰囲気にふさわしい	11.9
内容にふさわしい	8.0
おもしろい感じを出せる	5.3
新しい感じを出せる	0.8
かわいい感じを出せる	0.4
その他	2.0
わからない	1.2

三つの場面でひとつでも「出身地方言」を使うと答えた人に対して、場面は問わず、「出身地方言」を使う理由を多肢選択式(複数回答可)で尋ねたところ、次のような結果となった。回答率の多い順に示す(表3-3)。

「自然に出てくる」「家族・親戚の使う方言」だから、という使用理由は、「出身地方言」を使う理由として、ごく当然の回答だろう。「友人・知人の使う方言」を理由とするのも、同様である。「親しい感じを出せる」という回答が第三位にあらわれているということは、「出身地方言」が親しい間柄で使用される言語変種「親密コード」として多くの人に意識されていることを示している。

選択率は五・三%(五〇度数)と多くはないものの、注目したい回答に「おもしろい感じを出せる」がある。これは、他の地域に比べ「近畿」における回答率が高い(一一・〇%、一九度数)。「本方言」すなわち「生育地方言」にもかかわらず、「関西弁」の「方言ステレオタイプ」のひとつである「おもしろい」が意識化された戦略的な方言使用理由といえる。

「新しい感じを出せる」「かわいい感じを出せる」も少ないながらあらわれる。これらも、「おもしろい感じを出せる」と同様、自前の生育地方言である「本方言」に「共通語」とは異なる価値があることが意識化されている回答で、「本方言」に対しても「方言コスプレ」的視線がすでに内包されていることの反映とみることもできそうだ。

「方言」と「共通語」に対する意識調査からみた地域の分類

ここまで、二〇一〇年に実施した全国方言意識調査における「方言」と「共通語」に対する意識について質問した項目ひとつひとつに対して、回答者の出身地による違いがみられる部分を中心にみてきた。項目ひとつひとつをみていくことからも、いくつかの地域類型に分類できそうであるが、ここでは、ここまでみてきた「方言」と「共通語」

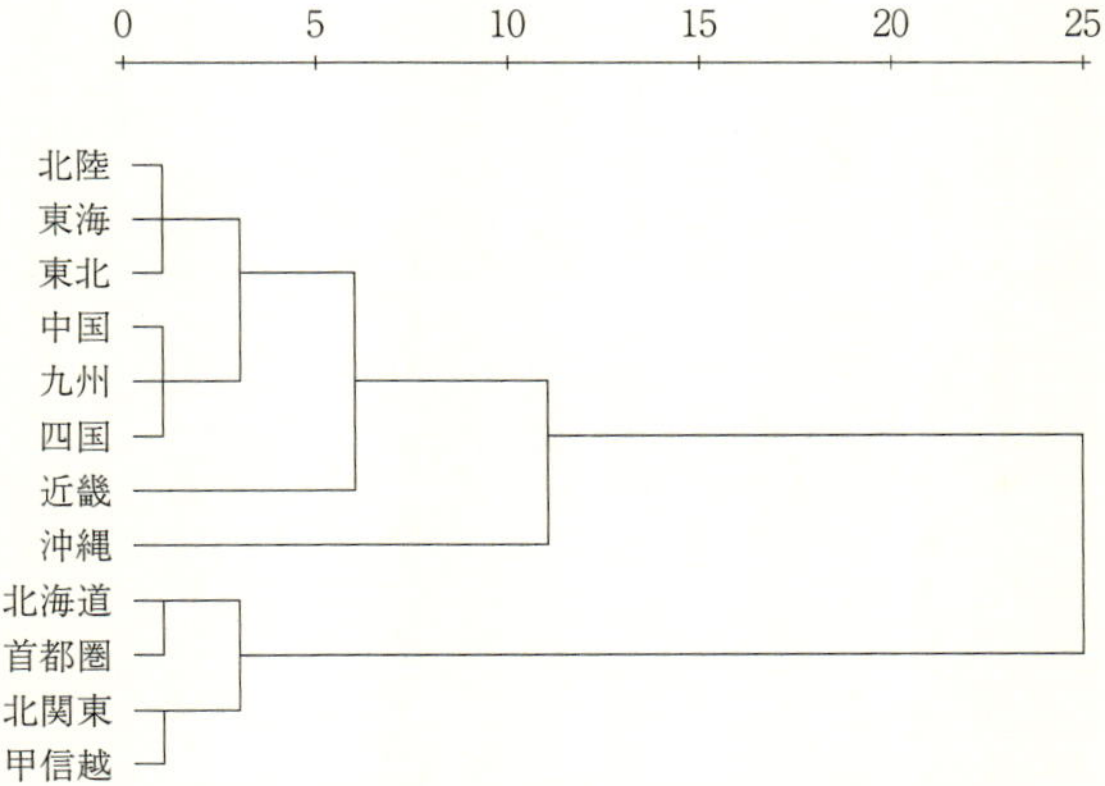

図 3-14 「方言」と「共通語」に対する意識からみた地域の分類(クラスター分析〔Ward 法〕, 2010 年調査)

についての質問すべてを用いて、客観的な地域分類を試みたい。

具体的には、複数の量的な変数によって構成された項目を回答傾向の類似度によって分類する多変量解析の手法であるクラスター分析(Ward法)を用いて、一二の出身地ブロックを分類する。分類に用いた変数は、ここまでみてきた「出身地方言」と「共通語」に対する「好き」率、「共通語」使用率、「方言」と「共通語」の使い分け率、三つの私的場面における「出身地方言」使用率の七つである。

クラスター分析結果の樹状図を次に示す(図3-14)。回答傾向の似た地域は同じ枝の中にまとまってあらわれる。

クラスター分析の結果から、「首都圏」「北海道」「甲信越」「北関東」とその他に大きく分かれることがわかる。これは、地域がまず、「共通語中心社会」とその他に分かれることを示していると解釈できる。「共通語中心社会」に分類された地域は、「北海道」を除けば、現在の「共通語基盤方言」地域である「首都圏」とその周辺ばかりである。「北海道」は「首都圏」とまず統合される。「北海道」は、その言語的成り立ちの背景から「北海道共通語」が早くから発達し、語彙の観点からも「標準語形」との一致率が「首都圏」と同等程度に高いことが知られている(河西秀早子、一九八一)。二〇一〇年に実施した調査のデータによる地域分類においても、「首都圏」と同じタイプの「共通語中心社会」グループに位置づけられたことは興味深い。「首都圏・北海道」の群に、首都圏周辺部の「北関東」と「甲信越」の群が束ねられていく。

他方の群は、「首都圏」的な「共通語中心社会」とは対比的な「方言主流社会」ということになる。「方言主流社会」に分類された地域の下位分類から上位分類への統合過程をみていくと、「中国」「九州」「四国」というグループと、「北陸」「東海」「東北」というグループがそれぞれまずまとまり、統合されていく。そこに、「近畿」と「沖縄」が別々に加わり、そして最後にすべて統合される。

以上をまとめると、二〇一〇年に実施した全国方言意識調査(二〇一〇年調査)のデータに基づく「方言」と「共通語」に対する意識からみた地域分類としては、大きくは二つ、その下位区分として六つの類型が抽出できそうだ。六つの類型と、それぞれの「方にする。

言」と「共通語」に対する意識調査からみた特徴を、分類された地域と併せて示すこと

《共通語中心社会群》

「首都圏・北海道型」：「方言」と「共通語」との区別意識をもたない。それゆえ、「方言」と「共通語」の使い分け意識も低い。「共通語」で通す意識が強い。

「北関東・甲信越型」：全体として「首都圏・北海道型」と同じような傾向。ただし、「どちらでもない」といった中間的な回答傾向を示す。

《方言主流社会群》

「近畿型」：「異郷友人」に対しても「出身地方言」の使用率が高い。「出身地方言」が好きで「共通語」の使用率・好感度とも低い。「方言」と「共通語」の使い分け意識は低く、「方言」で通す意識が強い。

「沖縄型」：「家族」や「同郷友人」に対する「出身地方言」使用率は高い。「出身地方言」も「共通語」もともに非常に好き。「方言」と「共通語」の使い分け意識が極めて高い。

「中国・九州・四国型」：「出身地方言」が非常に好きで、「家族」「同郷友人」に対する「出身地方言」使用率が高い。「共通語」はあまり好きではないが、そ

の使用率も「方言」と「共通語」の使い分け意識も高い。

「北陸・東海・東北型」：「出身地方言」を「同郷友人」に対して「使うことがある」という遠慮がちな「出身地方言」使用パターン。「共通語」の好感度はさほど高くないが、「方言」と「共通語」の使い分け意識は高い。

こんにちにおける「方言」と「共通語」にかんする言語行動パターンは、この六つの地域類型によって異なることが予想される。

本節冒頭で触れた「方言コスプレ」に対するパターンの違いについて、これまでの「方言コスプレ」にかんする知見と今回の地域類型を対応させてみると、次のようなところが一致してくる。

（1）《共通語中心社会群》である「首都圏」は、「方言コスプレ」現象を先行して受容しており、その受けとめ方もポジティブである。

（2）《方言主流社会群》は、下位区分によって「方言コスプレ」に対する受容レベルや受けとめ方に差がみられる。

（2―1）「近畿型」は受容レベルが低く、受けとめ方もネガティブである。

（2―2）「北陸・東海・東北型」は、「首都圏」についで「方言コスプレ」を受容しており、その受けとめ方もポジティブである。

「北海道」「北関東・甲信越型」と「沖縄型」「中国・九州・四国型」については、調査データによる知見をもたないため、ここでは言及できない。ただし、「本方言」を活発に使用する「九州」の若年層は、「ニセ方言」を用いた「方言コスプレ」に対して積極的でないとされる(陣内正敬、二〇〇六／二階堂整、二〇〇九)。それでも携帯メイルにおいて「地元以外の方言」を「よく使用する・ある程度使用する」が二〇％(二階堂整、二〇〇九)という結果は、決して少ない数値ではないだろう。《方言主流社会群》における「方言コスプレ」受容については、終章でさらにくわしくみていきたい。

このような言語意識からみた地域類型が、「方言コスプレ」以外のどのような言語行動に反映されるのか、ということについては今後の課題としたい。

第4章
坂本龍馬はいつから土佐弁キャラになったのか

方言指導はいつ始まったのか――「大河」と「朝ドラ」の方言

序章と第1章では、ヴァーチャル方言を用いた現実の言語行動としての「方言コスプレ」についてみてきた。本章では、創作物にあらわれるヴァーチャル方言についてみていきたい。

創作物といっても、わたしたちの身の回りには芸能、小説、映画、演劇、テレビドラマ、マンガ、アニメ、ゲームなどさまざまなジャンルが存在している。外国語映画やドラマの吹き替えや字幕といった「翻訳」(ダニエル＝ロング・朝日祥之、一九九九)もそこに含まれてくるだろう。身近な素材であるテレビドラマで使用される「方言」(以下、「ドラマ方言」)から、とくに国民的関心の高いNHK(日本放送協会)の大河ドラマと連続テレビ小説における「ドラマ方言」を取り上げ、創作物におけるヴァーチャル方言を用いた「方言コスプレ」のありかたと、その変遷をみていくことにしよう。

「ドラマ方言」は、創作物にあらわれるヴァーチャル方言で、現実に使用されているリアル方言とは別次元のものである一方、それぞれのドラマ制作時における日本語社会の「方言」に対する認識をあらわす指標のひとつともいえる。また、「ドラマ方言」のようなマス・メディアを通じて流布するヴァーチャル方言は、日本語社会を構成する人々のヴァーチャル方言観にも大きなインパクトを与えるだろう。さらに、テレビのような強力な伝播力をもつマス・メディアを介することによって、ヴァーチャル方言が現実の言語活動に影響を与えるということも考えられそうだ。創作物で用いられるヴァーチャル方言と日本語社会を構成する人々のヴァーチャル方言観、創作物で用いられるヴァーチャル方言と現実の言語行動、どちらの場合の影響関係も一方的なものではなく、相互に影響を与え合う関係としてみていくべきだろう。双方向の影響関係によって、時代によるヴァーチャル方言観やそれに基づくヴァーチャル方言、現実の言語行動などが推移していくものと考えられるからだ。

また、「ドラマ方言」のような創作物にあらわれるヴァーチャル方言の用法について考えてみると、大きく次のような二つのケースが想定される。

ひとつは、その創作物の舞台が特定の地域、または登場人物が特定の地方出身という設定の場合である。この場合、実在する地域が舞台となっていることが多いが、「架空のどこか」である場合もある。いずれにしても、このような例をヴァーチャル方言の「地域用法」と呼びたい。

もうひとつは、創作物の舞台や登場人物の「地域性」を後退させる(「地域性」が隠されたり、否定されたりすることもある)ことによって、ヴァーチャル方言がもつ「キャラクター性」(以下、キャラ性)を前景化させる「キャラ用法」である。こちらはヴァーチャル方言に付与された「方言ステレオタイプ」に基づく用法で、ヴァーチャル方言がもつ「地域用法」から分化し、「役割語」(金水敏、二〇〇三)化した「方言」を用いたものとみることができる。たとえば、お笑い・ずらし・はぐらかしキャラが「関西弁」を使用するような場合である。日本国内の地域性から切り離された日本語話者でない登場人物、たとえば「外国人」(図4-1、図5-13)や宇宙人(『うる星やつら』のラムちゃんなど)、動物(図4-2)やロボットなどが「方言」を使用するケースは、この「キャラ用法」がもっとも前景化した例といっていいだろう。現実の言語行動としての「方言コスプレ」は、この創作物におけるヴァーチャル方言にみられる「キャラ用法」と重なる言語行動とみることができる。

吉村和真(二〇〇七)では、『男おいどん』(松本零士『週刊少年マガジン』講談社、一九七一―一九七三)の主人公、大山昇太の用いることばを地域を特定しない「イメージとしての九州弁」「田舎者の言葉」と指摘している。この例は「地域用法」「キャラ用法」どちらも併せもつケースとみることができるだろう。おいどんは、単に「田舎者」として設定されているわけではなく、「九州弁」に付与された「男」要素をたっぷりともつキャラとして設定されているからである。

図 4-1(上) 「東北弁」のスウェーデン(右)〔「国家」の擬人化〕(日丸屋秀和『AXIS POWERS 特装版ヘタリア』第3巻，幻冬舎コミックス，2010)

図 4-2(下) 「関西弁」の「ライオン嫁」．欄外柱に「…てかライオン嫁の関西弁，種を超えて萌えますな」との編集部コメントあり(原克玄「みんな生きてる」『週刊ビッグコミックスピリッツ』小学館，2009年5月25日発売)

「ドラマ方言」の今と昔

テレビドラマにおいて「方言」が使用される場合、こんにちでは「方言指導」がついていることが一般的だ。クレジットロール上に、方言指導者の氏名が担当する「方言」とともに示されているのをみたことがある人も多いだろう。

この「方言指導」は、ドラマ作りの上で、今ではあって当然と思われがちのものであるが、意外にも「方言ドラマ」制作の当初から存在していたものではない。

また、ドラマにおいて「方言」が使用されることについても、ドラマの舞台が地方という設定であったり、登場人物が地方出身という設定であったりするならば、「方言」が使われていて当然と考えるかもしれないが、テレビドラマの歴史をみると、これもかつてはそうではなかった。

「方言指導」の問題とあわせて、テレビドラマに「方言」がいつごろ、どのようにあらわれてきたのか、ということは、放送のことばと「方言」の関係性をみていくことであると同時に、もっと広く、日本語社会における「方言」の位置づけの変遷をみていくことにもつながってくる。

「方言指導」とは

「方言指導」とは「ドラマ方言」をリアルなものとするために設けられた職分である。

具体的な方法は指導者によって差があるようだが、多くのドラマで大阪方言、京都方言、広島方言などを指導したことで知られる「指導者」の方法を紹介しよう。

大原穣子(一九九四)では、方言指導者が指導に至るプロセスには三つの段階があるとしている。第一段階は、台本に書かれた「物語の時代背景、登場人物の年齢、性別、職業、性格、そして人間関係などを読み取る」。第二段階は、演出意図を確認し、共通語で書かれているセリフを「方言に直していく」。第三段階として「俳優がその台詞を覚えるための「方言テープ」をつくる」。「方言テープ」とは、方言音声を吹き込んだ音源のことである。音源は、アナログのカセットテープで俳優に提供されたため、「方言テープ」と呼ばれてきた。

「方言テープ」は、「俳優が方言のアクセントの高低を聞き取れるように「ゆっくり読む」」、「次にややゆっくりと「ことば」にする」、「最後に俳優が感情を込めれば「台詞」になるように吹き込む」の三パターン作成され、俳優は指導者の作成したこの音源を用いて練習する。指導者が、稽古場において演出家の演出意図や俳優の個性を推し量りながら、臨機応変な対応をしていくという作業が「方言指導」だとしている。

なお、「方言に直す」際の留意事項として、全国の視聴者へのわかりやすさを考慮し、「地域独特の語彙」をなるべく使わないようにしながら、文末表現やイントネーション・アクセントなどで方言色を出すことを上げている。

大河ドラマと連続テレビ小説の特性

ＮＨＫがテレビ放送を一九五三年に開始してから、すでに長い年月が経過した。一九六三年に放送を開始した大河ドラマと一九六一年に放送を開始した連続テレビ小説は、テレビドラマ史上それぞれ長い歴史をもち、全国放送が前提となっているシリーズである。また、基本的な放送期間についても大河ドラマは一年間、連続テレビ小説は半年間と長く、平均視聴率が高いものでは三〇％以上、最低でも一〇％を超えている（ＮＨＫサービスセンター編、二〇〇三）。その放送期間の長さと視聴率の高さの観点から、一般視聴者への影響も少なくないシリーズである。「影響」のひとつとして、作品の舞台となった地域への「ご当地経済効果」があることでも知られ（鈴木嘉一、二〇一二）、さまざまな観点から国民的な関心の高いものであるといえる。

また、この二つのシリーズで使用される「方言」に対する一般視聴者の関心も非常に高い。その関心の高さは、時々の新聞記事や各紙読者投稿欄においてその作品で用いられる「方言」についての議論がしばしば掲載されてきたことからも強くうかがえる。記事と投書から一例ずつ上げる。

- 「テレビの中の方言「繭子ひとり」の場合　「らしさ」ねらう　地元批判は覚悟の

上」（一九七一年五月二五日　北海道新聞・夕刊）

・「方言多くわかりにくい「勝海舟」」（一九七四年七月六日　東京新聞・夕刊「反響」）

大河ドラマは、一年間（例外的に半年）の放送期間をもつ約四五分の番組である。テレビ放送開始後一〇年の一九六三年に舟橋聖一原作の第一作『花の生涯』が放送され、『江』（二〇一一年）まで五〇作品が放送されている。現代劇も含み、一九八〇年代以降、女性を主人公とするものや夫婦単位を主人公格として扱う作品も増化する傾向にあるものの、全体としては、男性を主人公とした時代物が中心的な素材で、時代・主要な舞台となる地域はさまざまである。

その中でも、幕末・維新期を舞台とする幕末物は、『花の生涯』（一九六三年）、『三姉妹』（一九六七年）、『竜馬がゆく』（一九六八年）、『勝海舟』（一九七四年）、『花神』（一九七七年）、『獅子の時代』（一九八〇年）、『翔ぶが如く』（一九九〇年）、『徳川慶喜』（一九九八年）、『新選組！』（二〇〇四年）、『篤姫』（二〇〇八年）、『龍馬伝』（二〇一〇年）と一一作品あり、各放送年代にあらわれる。これら幕末物では登場人物が重なることが多く、作品ごとにフォーカスの当てられる登場人物は異なるものの、ほぼ決まって登場する「幕末ヒーロー」の使用言語変種について、制作された時代や作品の性質の観点から比較することが可能である。

連続テレビ小説は、通称「朝ドラ」と呼ばれ、第一作から第一四作までは一年間、第一五作の『水色の時』(一九七五年度前期)から半年(例外的に一年間)の放送期間をもつ一五分番組である。大河ドラマより二年早い一九六一年に獅子文六原作の第一作『娘と私』が放送され、『おひさま』(二〇一一年度前期)まで八四作品が放送されている。

初期の朝ドラは、川端康成原作の第五作『たまゆら』(一九六五年)に代表されるように文芸路線が中心であった。大阪局制作の林芙美子原作・第四作『うず潮』(一九六四年)では、ヒロインに新人を起用しており、このころから新人俳優の登竜門の性質ももつようになったことがわかる。林謙一原作・第六作『おはなはん』(一九六六年)の高視聴率を受けて、以降は、女性の一代記がこのシリーズの中心路線となった。田辺聖子原作・第一六作『おはようさん』(一九七五年度後期)からは、大阪局が東京局と半年ごとに制作しており、東西方言が半年交替で登場することが定着する。大河ドラマと対照的に現代物が多い。

全国各地が舞台となるこのシリーズでは、ヒロインのセリフも含め、各地の「方言」使用が早い段階から確認され、その「方言」の使い方やリアルさなどについての賛否両論が、新聞記事や新聞の投書欄などで数多く確認される。

北海道・滝川を舞台とした第三八作『チョッちゃん』(一九八七年度前期)で使用される「北海道方言」に対する賛否を一例ずつ上げてみよう。前者は、ドラマ内で使用される

「方言」の用法やアクセントの不正確さを指摘した上で、一層の正確さを脚本家に望む内容。後者は、ドラマで使用された「方言」が若者のはやりとなっていることを記した上で、舞台にほど近い地域で生まれ育った亡き父とそのふるさとを偲ぶ内容である。

- 「方言正しく使い楽しいドラマを」（一九八七年五月二九日　北海道新聞「読者の声」）
- 「忘れられぬ方言　望郷の念の一五分」（一九八七年九月一八日　北海道新聞「読者の声」）

大河と朝ドラの「方言指導」と「方言」

では、二つのドラマシリーズにおける「方言」の位置づけの変遷について、おもにクレジットロールにあらわれる「方言指導」の有無とその提示方法からみていこう。

ＮＨＫが川口市のＮＨＫアーカイブスなどにおいて「番組公開ライブラリー」として一般公開している全作品のクレジットロールを視聴してデータとした（二〇一〇年八月一三日から八月三一日現在の一般公開作品）。公開されていない作品と公開されていてもクレジットロール部分に欠損のあるもの、総集編・特別番組として再編集されているために通常放送時のクレジットロールがないものについては確認ができなかったが、以下で述べていく大局は変らないものと考える。

大河ドラマは第四七作『篤姫』(二〇〇八年)まで公開されている中で、公開されていないものが八作品(『太閤記』(一九六五年)・『新・平家物語』(一九七二年)・『春の波濤』(一九八五年)・『独眼竜政宗』(一九八七年)・『太平記』(一九九一年)・『八代将軍　吉宗』(一九九五年)・『元禄繚乱』(一九九九年)・『武蔵』(二〇〇三年))、クレジットロールが確認できなかったものが二作品(『三姉妹』(一九六七年)・『功名が辻』(二〇〇六年))である。番組公開ライブラリーではないが、二〇一〇年に放送された『龍馬伝』もデータに加えた。

一方、連続テレビ小説については第七八作『瞳』(二〇〇八年度前期)まで公開されている中で、公開されていないものが一四作品(『あしたの風』(一九六二年)・『たまゆら』(一九六五年)・『信子とおばあちゃん』(一九六九年)・『虹』(一九七〇年)・『繭子ひとり』(一九七一年)・『藍より青く』(一九七二年)・『ロマンス』(一九八四年度前期)・『ノンちゃんの夢』(一九八八年度前期)・『京、ふたり』(一九九〇年度後期)・『君の名は』(一九九一年)・『ひらり』(一九九二年度後期)・『甘辛しゃん』(一九九七年)・『オードリー』(二〇〇〇年度後期)・『てるてる家族』(二〇〇三年度後期))、クレジットロールが確認できなかったものが三作品(『ほんまもん』(二〇〇一年度後期)・『風のハルカ』(二〇〇五年度後期)・『瞳』(二〇〇八年度前期))である。

「方言指導」と「方言」、その時代による変遷

二つのドラマシリーズの作品、放送年、およびクレジットロール上の「方言指導」記載の有無などについてまとめたものが、本書巻末の「付表1　NHK大河ドラマオープニングクレジットロールにみる「方言指導」」と「付表2　NHK連続テレビ小説オープニングクレジットロールにみる「方言指導」」である。

主人公のセリフとして「方言」を用いるという「冒険」が最初になされたのは、大河ドラマ第六作・司馬遼太郎原作の『竜馬がゆく』(一九六八年)である。北大路欣也演ずる幕末ヒーローのひとりである坂本龍馬のセリフには全編「土佐弁」が用いられ、放送当時もこの初の試みが評判になったという(NHKアーカイブスカタログ〈http://www.nhk.or.jp/archives/archives-catalogue/〉)。

NHK番組公開ライブラリーで唯一視聴可能であった第一六回の放送では、北大路竜馬は文末詞「〜キ」・自称詞「ワシ」・対称詞「オマン」など「土佐弁」要素をもつセリフを確かに用いているものの、この時点ではクレジットロール上には、「方言指導」はあらわれない。また、自称詞に「ワシ」「オレ」が混在するなど同一登場人物のセリフにおける統一性もあまりみられない。

「方言指導」がクレジットロールに入っていることが最初に確認できたのは、大河ドラマでは幕末・維新期を舞台とした『獅子の時代』(一九八〇年)、連続テレビ小説では酒田・上野・佐賀・伊勢など全国各所を舞台に女性の一代記を描いた『おしん』(一九八三年)である。

どちらのシリーズもいくつかの例外を除けば、一九八〇年代以降のドラマには「方言指導」がクレジットロールに明示されるようになってきたことがわかる。実際には、連続テレビ小説では秋田と東京を舞台とする『雲のじゅうたん』(一九七六年度前期)において、「方言指導」が導入されていたことが確認される(稲垣文男、一九七六)ため、一九七〇年代半ばには、作品によっては「方言指導」が導入されていたことが推測される。たとえば、『雲のじゅうたん』と同時期にNHKで放送された、京都を舞台とする『花くれない』、宮城を舞台とした銀河テレビ小説『霧の中の少女』や、高知を舞台とする『いごっそう段六』などにも「方言指導」がついていたことが稲垣文男(一九七六)から確認できる。

また、大河ドラマ『勝海舟』(一九七四年)の第四一回の編集台本には、「共通語」で書かれたセリフに(薩弁)、(土佐弁)という指示が手書きで書き込まれている部分がある。『勝海舟』のクレジットロール調査においては「方言指導」が確認されないものの、「脚本家の書いた共通語のセリフを方言に翻訳する」係が少なくとも第四一回においては存在していたことを示す資料である。

「方言指導」のクレジットロールにおける提示形式の観点からみると、大河ドラマも連続テレビ小説も、一九八〇年代前半までは、単に「方言指導」として示され、どこの方言についての指導であるかは示されないことが共通している。具体的な方言名が指導者名と結びついてクレジットロールに示されるようになるのは、一九八〇年代後半からで、大河ドラマは『武田信玄』(一九八八年)、連続テレビ小説では大阪局制作の京都・大阪・奈良が舞台となる『都の風』(一九八六年度後期)からである。

『武田信玄』では「京言葉指導」「甲州弁指導」、『都の風』では「京言葉指導」という形式で示されている。この時期においては、「〇〇言葉指導」という形式で提示されることが多いが、「〇〇弁指導」という形式で示される場合もあったことがわかる。

登場人物のセリフとしてだけではなく、筋の要となるナレーションに「方言」が初めて使用されたのは、西郷隆盛が主人公の司馬遼太郎原作『翔ぶが如く』(一九九〇年)である。主人公の西郷隆盛はもちろん薩摩藩関連の登場人物のセリフにも「薩摩弁」が使われている。大河ドラマでは最初に方言字幕がついた作品でもあり、『翔ぶが如く』は「方言」の用いられ方からみるとエポックメーキングな作品となっている。

最初に主人公のセリフに「方言」が用いられた『竜馬がゆく』、最初にナレーションにも「方言」が用いられ、方言字幕も導入された『翔ぶが如く』、いずれも大河ドラマにおける「方言」の用いられ方においてエポックメーキングな作品となっている。この二作品がどちらも司馬遼太郎原作であることは偶然ではおそらくない。司馬遼太郎の幕末物小説における「方言ヒーロー」造形の問題と関連するが、それは本章の後段で検討したい。

なお、NHKのドラマとして初めて方言字幕が用いられた作品は、一九八五年に放送された井上ひさし原作・脚本のドラマ人間模様『國語元年』だとされている。

大河ドラマでは、『信長』(一九九二年)以降、「地域方言」(regional varieties)とは別にその言語変種を使用する層の違いを示す「社会方言」(social varieties)である「公家言葉」や、「ポルトガル語」など外国語についての「指導」も明示されるようになってきた。

外国語指導については「〇〇語指導」という形式で定着したようすが確認されるが、地域方言と社会方言の「指導」については一九九〇年代後半からその提示形式が「〇〇言葉指導」「〇〇弁指導」といったまちまちな表現から、「〇〇ことば指導」に統一されていく。

大河ドラマでは『徳川慶喜』(一九九八年)の「京ことば指導」、連続テレビ小説では大阪局制作の『ぴあの』(一九九四年度前期)の「大阪ことば指導」が「〇〇ことば指導」形式を用いた最初の事例であることが確認される。この傾向が安定するのは、大河ドラマは『北条時宗』(二〇〇一年)以降、連続テレビ小説では岡山・東京・山梨を舞台とする『あぐり』(一九九七年度前期)以降である。

一九九〇年代後半以降については、「〇〇ことば指導」の「〇〇」の部分に注目すると、その方言区分がきめ細やかになってきていることが確認できる。初期には「大阪」

や「京」のような大方言に対する指導から導入されたが、近年では、たとえば、愛知を舞台とする連続テレビ小説『純情きらり』(二〇〇六年度前期)における「三河ことば指導」など細かな区分による「方言」が指導の対象として提示されるようになってきた。

また、二〇〇〇年代に入ると、外国語についても地域差を考慮した指導が行なわれるようになったことがわかる。ハワイを主要舞台のひとつとする『さくら』(二〇〇二年度前期)において「ハワイ英語指導」があらわれてくる。

以上、二つのシリーズにおける「方言」の使われ方について、「方言指導」の出現とその定着、対象となる「方言」の細分化を中心にみてきた。

これは、日本語社会において「ドラマ方言」のリアルさへの要求が高まったことの反映であるのと同時に、ドラマ制作側のリアルさ追求の態度の高まりを示すものでもある。座談会「方言のゆくえ」におけるNHKサイドの発言「ドラマなどで使われる方言が、実際にその土地で使われている方言に近いものを志向するようになった点――これを〝方言リアリズム〟と呼ぶ人もあります――などにも十分注意しておく必要があるようです」(NHKことば調査グループ編、一九八〇)からもそのことが確認される。

「方言指導」の明示化の経緯には、「方言指導」者の「専門職」としての社会的立場の確立と安定に向けての闘争の結果も関係するのだが、それについては、方言指導者の著書に詳しい(大原穣子、二〇〇六)。それによると、一九九四年春からNHKが方言指導に携わる俳優の待遇についての新たな制度を導入したという。この時期をもって「方言指導」の内容、指導者の待遇が明確化され、専門職としての地位が確立したとみてよいようだ。そのことは新聞記事からも確認される。

- 「方言指導料めぐり対立　俳優側「制度化しアップを」NHK「代わりに他削る」」（一九九三年七月二九日　朝日新聞・二五面・第三社会面）
- 「「ドラマの方言大切に」指導者の処遇改善も　日俳連がアピール」（一九九五年五月一〇日　読売新聞・夕刊「TVモニター」）

『琉球の風』と『ちゅらさん』の間

大河ドラマと連続テレビ小説における「方言指導」の出現と定着、対象「方言」の細分化が、日本語社会における「ドラマ方言」へのリアルさの要求の高まりと、「方言」の価値の上昇とに並行的であることをみてきた。ここでは、「沖縄」を舞台とするふたつの作品における「方言」の取り扱いを、本土方言を用いた作品群に対するスタンスと比較してみたい。

「沖縄」を舞台とした作品の出現は、大河ドラマが早い。一七世紀初頭の琉球王国を舞台とする『琉球の風』（一九九三年前期）が「沖縄」を舞台とする最初の作品であるが、

「琉球舞踊指導」や「琉球音楽指導」はクレジットロールにあらわれるものの「方言指導」はあらわれない。ナレーションも登場人物のセリフも基本は「共通語」で、一部の固有名詞がテロップで示される際に、「謝名親方《じゃなうぇーかた》」のようにルビで方言読みが示されるに留まる。ちなみに、この作品では薩摩藩関係者のセリフも「共通語」が基本であった。

『琉球の風』が放送された一九九〇年代前半は、大河ドラマも連続テレビ小説も先にみてきたように「方言指導」がすでに必須化していた時期で、この作品が地方を舞台としているにもかかわらず「方言指導」のない「共通語」ドラマとして制作・放送されたことは、「沖縄方言」に対しては、他の本土方言に対する時代の水準とは異なる判断がなされていたことを物語る。

「共通語版」の『琉球の風』は、沖縄の視聴者からの強い要望を受けて、その後「ウチナーグチ版」として作り直され、沖縄限定で再放送されたという経緯があるものの、全国放送としては、「共通語版」に留まったのが一九九三年時点でのＮＨＫの判断であったことがわかる。以下に、地元の要求を受けての『琉球の風』「ウチナーグチ版」の地元限定放送について伝える記事を紹介する。

・「沖縄方言で「琉球の風」　ＮＨＫ地元で放映　地元の要望受け」

- 「「琉球の風」沖縄方言版が完成　ビデオ化、県内配布も」（一九九三年一二月一六日　朝日新聞・二九面・第三社会面）
- 「「琉球の風」方言版地元で放映「感激した」「子どもにわからない」反応様々」（一九九四年二月九日　読売新聞・夕刊・八面「モニター」）（一九九四年二月二一日　朝日新聞・夕刊・一一面）

全国放送の「方言指導」がつくドラマに沖縄方言が採用されるのは、二〇〇〇年代に入るのを待たなければならなかった。沖縄・八重山諸島を主な舞台とする連続テレビ小説『ちゅらさん』（二〇〇一年度前期）では、「沖縄ことば指導」がクレジットロールに示され、登場人物のセリフにも方言的要素がちりばめられた。

ＮＨＫにおける「ドラマ方言」としてみた場合、本土方言の水準に沖縄方言が同期するのは二〇〇〇年代と一〇〜二〇年遅れではあったが、「方言指導」のついたこの作品は人気が高く、続編がパート４まで制作され、「沖縄ブーム」に火をつけた作品ともされている（ＮＨＫアーカイブスカタログ〈http://www.nhk.or.jp/archives/archives-catalogue/〉）。

多田治（二〇〇八）では、『ちゅらさん』を全国に沖縄のポジティブなイメージを広げ、沖縄県民に「新たな承認と誇りの意識を与え」た「沖縄イメージの博覧会」的な作品として位置づけている。また本浜秀彦（二〇一一）では、『ちゅらさん』のセリフにあらわれる文末詞「さ(さぁ)」を、「観光客を受け入れる役割を担う、「ハッピーオキナワン」の言葉遣いとしての機能」をもつものと指摘しており、これからも『ちゅらさん』の沖縄イメージに与えた影響の大きさがうかがわれる。

大河ドラマと連続テレビ小説の間

以上、大河ドラマと連続テレビ小説における「方言」について、「方言指導」の変遷を中心にみてきた。

どちらのシリーズも、一九六〇年代にはすでに登場人物のセリフにおいて「方言」の使用がみられるものの、「方言指導」がついた「方言ドラマ」があらわれるのは、一九七〇年代半ばであった。「方言指導」が必須のものとなり、クレジットロールにも形式的統一性をもってあらわれてくるのは一九九〇年代半ば以降で、指導の対象となる「方言」の細分化ばかりでなく、社会方言、外国語の地域差への目配りなども取り入れられつつ、こんにちのような姿となったのである。

ここで確認した「方言」「方言指導」の同時代における水準は、作品の時代設定や内容、主要な舞台となる地域、キャラクターの作品内での位置づけなどによる多少の違いはみられるものの、大河ドラマと連続テレビ小説というシリーズによる大きな違いはみられず、基本的には連動していることが確認された。これは、二つのシリーズにおける

「方言指導」のあり方や、「方言」の用いられ方が、NHKの局としての「方言」に対する方針が反映されたものであるためである。これについてはNHKにおける「方言」にかんする放送基準の推移等についてもみていく必要があり、具体的には第5章でみていくことにする。

一方、二つのシリーズにおける違いについては、次のような例を上げることができる。たとえば、地方が主要な舞台となっていても時代物の多い大河ドラマでは「方言指導」のない「共通語(時代物)ドラマ」であることが多いこと、現代物の連続テレビ小説では東京が主要な舞台となっている作品において「江戸ことば指導」がまれに入ることがあるものの、時代物が中心の大河ドラマでは「江戸」が舞台となっていても、「江戸弁キャラ」が登場していても「江戸ことば指導」はつかないこと、などである。ただし、連続テレビ小説においても、「東京ことば」や現代の「東京」を細分化した地域を示すかたちでの「方言指導」はついていない。

ヴァーチャル方言の用法の観点からも、現代物中心の連続テレビ小説では空間的広りが意識されやすいため「地域用法」が前景化しやすいのに対し、時代物中心の大河ドラマでは時代差が前景化するため「地域用法」が後退しやすい。しかも、実際のところ、記録のほとんどない古い時代の各地の「方言」がどのようなものであったのかを知ることはむずかしい。その結果、「幕末方言ヒーロー」といったキャラと結びついた「キャラ用法」が「方言」用法として顕在化しやすい、という傾向がうかがえる。これについては、後段で大河ドラマにおける「幕末方言ヒーロー」に焦点を絞って具体例をみていくことにしたい。

幕末ヒーローと方言――龍馬、西郷、勝海舟

大河ドラマにおける「幕末ヒーロー」

大河ドラマと連続テレビ小説における「方言」の用いられ方として、現代物中心の連続テレビ小説では空間的広がりが意識されやすく「地域用法」が前景化しやすいのに対し、時代物中心の大河ドラマでは時代差が前景化するため地域性をあらわす「地域用法」が後退しやすいことについては、前段で指摘した通りである。その結果、大河ドラマでは、「方言」が特定の個人キャラクターと結びつきやすく、ヴァーチャル方言の「キャラ用法」としての側面が強く押し出されてくることになる。

前節でみたように、大河ドラマにおいて幕末・維新期を舞台とする幕末物は、全五〇作品のうち一一作品を占めている。これら幕末物では登場人物が重なることが多く、ほぼ決まって登場するキャラ、「幕末ヒーロー」が複数存在する。ここでは、その「幕末ヒーロー」のセリフに注目し、時代劇におけるヴァーチャル方言を特定の個人に結びつける「キャラ用法」についてみていくことにしたい。当該の作品が制作・放送された年代や作品の性質、また当該キャラの作品内における位置づけによっても「方言キャラ」

化のレベルは異なってくるだろう。そのようなことを考慮しつつ、「幕末ヒーロー」が「方言キャラ」化していく過程と「方言キャラ」化する要因についてみていくことにする。

ここでみていく幕末ヒーローは、幕末物一一作品に複数回登場する以下のキャラクターとする。最多登場の幕末ヒーローは、一一作品のうち八作品に登場が確認できた「坂本龍馬」と「西郷隆盛」。次に七作品に登場が確認できた「勝海舟」。この三キャラクターを幕末ヒーローとしてみていく。

なお、この三人の登場人物すべての登場場面を視聴できたのは、『勝海舟』(一九七四年)、西郷隆盛が主人公の『翔ぶが如く』(一九九〇年)、『新選組！』(二〇〇四年)、『篤姫』(二〇〇八年)と『龍馬伝』(二〇一〇年)である。それぞれのキャラクターに使用が期待される「方言」は、それぞれの「出身地」の「方言」で、「坂本龍馬」の「土佐弁」、「西郷隆盛」の「薩摩弁」、「勝海舟」の「江戸弁(べらんめえ口調)」である。

最初の「方言キャラ」、坂本龍馬

幕末ヒーローのうち、「方言キャラ」として、最初に立ち位置を確立したのは「坂本龍馬」である。

前段でみたように、大河ドラマの主人公のセリフにはじめて「方言」を用いるという

「冒険」が、第六作・司馬遼太郎原作の『竜馬がゆく』(一九六八年)において試みられた。第一六回の放送では、以下で示すように、北大路竜馬は文末詞「〜キ」、自称詞「ワシ」、対称詞「オマン」など「土佐弁」要素をもつセリフを確かに用いている(傍線は筆者。片仮名は筆者聞き取りによる)。

- 「ワシァ　カンガエゴトスルト　ジキニ　ハナ　ホジルキー　ネーヤンニ　ヨーシカラレタ」
- 「オマンオ　ヨッポド　ホシカッタンジャロ」
- 「ソレワ　オレモ　オトコジャキー」

この回には土佐藩関連の登場人物も多く登場し、藩士らはもちろん姉の乙女をはじめとした娘たちのセリフにも「土佐弁」がふんだんに取り入れられている。

先にみた通り、この作品には、まだ「方言指導」の導入は確認されないものの、アクセントや、「共通語」では表現できない「進行態」(〜している最中)と「結果態」(〜した結果の状態)を区別するアスペクト形式の誤り、丁寧さの異なる言語形式の混在といった細かな部分をのぞけば、土佐弁話者である方言研究者は、全国放送の「ドラマ方言」としては適当なところだと評価しているようだ(土居重俊、一九七一)。

『竜馬がゆく』では、土佐弁にかぎらず、寺田屋のお登勢のセリフも「マーマ、アキマヘンエ」といった「京都弁」、盗賊のセリフには「ダカラ、アッシォネー」といった「江戸弁」的な「べらんめえ口調」と、主人公格以外の登場人物にもさまざまな「方言」が使われていることが確認される。

前年の大河ドラマである第五作・大佛次郎原作『三姉妹』にも、中村敦夫演ずる「坂本龍馬」が脇役として登場するが、こちらは脇役にもかかわらず「役割語」セオリーに反して「共通語」で、『竜馬がゆく』の北大路竜馬をもって「坂本龍馬＝土佐弁キャラ」が確立されたことがわかる。

一九六八年は、明治百年という年としてだけではなく、日本のGDPが世界第二位となり、東大紛争のあった学園紛争頂点の年としても知られる。さまざまな意味において日本現代史における大きな分岐点として位置づけられる年である。そのような年に、局の看板番組である大河ドラマにおいて、その主役のセリフに「方言」を用いるという「冒険」が行なわれたことや、地方の一浪士でしかない坂本龍馬が最初の方言ヒーローとして選択されたことは興味深い。

坂本龍馬が幕末ヒーローとして確立するきっかけは、一八八三（明治一六）年に高知の『土陽新聞』に連載された坂崎紫瀾『天下《てんか》無双人傑海南第一伝奇《ぶさうのじんけつかいなんだいいちのでんき》　汗血千里駒《かんけつせんりのこま》』（以下、『汗血千里駒』）における「龍馬」の人物造形によるようだ。しかし、『汗血千里駒』における「龍馬」のセリフは明治期の書生語風(野村剛史、二〇〇九)の「共通語」で、「土佐弁」的要素はあらわれない。「龍馬」が「土佐弁キャラ=方言ヒーロー」として確立されるのは大河ドラマ『竜馬がゆく』の、司馬遼太郎による同名原作と推測されるが、これについては後段で、「坂本龍馬」を主人公格とする小説におけるセリフの変遷を取り上げつつ検討していくことにする。

「方言キャラ」としての「坂本龍馬」「西郷隆盛」「勝海舟」

「坂本龍馬」「西郷隆盛」「勝海舟」の幕末ヒーロー三キャラクターは、大河ドラマの中で、いったいどのような「ことば」のセリフを基調として与えられていたか、全体を通してみてみよう(セリフの基調に「方言」が与えられているキャラクターを**ゴチック体**で示す。NHKアーカイブスにおいて一般公開されている回に登場が確認されない場合、(未確認)としている)。

《放送年/『作品タイトル』/クレジットロール上の「方言指導」の有無/配役(使用言語変種)》

一九六七年『三姉妹』「方言指導」未確認

坂本龍馬：中村敦夫（共通語）
西郷隆盛：観世榮夫（未確認）
勝　海舟：内藤武敏（未確認）

一九六八年『竜馬がゆく』「方言指導」無
坂本龍馬：北大路欣也（土佐弁）
主人公「方言」セリフ
西郷隆盛：小林桂樹（未確認）
勝　海舟：加東大介（未確認）

一九七四年『勝海舟』「方言指導」無
坂本龍馬：藤岡　弘（土佐弁）
西郷隆盛：中村富十郎（薩摩弁）
勝　海舟：渡　哲也（共通語）／**松方弘樹（江戸弁・べらんめぇ口調）**
主役交代後、主人公「方言」セリフ基調に
※参考　勝　小吉：尾上松緑（江戸弁・べらんめぇ口調）

一九七七年『花神』「方言指導」無
坂本龍馬：夏八木勲（土佐弁）
西郷隆盛：花柳喜章（薩摩弁）

一九九〇年『翔ぶが如く』「方言指導」有、ナレーション「薩摩弁」
坂本龍馬：佐藤浩市（土佐弁）　土佐言葉指導：島田彰
西郷隆盛：西田敏行（薩摩弁）　薩摩言葉指導：飯田テル子・西田清志郎
主人公「方言」セリフ
勝　海舟：林　隆三（侍言葉・江戸弁・べらんめえ口調）　指導なし

二〇〇四年『新選組！』「方言指導」有
坂本龍馬：江口洋介（土佐弁）　土佐ことば指導：岡林桂子
西郷隆盛：宇梶剛士（薩摩弁）　薩摩ことば指導：西田聖志郎
勝　海舟：野田秀樹（江戸弁・べらんめえ口調）　指導なし

二〇〇八年『篤姫』「方言指導」有
坂本龍馬：玉木　宏（土佐弁）　土佐ことば指導：岡林桂子

西郷隆盛：小澤征悦（薩摩弁）　薩摩ことば指導：西田聖志郎
勝　海舟：北大路欣也（共通語）　指導なし

二〇一〇年『龍馬伝』「方言指導」有
坂本龍馬：福山雅治（土佐弁）　土佐ことば指導：岡林桂子・馬場雅夫
　主人公「方言」セリフ
西郷隆盛：高橋克実（薩摩弁）　薩摩ことば指導：西田聖志郎
勝　海舟：武田鉄矢（江戸弁・べらんめえ口調）　指導なし

　以上から、大河ドラマの幕末物においては、「坂本龍馬」は『竜馬がゆく』（一九六八年）以来、かならず「土佐弁」が与えられており、「幕末方言ヒーロー」として造形されることが定番化していることがわかる。

　また、「西郷隆盛」も確認された範囲では、登場する場合はかならず「薩摩弁キャラ」として描かれていることがわかる。「西郷隆盛」が主人公の『翔ぶが如く』（一九九〇年）は、主人公を含む薩摩藩関連の登場人物のセリフばかりではなくナレーションにも「薩摩弁」が使われており、筋の要となるナレーションにも「方言」が導入されたエポックメーキングな作品となっている。

同じ薩摩藩出身で、西郷隆盛・木戸孝允とともに維新三傑と称され、幕末・維新物にかかせない登場人物として大久保利通がいるが、「方言」を多用した大河ドラマとして知られる『勝海舟』(一九七四年)においても、薩摩弁キャラとしては造形されていない。放送されたセリフを反映した編集台本に書かれた次のセリフではむしろ「べらんめえ口調」に近いものが与えられており、そこには薩摩弁的特徴はまったくみられない(〔 〕内は筆者。以下同)。

・大久保利通(第三五回)

〔対海舟〕「あンたもとうとう一人前になったね。(笑う)いや、今時お役を解かれないでいるのぁ、一人前たぁいえないからさ。」

「西郷隆盛」が大河ドラマにおいて、先にみたようにいずれの登場作品においても薩摩弁キャラとして造形されるのと対比的である。実際には、大久保利通も西郷隆盛と同じ程度に薩摩弁話者であったろうことが推測されるにもかかわらず、創作物においては、西郷隆盛は薩摩弁キャラとして、大久保利通は非薩摩弁キャラとして造形される傾向が強い。

このことを、ある登場人物が方言キャラとして造形されるか否かの条件の問題として

図 4-3　西郷隆盛銅像(左，東京・上野)と大久保利通銅像(右，鹿児島市)

考えてみると興味深い。西郷隆盛が西南戦争において中央への反旗を翻して死んでいったのに対し、大久保利通は四七歳で暗殺されたとはいえ、大蔵卿に就任、その後初代内務卿を務めるなど、明治政府の中核として中央集権体制の確立に貢献した人物として知られる。この「地方」対「中央」、「野」対「官」というイメージの違いが、その登場人物を方言キャラとして造形するか否かを分けていると考えられる。思えば、現在流通する両者の写真や絵画も、軍服姿を除けば西郷隆盛は「和装」であることが多いのに対し、大久保利通はそのほとんどが「洋装」である(図4-3)。大河ドラマで二人に与えられた「方言」の差は、「伝統」と「進取」、「泥臭さ」と「スマートさ」というイメージの対比も反映されたキャラ造形がセリフに投映された結果だといえそうだ。この観点に立つと、幕末ヒーローの代表格である「坂本龍馬」がもっとも早い方言ヒーローとして造形された背景には、彼が土佐藩浪士という「地方」出身かつ「野」の立場であったことが関わっているとみていいだろう。

ここからは、単に出身が「地方」であるだけでは、「方言キャラ」として造形されるには足りないということがわかる。幕末ヒーローは、その登場人物から想起される「地方」なり、「野」のようなステレオタイプがあってはじめて「方言キャラ」たりえる、ということになる。出身地プラスそれぞれの方言にみあうようなステレオタイプが付与された登場人物であってはじめて「幕末方言ヒーロー」として造形される「資格」をもつということになる。

成長とともに〝変貌〟する「海舟」のセリフ

江戸・本所生育の幕臣「勝海舟」のセリフ造形にも興味深いものがある。大河ドラマにおける「海舟」のセリフが視聴によって確認できたのは、『勝海舟』(一九七四年)以降である。『勝海舟』は、渡哲也主演でスタートしたが、途中急病で降板、急遽松方弘樹が代役を務めたことや、脚本家が倉本聰から中沢昭二に交代したことなどでも知られる(NHKサービスセンター編、二〇〇三)。また、主人公の「勝海舟」ばかりでなく、西郷隆盛や坂本龍馬をはじめとした登場人物の多くのセリフに「方言」が多用された作品でもある。長州出身の桂小五郎（のちの木戸孝允）のセリフにも「長州弁」が反映されている。実際に放送されたセリフを反映した編集台本からいくつか例を上げる。

・坂本龍馬（第一一回）

〔初登場シーン（ひとりごと）〕「（ブツブツ）たまるかァ！　浦賀のかにゃぁイヨイヨごっついネヤ。まっことこりゃメッソもない。」

〔対宿の女〕「どうしたが。」「アハハ　そりゃ毛ぜえよ。オマンそりゃちゃんとした毛よォ。わしゃ背中に毛が生えちゅうがじゃきんチクとそこらの人とはちがうがぜよ。」

〔対中山〕「何ちゃじゃないオマンわざわざ負けることなかろうがョ。わしゃ、やらないかんことがこしゃんとあるきにのう。」

・西郷隆盛（第三五回）

〔対海舟〕「するとそん中で、だいを信ずればよしゅぐゎんそか。」

・桂小五郎（＝木戸孝允）（第三六回）

〔対土方〕「藩中に反対派はまだよぉーけおります。しかし大勢はとにかく倒幕を第一に、薩摩と握れるんなら手を握ってもええと。」

そのため、視聴者からは次のような反応も寄せられており、当時のドラマのセリフの水準としては、思い切って「方言」を使用したものということができる。

「方言多くわかりにくい「勝海舟」」

「NHK「勝海舟」を再放送もともにいつもみています。というのも、内容がむずかしく、一度見たきりでは多分に理解に苦しむからです。三十日の「攘夷」も見ましたが、これはいつも思うことなんですが、土佐や薩摩の人たちが出てきて話していると方言ばかりで、私のような東京の者は理解に苦しみます。東北の方々はもっとそう思うでしょう。(中略)せめて画面の下に白く字を出して標準語の解説を入れる事をお願いします」(練馬区・女性・一八歳)

(一九七四年七月六日　東京新聞「反響」)

以下では、主人公ながら、物語の進行とともに「共通語キャラ」から「べらんめえ口調」の「方言キャラ」への変貌をとげていく「勝海舟」のセリフに焦点を絞ってみていく。

『勝海舟』における「勝麟太郎(海舟)」のセリフの変遷を、編集台本でたどったものが、本書巻末の「付表3『勝海舟』勝麟太郎のセリフの変遷」である。番組開始期の渡海舟のセリフは、「共通語」基調の「共通語」キャラであったのだが、主演俳優交代後の松方海舟は「べらんめえ口調」基調のキャラに変貌していることがまず確認できる。海舟の「共通語キャラ」から「べらんめえキャラ」への転換は、ちょうど大河ドラマの主演俳優の交代という「大事件」と重なっていることがわかる(片仮名の登場人物のセリフは筆者の聞き取りによる)。

- 渡海舟(第三回)
〔対妹のお順〕「少し静かにしてくれないか。俺は勉強しているんだ。」
- 松方海舟(総集編(前編))
〔対塾生の杉〕「カンゲーテモ　ミネー　バクフガ　ミズカラヨー　ミズカラシロク　シモニムカッテ　キクッテ　イイダシタンダゼ　コイツァー　ナンダイ　コイツァーヨー」

松方海舟のセリフには、「ヨー」「ダゼ」といった文末詞の多用、「カンガエル」が「カンゲール」、「ミナイ(みなよ)」が「ミネー」のように「アエ」「アイ」といった連続する二つの母音が「エー」と融合する現象や、「ヒロク」が「シロク」となるようなヒとシの交替、「コイツ」のようなぞんざいな語彙、「コイツワ」が「コイツァー」となるような[w]音の脱落と「ウア」連母音の融合と、このセリフだけをみても、かなりぞんざいな「べらんめえ口調」が与えられていることがわかる。

この傾向は、回が進むほど顕著となり、第一九回からは、「〜デンス・〜デンショー」といった独特の文末表現がセリフにあらわれ始め、「麟太郎」から「海舟」という号を用いるようになった第二一回以降、この独特な文末表現が一層頻繁に用いられるようになる(傍線は筆者)。

・松方海舟(第一九回)

〔対与之助〕「おめえらの人相がよくないからでンしょう。」

つまり、この独特な文末表現「〜デンス・〜デンショー」は、「海舟キャラ語」としての機能を与えられた表現だとみることができる。青年麟太郎がタイトル通りの主人公「勝海舟」に〝到達〟したことを「〜デンス・〜デンショー」を用いることによって示しているのだ。

「〜デンス・〜デンショー」は、さまざまな場面・さまざまな相手へのセリフにおいて使用がみられるが、もっとも多くあらわれるのは「勝でンす」と主人公が「名乗り」を行なう場面で、このことからも、「〜デンス・〜デンショー」が「海舟」というキャラとセットとなった「キャラ語」として機能していることがよくわかる。また、西郷隆盛との江戸城無血開城にむけての話し合いの最中のような、物語のハイライトで主人公の語りが入るシーンにおいても、この「〜デンス・〜デンショー」がしばしば採用されている。このことからも、この文末表現が「海舟キャラ語」としての機能をもっていることがわかる。

青年「鱗太郎」ははじめ、伝法な「べらんめえキャラ」である父親・小吉のきまじめな「息子」として登場する。そのきまじめな「息子」時代は「共通語キャラ」であるものの、小吉の死を境に「息子」から世間を知る一人前の男に、そして最後に「海舟」に〝進化〟する。〝進化〟の第一段階として父親と同じ言語変種である「べらんめえ口調」が与えられ、その後「海舟」に〝到達〟した象徴として「べらんめえ口調＋デンス・デンショー」が与えられるようになる。青年「鱗太郎」が二段階で練れた男に〝進化〟してきたことを、このセリフの変遷が象徴的に示しているように受け取れる。

この主人公のセリフの変遷にみられる〝進化〟は、話の筋を運ぶ主人公の使用言語は「共通語」である、という「役割語」セオリーから逸脱したもので、「坂本龍馬」や「西郷隆盛」が主人公にもかかわらず「方言キャラ」として造形されることと同様、大河ドラマにおける幕末ヒーローには独特の立ち位置が与えられていることをうかがわせるものとなっている。江戸・本所生育の「勝海舟」は、「地方」生育の「坂本龍馬」や「西郷隆盛」とは異なる。海舟の場合、江戸の下町である本所が生育地ということも関わるが、それよりも、物語の中におけるヒーローの〝進化〟を明示する装置として「方言」が与えられたことによって「方言キャラ」化したとみることも可能だろう。

『勝海舟』における主人公の「共通語キャラ」から「べらんめえキャラ」への転換は、ちょうど主演俳優の交代と重なったことは先に述べた。これを、松方海舟の「方言キャラ」化戦略としてみるならば、「共通語キャラ」であった渡海舟の端正なイメージとは明確に差異化され、新しい「べらんめえキャラ」としての「勝海舟」を視聴者に印象づけるのに成功したといっていいだろう。

また、「デンス・デンショーキャラ」は、『勝海舟』独特のものであったが、「べらんめえキャラ」としての海舟は、松方海舟以降、『篤姫』(二〇〇八年)に登場する北大路海舟が重々しい「共通語キャラ」として造形されていることを除けば、大河ドラマにおいては、これもほぼ定着している。

「海舟」のセリフの背景

「坂本龍馬」は「土佐藩浪士」、「西郷隆盛」は「薩摩藩士」といった「地域性」の強いキャラクターゆえに、このふたりは、大河ドラマにおいて早い段階から、どのような場面でも「方言」を使用する方言キャラとして例外なく造形されてきたようすを確認した。「坂本龍馬」を主人公とした『竜馬がゆく』(一九六八年)、「西郷隆盛」を主人公とした『翔ぶが如く』(一九九〇年)が、それぞれ大河ドラマにおける「方言」使用上のエポックメーキングな作品となったのは、この観点からは当然の結果ともいえるだろう。

では、「坂本龍馬」や「西郷隆盛」のような明確な「地域性」をもたない「勝海舟」は、大河ドラマにおいて、なぜ「方言キャラ」化したのだろうか。幕末物においても庶民階層の登場人物が「べらんめえ口調」を与えられることはあるものの、幕府の重臣級の人物が「べらんめえ口調」を与えられ、かつキャラとして定着している例は「勝海舟」を除けばほとんどないといっていい。ヒーローの〝進化〟を示す装置という解釈とは別の背景を探ってみよう。

『勝海舟』における「麟太郎」のセリフの〝進化〟は、先にみたように主演俳優の交代、脚本家の交代など、他にもさまざまな理由が推測されるが、実際は子母澤寛の原作『勝海舟』におけるセリフ造形をほぼなぞったものであることが以下の通り確認される。

まず、次に示す登場シーンから小吉の死までの間、「麟太郎」は、原作においてもほぼ「共通語キャラ」として描かれている。

・麟太郎

〔対師匠・島田虎之助〕「どちらへ、お出ましでございますか」「これから先生をお訪ね申そうと思うて参りました」

（「開眼」『勝海舟　第一巻　黒船渡来』新潮社版、一九六四）

一方、父・小吉は、登場シーンから「べらんめえキャラ」として造形されている。文末表現「〜デンス・〜デンショー」も原作では小吉のセリフにおける使用が早くに確認される。後段において麟太郎のセリフにも使用がみられるが、小吉と麟太郎以外の登場人物には与えられない（傍線は筆者）。

・小吉

〔対息子の師匠・島田虎之助〕「倅《せがれ》がいつもいつも世話になり、心の中では有難てえともうれしいとも思っているが、どうにも埒《らち》くちもねえくらし故、思いながらも無沙汰をしたが、まァ許しておくれよ。今日は、それや、これや、礼にやって来たという訳よ」

（「開眼」『勝海舟　第一巻　黒船渡来』新潮社版、一九六四）

・小吉

〔対武家の奥様〕「吉原の女の事でんしょう」

（「天悠々」『勝海舟　第一巻　黒船渡来』新潮社版、一九六四）

・麟太郎

〔対辰巳芸者・君江〕「それあ偉い。水野越前守様の御改革は、いろいろに云われるが、お前さんという女子一人を、そうした本当の姿にかえらせただけでも、値打ちでんしょう」

（「春の花」『勝海舟　第一巻　黒船渡来』新潮社版、一九六四）

また、原作においても小吉の死後、息子の麟太郎に「べらんめえ」が〝転写〟されていき、「海舟」の号を名乗るころには「〜デンス・〜デンショー」も多出するようになる。この変遷は、大河ドラマにおける麟太郎のセリフ変遷とほぼ重なる。ただし、大河ドラマのセリフ造形は、原作と完全に一致するものではなく、物語の進行と「海舟」キャラの確立に、より明確に連動させているようにみえる。

原作やドラマにおいて、小吉が「べらんめえキャラ」として造形された背景には、小吉の自伝『夢酔独言』の存在が関係しそうだ。『夢酔独言』「出生」の項の冒頭部分を引用してみる。

「おれほどの馬鹿な者は世の中にもあんまり有るまいとおもふ。故に孫やひこのために、はなしてきかせるが、能〱不法もの、馬鹿者のいましめにするがいゝぜ。」

（勝部真長編『勝小吉自伝　夢酔独言』平凡社、一九七四）

「おれ」という自称詞といい、「するがいゝぜ」といった伝法な物言いといい、書かれたものでありながら、「べらんめえ口調」のしゃべりがあたかも聞こえてくるような文体である。

また、海舟が「べらんめえキャラ」として造形されたのは、小吉からの〝転写〟ばかりではなく、『夢酔独言』ほどよく知られてはいないが、文書として記録されている勝海舟自身の「口調」も影響しているかもしれない。吉本襄が勝海舟本人から聞いた話に多くの人々の手によって新聞や雑誌に発表された海舟談話を加えて発行した『海舟先生氷川清話』(一八九七[明治三〇])、「西郷隆盛」(『国民新聞』一八九三[明治二六]年五月「海舟翁一夕話」より)の項からみてみよう。自称詞は「オレ」、文末表現は「〜ヨ」「〜サ」「〜ッケ」など、「べらんめえ口調」とまではいかないが、かなりざっくばらんな印象を受ける。

- 「おれが初めて西郷に会つたのは、兵庫開港延期の談判委員を仰せ付けられるために、おれが召されて京都に入る途中に、大坂の旅宿であつた。その時、西郷は御留守居格だつたが、轡《くつわ》の紋の付いた黒縮緬《ちりめん》の羽織を着て、なか〳〵立派な風采だつたョ。」
•「彼も承知したといツたツケ。」
•「坂本もなか〳〵鑑識のある奴だョ。」
•「おれも至誠をもつてこれに応じたから、江戸城受渡しも、あの通り立談の間に済んだのサ。」

（『勝海舟全集　二一　氷川清話』所収、勝海舟全集刊行会、講談社、一九七三）

『夢酔独言』『氷川清話』の「口調」が、小吉や海舟のセリフ造形に関わっているという推測は、あながち勝手読みというわけでもなさそうだ。原作『勝海舟』の「解説」で尾崎秀樹が次のように述べている（〔　〕内は筆者）。

〔原作者・子母澤寛の祖父で彰義隊に入り、五稜郭の戦いにも参加した元御家人の〕梅谷十次郎は、勝小吉の文章そっくりな口調でものをいったという。その調子は、そのまま作品『勝海舟』や『父子鷹』『おとこ鷹』の中の勝小吉の語り口となり、勝麟太郎の気質に移されたにちがいない。

（『勝海舟　第六巻　明治新政』新潮社版、一九六五）

読売新聞や東京日日新聞の社会部記者などの経験をもつ子母澤寛は、小説家となったのちも聞き書きを得意とし、登場人物の口調を活写する作家として定評のあった人物である(三好行雄他編、一九九四)。原作者・子母澤寛は、御家人であった祖父の口調を小吉に投影し、さらには「海舟」にその口調を〝転写〟することによって、「度々逢ったことがあるような」人物としてこのふたりのセリフを造形したのだろう。

ちなみに、この原作『勝海舟』は、尾崎秀樹によって「子母澤文学の基調音をそのままはらんだ大河小説」と評される作品で、その連載・刊行の経緯もなかなか興味深い。太平洋戦争開戦前夜の一九四一(昭和一六)年一〇月から終戦後の一九四六(昭和二一)年一二月までの間、『中外商業新報』『日本産業経済』(いずれも『日本経済新聞』の前身)および『日本経済新聞』に三期にわたって断続的に連載された。

戦前に執筆された第一期分については、『勝安房守』(大道書房)として一九四二(昭和一七)年から一九四三(昭和一八)年にかけて単行本(全五巻)として刊行されている。この三期にわたる連載期間は、戦前・戦中は内務省による検閲が、戦後はGHQ(General Headquarters)/SCAP(Supreme Commander for the Allied Powers)の検閲が行なわれていた時期であった。占領期の日本においては、封建時代の日本を描く時代小説の発表に困難が伴う中、この小説は連載が続けられたばかりではなく、戦後の用紙不足期にもかかわらず、連載終了後、『勝海舟』のタイトルで第一巻は一九四六年三月一八日に、第二巻は同年四月五日に、すみやかに日正書房から刊行されている。

　単行本が刊行された時期は、出版前に校正刷を当局に提出しチェックを受ける事前検閲の期間であったと推測される(山本武利、一九九六/山本武利・川崎賢子・十重田裕一・宗像和重編、二〇〇九―二〇一〇)。その痕跡を示す検閲断片が確認されていない現在では、刊行に際して具体的な指導や削除部分があったのかどうかは定かではない。また、新聞における連載小説に対しても検閲が行なわれていたことは確かだが、こちらは当時の検閲資料の存在そのものが確認されておらず、現時点では残念ながら検閲の有無等について確かめることができない。

図 4-4　GHQ による検閲をパスしたスタンプ(CP)が押された子母澤寛『勝海舟』(左：第 1 巻，右：第 2 巻，日正書房，ともに 1946，メリーランド大学図書館ゴードン・W・プランゲ文庫蔵)の表紙カバー

　しかし、メリーランド大学ゴードン・W・プランゲ文庫に所蔵されている単行本として刊行された『勝海舟』の表紙カバー(図4-4)からは、二巻ともC. C. D.-565 の番号をもつ検閲官による "checked" のサイ

ンと、奥付の刊行日からひと月と経過していない検閲通過日とともに検閲をパスした証拠のスタンプ(CP: censorship pass)などが認められる。単行本本体については、本文を含むその他部分にはとくに検閲の痕跡もみられず、非常にスムースな刊行であったことが強く推測される。その背景には、次のようなエピソードがあったことが尾崎秀樹の「解説」で示されている。

新聞人のひとり高木健夫氏は当時を回顧して、「終戦後、中外商業(日経)に『勝海舟』を連載していたが、たまたまGHQから、新聞に小説をのせてはいかん、といわれた。ところが、『これは、江戸城明け渡しにかこつけて、アメリカ軍の進駐をわかりやすく解説しているような小説だ』と説明して、掲載を続けることが出来た、というエピソードがある」と述べている。この間、日本経済新聞の小汀利得氏のなみなみでない骨折りもあったと聞く。勝海舟の開国と、敗戦による「第二の開国」が重なり、しかもそれが作品の「江戸開城」と一致したというのは、偶然以上にふかい意味をもつように思われる。(『勝海舟　第六巻　明治新政』新潮社版、一九六五)

不思議な符合として、ちょっとおもしろいエピソードがある。マッカーサーが厚木飛行場に降り立った一九四五(昭和二〇)年八月三〇日の『日本産業経済』における『勝海

舟　続篇』四五一回「別れ道(二)」は、クライマックスのひとつである江戸城明け渡しの章に物語が入った回であった。

日正書房は、戦前に第一期連載分を『勝安房守』として刊行した大道書房と発行者を同じくする後継出版社で、戦後ほんの短い間だけ存在した大衆文学中心の出版社であったようだ(小田光雄、二〇〇八)。発行者は、子母澤寛が少年期を過ごした北海道石狩郡厚田村で育った戸田城聖である。日正書房版の『勝海舟』も小吉の死までを描いた第二巻までの刊行となっており、一九七四年に放映された明治新政までを描いた大河ドラマ『勝海舟』の原作が完全な形で刊行されるのは、一九五二(昭和二七)年から一九五三(昭和二八)年発行の創元社版(全八巻)を待つことになる。その後は、一九六四(昭和三九)年から一九六五(昭和四〇)年にかけて新潮社版(全六巻)が出版され、全集『子母澤寛全集六―八　勝海舟(上・中・下)』(講談社、一九七三[昭和四八])としても刊行されている。

ともかく、大河ドラマにおいて、「勝海舟」が「幕末方言ヒーロー」化したきっかけは、子母澤寛『勝海舟』の原作におけるセリフ造形が反映された、一九七四年放送の『勝海舟』であるといえそうだ。

方言ヒーロー・龍馬の誕生――『汗血千里駒』から『竜馬がゆく』まで

大河ドラマにおける最初の「幕末方言ヒーロー」は、第六作・司馬遼太郎原作『竜馬がゆく』(一九六八年)の「坂本龍馬」であることは、みてきた通りである。この作品以降、「龍馬」のセリフにはかならず「土佐弁」が与えられるようになり、「龍馬」といえば「土佐弁」、「土佐弁」といえば「龍馬」というような結びつきがほぼ決定的になった。「龍馬」の「土佐弁キャラ」化の完了である。

しかし、司馬遼太郎の原作『竜馬がゆく』(一九六二―一九六六)においても「龍馬」のセリフには「土佐弁」が与えられており、すでに「方言キャラ」として造形されているようすが確認される。ここでは、「方言キャラ」化の様相がうかがえる小説『竜馬がゆく』における「龍馬」のセリフ造形を確認した上で、龍馬物の小説の世界において、「龍馬」が「方言キャラ」として造形されるようになったのはいつごろか、みていきたい。

「龍馬」を主人公格とする小説は、土佐藩医の次男として生まれ、藩校に学び、板垣退助の愛国公党に参加したことで知られる坂崎紫瀾(一八五三―一九一三)が高知の地方新聞『土陽新聞』に連載した『汗血千里駒』(一八八三〔明治一六〕)が最初のものとしてよく知られている(図4-5)。

「龍馬」を主人公格にすえる龍馬物は、戦前・戦後を通じて大衆文学・児童文学として好まれた素材のようで、いくつも残されている。それらにおいて挿入されるエピソードのほとんどは、『汗血千里駒』で描かれたものであることは、すでに文学研究者によって指摘されているが、「龍馬」のセリフに注目したものはこれまでにないようだ。

はたして、小説の中の「龍馬」は、はじめから「土佐弁」を「話して」いたのだろうか。『汗血千里駒』から大河ドラマの原作『竜馬がゆく』までにあらわれる龍馬物の小説をたどることによって、「龍馬」が小説の中において「方言キャラ」化した時期をさぐっていこう。

なお、本文の引用に際して、漢字については現行の字体に改め、傍点やルビは原則として省略した。ただし、「方言」の発音にかん

図4-5　『汗血千里駒』(初篇，坂崎鳴々道人〔紫瀾の別号〕著，宇田川文海校，駸々堂，1883，国立国会図書館蔵)の表紙

するルビについては、〈　〉内表記として残す。仮名づかいについては原文のママを原則とした。

「方言ヒーロー」小説としての『竜馬がゆく』

テレビドラマにおいて「龍馬」が「方言キャラ」化したきっかけとなった大河ドラマ『竜馬がゆく』は、その原作においても「龍馬」のセリフには「土佐弁」が用いられていることはすでに述べた。

とはいいながら、原作『竜馬がゆく』の「龍馬」のセリフをたどると、最初から「方言キャラ」として明確に造形されていたというよりは、物語の展開に従い、徐々に「方言キャラ」として像が確立されていったようすがうかがえる。「龍馬」が、維新に向かう時代に能動的に関わりはじめる物語の中盤にさしかかるころから、「龍馬」のセリフにはめだって「土佐弁」的特徴が与えられるようになってくる。物語の中において「龍馬」が「幕末ヒーロー」として機能しはじめるのとほぼ並行的に、セリフにも「土佐弁」的要素が投入されるようになり、徐々に「方言キャラ」像が確立されていったことがわかる。

たとえば、『竜馬がゆく』において、はじめて出現する「龍馬」のひとまとまりのセリフは次のようなものだ(〔　〕内と傍線は筆者。(　)内は原作における節のタイトル。以下同)。

・司馬遼太郎『竜馬がゆく』(一九六二―一九六六)(『司馬遼太郎全集　三～五』所収、文藝春秋、一九七二)

〔江戸への剣術修行の許可が出たことを伝えに来た姉・乙女に対するセリフ〕「そこにのみがいたんです。追っかけていると、文机の下に逃げ込んでしまった。私も負けずにもぐりこむと、どうやらのみが口のなかに入ってしまったらしい。あれは、妙な味ですな」(「門出の花」)

自称詞は「私」、文末表現は「～ですな」などと、おじさんくさい「共通語」のセリフで登場する。もっとも親しい姉に対するセリフであるため、「方言」が使われていてもおかしくないシチュエーションであるにもかかわらず、である。また、物語の序盤における「龍馬」の別のセリフでは、対称詞「君」を用いるなど、明治期の「書生」のようなことばづかい(野村剛史、二〇〇九)が用いられることもある。

〔井伊家の侍たちに向かって〕「君たち、考えてもみろ」(「黒船来」)

しかし、続く場面では、井伊家の侍たちとのやりとりで興奮が高まり、「おンしら」

「間違うちょる」のように「土佐弁」にふいに切り替わる場面が描かれる。地の文でも、「つい」、「方言」に切り替わったことが示される。

「おンしらは、敵を間違うちょる」

つい、土佐言葉が出た。(「黒船来」)

「龍馬」のセリフ場面では、このような「土佐弁」と「共通語」が切り替わるコード変換(code-switching)シーンが登場することが多い。

このようなコード変換(code-switching)シーンからは、あたかも、この作品が執筆された当時の高度経済成長を支えた上京青年たちと同じような「方言」と「共通語」のバイリンガルのように、「龍馬」が造形されていることがわかる。この傾向は「龍馬」に限らず、他の登場人物にも確認されるが、主人公である龍馬には、このコード変換シーンがめだって多く描写される。「龍馬」が「江戸ことば」と「土佐弁」のバイリンガルで、自由にコード変換が可能な能力をもつ人物として設定されていることを示す次のような場面も登場する。

〔土佐弁でまくしたてた龍馬と千葉重太郎のやりとり〕(「淫蕩」)

「江戸の悪口はいいが、話だけはふつうの江戸ことばでいってくれ。なにをいっているのかさっぱりわからぬ」

「それもそうだな」

と江戸ことばに戻って、……


物語が進むにつれ、このようなコード変換シーンを経ずに、また、相手や場も問わず、「龍馬」が「土佐弁」のみを使用するシーンが増えていく。「龍馬」のセリフには「土佐弁」といえば想起される自称詞「ワシ」や対称詞「オンシ」「オマン」、文末詞「〜チャ」「〜キ」や「〜ゼヨ」、副詞「チクと」、「あれ、あれ」に相当する感動詞「チャ、チャ」、アスペクトの結果態をあらわす形式である「〜チョル」などが多く投入されるようになっていく。

- 〈桂小五郎に対するセリフ〉（「二十歳」）

「ちゃ、ちゃ、ちゃ」

「お前〈まん〉、えらいぞ」

「わしがいうちょりやせん。国もとの連中がいうちょる」

- 〈隣の他流の男に対するセリフ〉（「安政諸流試合」）

「チクと訊きますが」

・〔陸奥に対するセリフ〕（「横笛丸」）

「おンしは、いかんチャ」

「説教ぞな」

・〔姉・乙女に対するセリフ〕（「浦戸」）

「いかんチャ、うらは姉さんがように飲めんキニ」

・〔龍馬の独話〕（「近江路」）

「いそがにゃア、ならんぜよ、いそがにゃ」

『竜馬がゆく』における「龍馬」は、幕末・維新の時代に能動的に関与しはじめる中盤以降、「土佐弁キャラ」として明確に造形されていき、「方言ヒーロー」としての立ち位置を確立していったとみてよさそうだ。

物語の中で、登場人物が成長していく過程が、「方言」によってキャラが立っていく過程とぴったりと重なっている。これは、作者である司馬遼太郎の意図か偶然かはわからないが、「方言」が与えられることによってキャラがいきいきと立ち上がるという幸せな相乗効果が生じたことは間違いない。『竜馬がゆく』は、『産経新聞』夕刊の連載小説であったことから、「方言キャラ」としての「龍馬」に対する当時の読者の好感触などを得て、「方言キャラ」化が進んでいったのかもしれない。

いずれにしても、司馬遼太郎が『竜馬がゆく』で用いた「土佐弁」については、土佐弁話者である方言研究者によって「司馬氏の場合は、龍馬をはじめ土佐に関係のある人物の方言は、若干の例外はあるにせよ、一応高知県内の方言に基準を置いて、それらの方言をたくみに按配《あんばい》している」(土居重俊、一九七一)と一定の評価が与えられている。

「方言ヒーロー」誕生までの道のり

司馬遼太郎の『竜馬がゆく』では、「龍馬」は物語における成長と並行的に「方言キャラ」化していったことをみてきた。では、数多く存在する他の龍馬物において、「龍馬」ははじめから「方言キャラ」として造形されていたのだろうか。

「龍馬」を主人公格とする最初の小説は、先にも述べたように一八八三(明治一六)年に高知の『土陽新聞』に連載された『汗血千里駒』である。この小説は「坂本龍馬という歴史上の人物が明治一六年の時点で、文学作品の確固としたヒーローとして、また特異な個性をもつ自由人として造形」された作品として位置づけられている。『汗血千里駒』を模倣した作品は無数にあり、オリジナルで描かれた「龍馬の個性」と「さまざまなエピソード」は数多くの龍馬物において長期間、再生産されてきたと指摘されている(林原純生、二〇〇三)。

このように『汗血千里駒』は、龍馬物のプロトタイプといっていい小説だが、作品中の「龍馬」のセリフをみてみると、まったく「土佐弁」的特徴をもたないものとなっていることがわかる。

薩摩藩士と出自を偽ったものの、後に恋人となるお良に薩摩弁とはことばが違うと指摘され、土佐の浪人であることを白状する場面のお良と「龍馬」のセリフをみてみよう(山田俊治・林原純生校注『新日本古典文学大系明治編一六　政治小説集一』所収、岩波書店、二〇〇三。〔　〕内は筆者)。

•『汗血千里の駒』(第二四回)

〔お良〕アノ貴公〈あなた〉は薩摩の御方とは御言葉が御違ひ遊ばす様で御坐いますネ

〔龍馬〕　僕〈ぼく〉はクヤ〳〵〔薩摩弁のこと。コラコラからきたとされる〕が大分上達したと思つて居たが　斯く気づかれし上からは何をか包まん　才谷梅太郎とは浮世を忍ぶ仮の名と芝居のセリフならいふ所だが実は土州の浪人ヨ

「龍馬」の自称詞は「僕」、恋人・お良に対する対称詞は「おまへ」と、明治期の「書生」のようなことばづかいをする人物として造形されている。坂崎紫瀾自身は、生まれ

こそ江戸だが、土佐藩医の次男で藩校まで出た土佐育ちの土佐弁ネイティブであるにもかかわらず、「龍馬」のセリフはおろか、作品内には「土佐弁」的特徴を用いた箇所はあらわれない。

龍馬に限らず、武士階級の男性登場人物には、自称詞「僕」、対称詞「君」というような、おおむね次のような明治期の「書生」風の言語変種が与えられている。

- 『汗血千里の駒』(第四二回)

〔土佐の諸生(=書生)甲〕　君〈きみ〉モウ典物の元素が尽きてしまつたの　其りやアいかねへ僕〈ぼく〉も懐の温度がハーレンヘード氏の零点〔華氏零度のこと〕と来ているからだん／＼敵の引力が薄くなるノサ

この作品においては、先のお良のセリフにも言及があったような薩摩弁が他の方言と異なるとする言説が数か所にあらわれるものの、セリフとして方言的特徴の与えられたものは、先の「龍馬」のセリフにあらわれた「薩摩弁」の象徴としての「クヤクヤ」を除けばほぼ出現しない。他に「方言」的要素があらわれてくるのは、寺田屋のお登勢に対するお良の呼びかけの「姉《ねえ》はん」という部分に「京都弁」的要素が示される程度である。

つまり、龍馬物小説のプロトタイプである『汗血千里駒』は、作者が土佐弁ネイティブであるにもかかわらず、「龍馬」は「方言キャラ」として造形されていないばかりでなく、小説全体においてセリフに「方言」的特徴が反映されることもほとんどなく、「方言キャラ」も登場してこない「共通語」小説だったのである。

戦前の龍馬物にみる「方言」

それでは次に、『汗血千里駒』の影響下に成立したとされ、維新英雄伝の流れをくむ戦前の代表的な龍馬物小説の二作品(林原純生、二〇〇三)をみてみたい。

その二作品とは、小説家でもあり史論家でもある白柳秀湖(一八八四―一九五〇)による『坂本龍馬』(一九二四―一九二六[大正一三―昭和元])と、小説家・俳人である矢田挿雲(一八八二―一九六一)による『大政奉還』(一九三五[昭和一〇])である。白柳秀湖は静岡県気賀町生まれ、矢田挿雲は石川県金沢市生まれ、いずれも「土佐弁」ノンネイティブである。それぞれ現在の早稲田大学に入学、複数の新聞社や出版社に勤め、社会運動への参加と挫折など紆余曲折を経て作家活動に入っている(日本近代文学館編、一九七七/三好行雄他編、一九九四)。

これらの小説に登場する「龍馬」のセリフをみてみよう。

- 白柳秀湖『坂本龍馬』(一九二四―一九二六)(『現代大衆文学全集　二〇』所収、平凡社、一九二九)

〔龍馬の独話〕「アヽ見事なものぢや、浮べる城とはよく名づけた。国の守備と、邪教の禁制とを区別せず、造船航海のことまでも厳禁したのは幕府の大失態ぢや。」(「メリケンの横暴」)

- 矢田挿雲『大政奉還』(一九三五)(『維新歴史小説全集　九』所収、改造社、一九三五)

〔土佐藩の郷士・藩士に対して〕(「三　坂本龍馬」)

「おれが出る」

「坂本龍馬、偽りは申さん」

「君等は検視の役人か。そうではあるまい。山田の使ならば、池田は切腹したと伝へれば役目は済む筈」


〔姉の乙女に対して〕(「一七　龍馬の脱藩」)

「お仁王さん、龍馬が悪かつた。お察しの通り明日の晩、脱藩することにきめた。兄さんに相談しても無論ダメぢやし、武市に知れても屹度止められるしするから、河野に打明けた位で、まだ誰にも言うちや居らん」

どちらの小説においても「龍馬」のセリフは戯作的とも講談的ともとれる「武士語」

あるいは「書生語」として造形されている。ただし、『大政奉還』では、姉・乙女のセリフとその乙女とやりとりする「龍馬」のセリフにわずかだが土佐弁的特徴があらわれるが、他の場面ではあらわれず、やはり「土佐弁キャラ」として確立している段階とはいえない。

では、ほかの「幕末方言ヒーロー」のセリフはどうなっているだろうか。

・白柳秀湖『坂本龍馬』(一九二四―一九二六)

〔勝海舟〕「土藩の坂本氏！　千葉先生の令息と御一緒か。善くぞ見えられた。サ丶遠慮なく御進みなされぇ」(「北辰一刀流他人の手は借りぬ」)

〔西郷隆盛〕「之は勝先生か、拙者は薩摩藩の西郷吉之助で御座る。初めて御意を得ますが、先生のことは予て藩侯斉彬から度々承はつて居りました」(「勝海舟初めて西郷と語る」)

「勝海舟」も「西郷隆盛」も「龍馬」同様、「武士語」あるいは「書生語」的セリフが与えられており、戦前の段階の龍馬物においては、いずれの登場人物も「方言キャラ」化していないことがわかる。

では、小説に比べ、リアルな話しことばを志向しやすい戯曲における龍馬物では、どのようなセリフ造形となっていたのだろうか。

同時期の「龍馬」を主人公格とした戯曲として前述の二作品の間に書かれた真山青果（一八七八―一九四八）による「坂本龍馬」（一九二八［昭和三］）がある。真山青果は、宮城県仙台市生まれの「土佐弁」ノンネイティブである。農民文学『南小泉村』（一九〇七）が代表作で、自身の出身地の方言について『仙台方言考』（一九三六）を著しており、小説においては貧農の生活描写に方言の忠実な投入を試みたことで知られる作家である（三好行雄他編、一九九四）。

・真山青果、戯曲「坂本龍馬」（一九二八）（『真山青果全集第八巻』所収、大日本雄弁会講談社、一九四一）

〔龍馬〕「皮相でいゝぢやないか。おれは勝先生に西洋文明の皮相談を聞いてビツクリしたのだから、君等もおれに皮相談を聞いて、ビツクリしてくれるといゝんだ。」

「龍馬」の自称詞は「オレ」（ときに「ワシ」）、対称詞は「キミ」が用いられており、やはり「書生語」的だ。

農民文学作家としては、リアルさを求めて「方言」の採用に積極的であった真山青果においても、戯曲「坂本龍馬」では、「土佐弁」はおろか「方言」的要素をまったく採用していないことがわかる。

ただし、「方言」に意識的な作家のひとりである真山は、「土佐弁」を用いないこんな龍馬を少し不自然に感じたのか、登場人物のひとりに「(苦笑いして)大層、江戸弁が達者になつたな」などといわせ、それを受ける龍馬には「(ちよツと舌を出し)気がついたか。勝先生の声色なんだ」などといわせてもいる。

真山青果「坂本龍馬」とは別の戦前に書かれた龍馬物の戯曲に和田勝一(一九〇〇―一九九三)の「海援隊」(一九三九[昭和一四])がある。執筆された当時の戯曲そのものを調査することができなかったため、かなり後年になってから上演された早稲田大学演劇博物館所蔵の国立劇場一九七七年一一月歌舞伎公演(演出・観世榮夫)時の台本から、登場人物のセリフをみていくことにしよう。和田勝一は奈良県奈良市生まれの「土佐弁」ノンネイティブ。戯曲「坂本龍馬」の作者である真山青果の助手を経て、新築地劇団文芸部長を務め、プロレタリア劇作家として評価された人物である(三好行雄他編、一九九四)。

まず、「龍馬」登場シーンのセリフからみていく。

・和田勝一、戯曲「海援隊」(一九三九)(国立劇場一九七七年一一月歌舞伎公演時台本による)

〔龍馬、土佐藩郷士に対して〕「やっぱり長い刀は駄目だなあ……。」（中略）「それを見ろ。だ、か、ら、言はんこっちゃない。長い刀は持つなとおれがあれ位言ったのに――。」

「龍馬」登場シーンの土佐藩郷士に対するセリフは、まったくの「共通語」である。しかし、同じ一幕における、饅頭屋とのくだけたやりとりをする際の「龍馬」のセリフには「チクト」「～キ」など「土佐弁」的要素が若干あらわれる。一方、そのセリフには「ゲナ」「スカン」など「土佐弁」とは思えない要素も加えられている。

〔龍馬、土佐藩内の饅頭屋の母親に〕「饅頭代払はずに死んだげなと言はれたら、チクと武士の対面に拘はるきにのう。はゝゝゝ。しかし、対面ちうもんは窮屈なもんぞ。おれや好かん。」

この戯曲において主人公格である「龍馬」のセリフには、くだけた場面では「土佐弁」的要素がときに与えられるが、全面的に「土佐弁」的要素が与えられる段階、つまり「龍馬」を「土佐弁キャラ」として確立させる段階には至っていないことがわかる。

この戯曲では、脇役のセリフについては、特定の文末表現を多用するなど、ステレオタイプ化した「方言」使用の様相がかなり明確にうかがえる。たとえば、土佐藩関係者のセリフには文末詞「〜キ」を、薩摩藩関係者には「〜ゴワス」を与えているなどである。脇役にはヴァーチャル方言がほぼ規則的に与えられるという用法は、「役割語」セオリーに則った用法で、戦前の戯曲において、すでにこんにちのような「役割語」セオリーが成立しつつあったことを示している。

一方、名前のない脇役のセリフとして「土佐弁」的特徴をもつとはいいにくい「方言」をパッチワークした「田舎弁」的用法もあらわれており、木下順二による〝人工方言〟的なものとしての「ニセ方言」使用の早い段階のあらわれとも思われる。

〔女房三、饅頭屋で井戸端会議をしていた女房一や二に対して〕「どら、おら帰る。お前さん等、あんまりお侍の噂せんがえゝぞな。」

このような、「共通語」でもない、具体的な土地と結びついたヴァーチャル方言としての「ニセ方言」でもない、「どこかの方言」要素のパッチワークは、「龍馬」以外の多くの登場人物のセリフにも数多くあらわれており、この戯曲の特色といってもいいほどである。

戦前・戦中の挿絵入り龍馬物にみる「方言」

『汗血千里駒』にあらわれるエピソードをパッチワークした龍馬物は無数に執筆されたというが、戦前・戦中の龍馬物のうち、挿絵入りの大衆向けあるいは子ども向けの読み物におけるセリフ造形は、どのような感じであったのだろうか。挿絵入り読み物の方が、一般の大人向けの小説に比べ、キャラの類型化が進みやすく、方言ステレオタイプなども、一般の小説に比べ、より早くあらわれてはいないだろうか。

挿絵入りの大衆向け、子ども向け作品にあらわれる龍馬像をそのセリフを中心に、刊行年順にいくつかみてみよう。子ども向けだという判断は、シリーズ名やはしがきなどに子ども向けであるということが明示されている場合、文体・本の体裁から明らかに子ども向けとみえる場合に、そのように判断した。

千頭清臣の『坂本龍馬』(博文館、一九一四[大正三])(図4-6)は、挿絵入りの偉人伝叢書の第二冊として刊行されたもの。大正期の偉人伝らしく、本編の前にまず漢文の「叙」、次の見開き頁に“ON SAKAMOTO RYOMA”と題して龍馬が江戸城無血開城の立役者という幕末維新の英雄の一人で、日露戦争における日本海海戦に勝利した帝国海軍の基礎を築いた人物であることを英文で記している。

千頭清臣(一八五六―一九一六)は、土佐出身で、七高(現鹿児島大学)、二高(現東北大学)各教授を経て内務書記官に転じ、栃木県など四県の知事を歴任、貴族院議員や東京日日

図 4-6　千頭清臣『坂本龍馬』(博文館, 1914, 早稲田大学図書館蔵)に描かれた健康的な近代的美男子風龍馬の「伏見遭難」折込挿絵

新聞社長も務めた人物である(コトバンク〈http://kotobank.jp/〉、「千頭清臣」『朝日日本歴史人物事典』『デジタル版　日本人名大辞典+Plus』)。「土佐弁」ネイティブと思われるが、『坂本龍馬』本文は、次に示すように、全編漢字仮名交じりの漢文訓読体となっており、直接話法のセリフはあらわれず、「方言」の使用も見られない。

・千頭清臣『坂本龍馬』(一九一四)

文久二年八月、龍馬江戸に下り、剣客千葉重太郎(当時鍛冶橋外桶町在住)を訪ふ。時に江戸に勝安房守の開国論を拝する者多し。龍馬思へらく、勝もし世評の如くんば、畢竟一派の奸物のみ。刺さゞるべからずと。(「第四章　勝塾(一)龍馬勝海舟を訪ふ」)

河合枇左也(?—?)『維新英雄　坂本龍馬』(弘文社、一九二七[昭和二])(図4-7)は、文

字が大きく、総ルビ、表紙をめくるとカラー挿絵があり、本文はセリフのやりとりが中心で、子ども向け読み物と判断できる。

地の文は「突然の言葉に龍馬は間誤付いた」のような口語体の文章語だが、登場人物のセリフは、次にみられるように出身地などにかかわらず、ひとしく「武士語」風のセリフとなっている。「龍馬」のセリフにも、「方言」はあらわれない。

・河合枇左也『維新英雄　坂本龍馬』(一九二七)

〔西郷隆盛に対して〕「それは西郷殿のお言葉とも存ぜぬ、折角これ迄参り乍ら、爰で貴殿に逃げられては拙者今迄の苦心も水の泡、如何なる御事情か存じませんが、此度は何卒国家朝廷の大事と思召し曲て御立寄りが願いたう御座る。」(「五　西郷隆盛のペテン」)

図4-7　河合枇左也『維新英雄　坂本龍馬』(弘文社，1927，早稲田大学図書館蔵)表紙．青々とした月代の若侍風龍馬

図 4-8　松澤卓郎『海援隊長　坂本龍馬』(高千穂書房, 1942, 早稲田大学図書館蔵)表紙. 海原とリアルな龍馬の顔

松澤卓郎（一八九八―？）の『海援隊長　坂本龍馬』（高千穂書房、一九四二〔昭和一七〕）は、「文協用紙特配図書」として刊行されたもので、その体裁から子ども向けと思われる（図4-8）。著者は、巻末の著者略歴から高知県在住で高知県下各地の小学校校長を歴任しており、「土佐弁」ネイティブと思われる。

しかし、この作品の登場人物のセリフはすべて「共通語」で、「方言」はまったく用いられない。刊行時の状況をあらわすように「日本武士」というような語が頻繁に用いられている。「龍馬」のセリフを以下、とりあげてみる。

・松澤卓郎『海援隊長　坂本龍馬』（一九四二）

〔父・八平に対して〕「はい。必ずやり遂げます。必ず坂本家の名をあげるような、立派な日本武士となつてご覧に入れます」龍馬は力を込めて答へた。（「江

戸へ〕

以上、戦前・戦中の挿絵入り大衆向け・子ども向けに書かれた龍馬物のうち、筆者が閲覧可能であったものをみてきた。作者が「土佐弁」ネイティブであるか否かにかかわらず、「方言」が用いられることはまったくなく、「龍馬」を「方言キャラ」として造形している作品もみられなかった。

戦前においては、小説では一般向け、挿絵入り大衆読み物、子ども向けを問わず、「龍馬」のセリフには「方言」が与えられておらず、話しことばとして書かれる前提である戯曲の一部場面において「龍馬」は「土佐弁」が与えられることがあるという程度であった。戦前の「龍馬」は、まだ「方言キャラ」として十分には立ち上がってきていないということがわかる。

戦中・戦後の龍馬物にみる「方言」

ここでは、司馬遼太郎『竜馬がゆく』に至るまでの戦中・戦後の龍馬物の大衆小説をみていこう。

龍馬物の小説は、「龍馬」を「帝国海軍の檣頭《しょうとう》」とした「戦意昂揚的」（嶋岡晨、二〇〇二）素材として好まれ、太平洋戦争開始後にもあらわれる。

そのひとつとして濱本浩の『海援隊』(一九四二〔昭和一七〕)がある。作者の濱本浩(一八九〇―一九五九)は愛媛県松山市生まれだが、父が高知一中の教師をしていた関係で小学校時代を高知で過ごしており(三好行雄他編、一九九四)、「土佐弁」の準ネイティブとみていいだろう。

『海援隊』にあらわれる龍馬のセリフは、「〜ジャガ」「〜シチョル」がみられるものの、以下に示すようにほぼ「武士語」だ。

・濱本浩『海援隊』(一九四二)(『大衆文学大系 二三』所収、講談社、一九七三)
〔千葉重太郎に対して〕「勝さんは偉い。日本一の大人物じゃ。俺は今日から勝さんの弟子になったぞ。人間の運命とは解らんものじゃ。俺が今日、勝さんに会わなんだら、結局は井底の稚蛙で了ったかも知れんな。それが何うじゃ、日本の海軍を興す、世界の海に乗り出す。」
〔土佐藩関係者に対して〕「このとおりじゃが」(中略)「衰弱しちょる。西郷さんが、鹿児島へ連れて行って、湯治をさしてくれるそうじゃ。」

主人公格ではない土佐藩関係者のセリフには「〜チョルキニ」「〜ジャキ」「チクト」など、ところどころに「土佐弁」要素がちりばめられるのと比較すると主人公である龍馬のセリフにあらわれる「土佐弁」的要素は相対的に少ない。作品後半の土佐藩関係者とのやりとり場面において「土佐弁」的特徴をもつセリフがわずかにあらわれてくるにすぎない。

「幕末方言ヒーロー」のひとりである「西郷隆盛」のセリフにも「薩摩弁」の対称詞「オハン」がちらりと入る程度で、セリフの大部分は「共通語」的である。

〔西郷隆盛、龍馬に対して〕「おはんが事は、勝先生から聞いていましたわ。よう来なすった。」

この段階においては、「龍馬」も「西郷隆盛」も「方言キャラ」としての萌芽はみられるものの、こんにちの大河ドラマなどでみられるような全面的に「方言」を与えられた「方言キャラ」として確立された存在になっているとはいいにくい。

戦後に書かれた龍馬物としては、山岡荘八の『坂本竜馬』(東京文芸社、一九五五―一九五六)があるが、以下の通り「龍馬」のセリフにはまるきり「土佐弁」的特徴はあらわれない。山岡荘八(一九〇七―一九七八)は新潟県小出町生まれの「土佐弁」ノンネイティブである(三好行雄他編、一九九四)。山岡「龍馬」は「役割語」セオリーに則った「共通語キャラ」として造形されていることになる。

・山岡荘八『坂本竜馬』(一九五五―一九五六)(『山岡荘八全集 三二』所収、講談社、一九八三)

〔龍馬〕「おれは、遊びにきたのではない、江戸へ」

龍馬物小説のプロトタイプ『汗血千里駒』から刊行順に「龍馬」のセリフをたどってきたが、結局のところ、「龍馬」が「方言キャラ」として確立されるのは、「幕末方言ヒーロー」が立ち上がった大河ドラマの原作・司馬遼太郎『竜馬がゆく』(一九六二―一九六六)の登場まで待たなければならなかったようだ。

しかし『竜馬がゆく』の「龍馬」も、本節の冒頭で確認したように、最初から「方言キャラ」としての立ち位置が決まっていたわけではなく、物語作品の中でヒーローとして「成長」していくにしたがい、「方言キャラ」としての立ち位置が確立されていったようにみえる。

高度経済成長期のただ中に執筆された原作『竜馬がゆく』は、「いかにも戦後的な開放感をもって、竜馬像が民衆の信条に即しつつ闊達自由」(嶋岡晨、二〇〇二)に描かれたものとして定評があり、こんにちの坂本龍馬像を確立させたものとされる。

単身江戸に乗り込んだ新しいヒーローに「方言」のセリフを与えた司馬遼太郎の手法

は、高度経済成長を支える上京青年たちの時代の気分をあざやかにくみとったものといえる。それぞれの「方言」をもつ上京青年たちが、「土佐弁」を話す「方言ヒーロー・龍馬」に自分を重ねつつ、「方言ヒーロー」の活躍するこの作品を熱く支持しただろうことは想像に難くない。

歴史研究者の視点からも『竜馬がゆく』は、次のような意味をもつ作品として位置づけられている(成田龍一、二〇〇三)。

近代日本の出発点としての明治維新の必然性が躍動的に描かれ、坂本竜馬は組織(＝藩)におさまりきれない個性をもった存在とされ、経済に着目する竜馬が主題化されました。背景には、高度経済成長の時期の日本への「期待」や「明治百年」への呼応があったでしょう。

一九七〇年代には、日本語社会において、「方言」を「個性」の象徴としてポジティブにとらえる見方が広がりつつあったことは、第2章において当時の新聞記事や投書からみてきた通りである。

「組織におさまりきれない個性をもった存在」である「龍馬」の作品中での「成長」にしたがい、司馬遼太郎が「方言」を与えていったのは、意図的かどうかはともかく、新しいヒーロー像を確立するひとつの方策となったとみていいだろう。「方言ヒーロー・龍馬」の「成長」と確立は、「方言」を「個性」とみる時代の気分の先取りであったとも捉えられる。

こうみていくと、こんにちの「方言キャラ」としての「龍馬」は、司馬遼太郎『竜馬がゆく』において「成長」、確立し、大河ドラマ『竜馬がゆく』によって、一般にむけて広くそのイメージが定着していったものと考えられる。大河ドラマ『竜馬がゆく』は、原作小説の中において確立された「方言キャラ」としての「龍馬」像を映像と音声にのせて、日本語社会の中に拡散させていくという機能を果たした。

「龍馬」といえば「土佐弁キャラ」、というこんにちでは誰も不思議にも思わないこの結びつきは、高度経済成長期における上京青年の言語使用状況や気分と並行的に原作小説と当時の高視聴率番組によって形成されてきたもので、それこそが「役割語」セオリーにおけるヒーローのセリフは「共通語」、という枠組みからはみだした新しいヒーローとしての「方言キャラ・龍馬」の誕生物語といえるだろう。

この「方言」を与えられた新しいヒーロー「龍馬」には、「共通語」と「方言」のバイリンガル話者となりつつあった高度経済成長期の上京青年たちだけでなく、大学進学率の高まりとともに急増していた各地の大学浪人生などが自己を重ねただろうことが想像される。ある意味、時代が求めた新しいヒーロー像が凝縮された結果が「方言キャラ・龍馬」だといえるかもしれない。

第5章
メディアと方言

放送はいつ方言を取り入れたのか――NHK「方針」の変遷を読む

創作物におけるヴァーチャル方言の用いられ方のひとつとして、第4章では、NHKの大河ドラマと連続テレビ小説を素材に「ドラマ方言」の変遷をたどった。

その中から、ヴァーチャル方言の地域用法が前景化しにくい時代物では、「方言」が特定のキャラと結びつきやすい傾向を、大河ドラマの幕末物に登場する「坂本龍馬」「西郷隆盛」「勝海舟」などを例にみてきた。特定の人物が「方言キャラ」化するには、単にその人物が「地方」出身であるだけでは不足で、「野」や「泥臭さ」といった「方言」にみあうようなステレオタイプを呼び起こすキャラという条件が必要であることも、幕末方言ヒーローを例として、みてきた通りである。

また、大河ドラマにおいて、最初の「方言キャラ」として登場した「坂本龍馬」を主人公格とする小説類にあらわれる「龍馬」のセリフを刊行順にみていくことによって、ドラマとは異なる小説という創作物における「方言キャラ」の誕生過程もみてきた。明治期の坂崎紫瀾『汗血千里駒』にはじまり、戦後までの間、龍馬物は数多く執筆されたが、「龍馬」が「方言キャラ」として明確に位置づけられるのは、高度経済成長期に執筆された司馬遼太郎『竜馬がゆく』を待たなければならなかった。
「龍馬」を作品の中で「方言キャラ」として「成長」させ、「方言ヒーロー」という立ち位置を与えた司馬遼太郎のセリフ造形が意図的なものであったのか否かについて知ることはむずかしいが、高度経済成長期以降の日本語社会に生まれつつあった「方言」を「個性」とみる感覚が、「方言キャラ」という新しいヒーロー像と結びついた結果、「幕末方言ヒーロー・龍馬」が誕生したのだ、といえるだろう。

ここでは、もういちど「ドラマ方言」の話に戻りたい。ヴァーチャル方言である「ドラマ方言」は、創作物としての演出意図を反映し、作り出されるものである。一方、「ドラマ方言」は、「放送」という公共の電波を用いたマス・メディアの方針に従う、という側面ももつ。「放送」というメディアにおけることばの取り扱い方の方針は、その時々のことばに対する日本語社会のスタンスを反映するものとみていいだろう。

放送番組の制作態度の背景には、放送で用いることばについての基本方針が強く関わる。ここでは、主にＮＨＫを例として、放送における「方言」使用についての考え方の変遷をみていく。一般に、民放はＮＨＫに比べ使用言語についての規制がゆるやかな傾向があるとみられており、「方言」についても同様の傾向だと思われる。また、娯楽系方言番組については民放が先導的で、教養系方言番組についてはＮＨＫが先導的という傾向もあると推測されるが、よきにせよあしきにせよ、ＮＨＫをもって「放送のことば」のスタンダードとみるのが世間一般における平均的な受けとめ方と考え、NHKの変遷を日本語社会における大きな傾向の変遷とみていくことにしたい。

NHKの「方言」に対する基本方針

NHKによる最初の放送用語基準とされる『放送用語の調査に関する一般方針』が策定されたのは一九三五(昭和一〇)年。一九二五年にラジオ放送がはじまってから一〇年が経過している。放送で使用することばについての管理検討を行なう放送用語並発音改善委員会(主査:岡倉由三郎。現在の放送用語委員会の前身)が、草案を経て決定稿として策定したものである。そこでは、全国放送、ローカル放送を問わず、放送で用いることばを「全国中継アナウンス用語」あるいは「共通用語」と呼ぶ一種類とし、「総則」の「三」において、次のようなものと規定している。なお、引用に際して、漢字は現行字体に置き換えた。仮名づかいは原則そのままとした(〔 〕内は筆者)。

共通用語〔=全国中継アナウンス用語〕は、現代の国語の大勢に順応して、大体、帝都の教養ある社会層において普通に用ひられる語彙・語法・発音・アクセント(イントネーションを含む)を基本とする。

放送のことばとしては、こんにちでいうところの全国共通語がふさわしいとしており、これが、現在の話しことばにおける「全国共通語」「標準語」といえば、ＮＨＫのアナウンサーの話すことば、と多くの人が思う下地になっているといえる。

「方言」については、「総則」で「四　共通用語と方言の調和をはかる」としているものの、その具体策は示されず、「語彙」と「発音」について次の二点が加えられているにとどまる。

二　語彙の調査に関する方針

三　古語・方言は、これを適当に採りいれて語彙を豊富にすること。但、その発音とアクセントは共通用語の体系に従ふ。

四　発音の調査に関する方針

九　共通用語と方言における発音の対応(特に重要なもの)について、その特異な点を明かにすること。

一九七五年時点での記述であるが、「この一般方針の精神は、現在も生きている」(ＮＨＫ総合放送文化研究所編、一九七五)とされている。そこでは同時に、「放送の中での方言の扱い」として、「笑いの対象、侮べつ的対象」としないこと、「不必要な価値意識や差別意識が顔を出すことがないように」としており、方言の将来に対してはNHKが方言保存運動を積極的にするともしないとも方針は定めないことが確認されている。その後については、大きな変動があったという記述は確認されないことからも、こんにちにおけるスタンスもおおむねこの「一般方針」ならびにNHK総合放送文化研究所編（一九七五）における「放送の中での方言の扱い」に従ったものとみることができるだろう。

ただし、この「一般方針」は草稿段階では「方言」を放送のことばとして使用することに対して決定稿に比べかなり積極的で、その態度が英国BBCを規範としたことによるものであったらしいことが、先行研究において示唆されている。草稿と決定稿との「方言」に対する態度の違いとは次のような部分である。

草稿と決定稿を比較すると、草案では、ローカル放送における方言放送の構想や方言アクセントの調査も提案されていた。（塩田雄大、二〇〇七）

ここにあらわれる、「全国放送＝全国共通語」「ローカル放送＝方言」という放送範囲によって別々のことばを用いる考え方は、一九六〇年代以降盛んになる「放送とことば」についての議論にしばしば登場してくることになる。また、決定稿の「総則」の「二　語彙の調査に関する方針」で示された「三　古語・方言は、これを適当に採りいれて語彙を豊富にすること」についても、どの方言からどの程度どのように取り入れるのか、ということについて、やはり一九六〇年代以降の議論に再々登場してくることになる。以上から、NHKが放送のことばとして「方言」をどのように取り扱うか、という問題のほとんどは、最初の「一般方針」策定時にすでにあらわれていたものであることがわかる。

この「一般方針」で示された「共通用語と方言の調和」という理念の時代の変化に即した具体化をめざし、いくたびかの変革期を経て、こんにちの水準を示すようになったものと思われる。

NHKの「方言」に対する態度の変遷

NHKの「方言」に対するスタンスの変遷をみるために、NHKの放送用語の管理検討組織を含む研究所の刊行する月刊誌である『文研月報』(NHK総合放送文化研究所・放送世論調査所、一九五一年〜一九八六年)とその後継誌『放送研究と調査』(NHK放送文化研究所、一九八七年〜二〇一〇年八月号)全号を対象に、年代によってどの程度「方言」に関連した記事が掲出されているか、件数の推移をみた(図5-1)。

図5-1からは、一九五〇年代にも「方言」についての記事はあらわれるものの、一九六〇年代に急増し、一九七〇年代にかけて高水準で推移していることがわかる。この

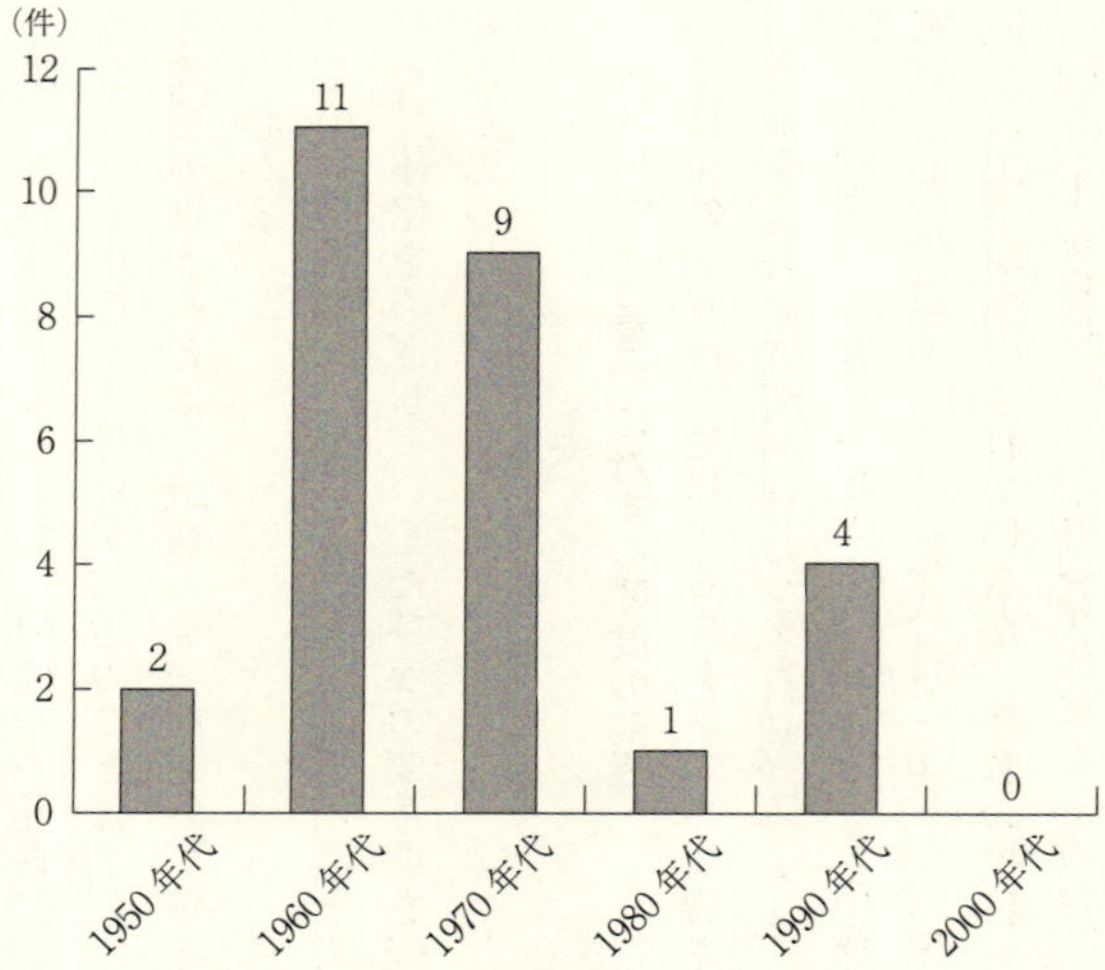

図 5-1　「方言」関連記事件数の推移（『文研月報』『放送研究と調査』1951年1月～2010年8月）

一九六〇年代から一九七〇年代にかけての時期が、ＮＨＫとして「方言」に対するありかたをもっとも強く模索していた時期とみることができる。

記事の内容は、一九五〇年代から一九六〇年代前半までは、ＮＨＫによる方言収集事業（日本放送協会『ＮＨＫ全国方言資料』一九五九年～一九七二年）にかんするものが中心で、この時期は基礎資料として方言を収集した「方言収集の時代」とみることができる。方言収集事業については、本土方言の収集事業に少し遅れて、琉球方言収集事業がはじまったことが記事から確認される。

一九六〇年代後半に入ると放送のことばに「方言」を採用することについての是非を問う特集があらわれる。これは大きく分けて「未完成の共通語を方言で補完する」「放送のことばをバリエーション豊かなものとするために方言を部分的に取り入れる」という二つの考え方によったものである。この二つの考え方は、一九七〇年代にかけても繰りかえし提示され、折々において検討される課題となる。

一九六〇年代後半には、「方言」記事とは別に、地域性について政治・文化・経済・交通などさまざまな角度から調査研究した「ローカリティー研究」記事も多出するようになり、「地方」に対する注目が高まっていた時代背景がうかがえる。

「方言」取り入れ方模索の時代

一九六〇年代後半から一九七〇年代にかけては、有識者や視聴者を招いて放送に「方言」を取り入れる方策を検討するシンポジウムを頻繁に開催すると同時に、有識者・視聴者を対象としたアンケートや、民放を含めた「方言番組」の実態調査などを行なっている。これらからこの時期をNHKにとっての「「方言」取り入れ方模索の時代」とみることができる。

「方言」関連のシンポジウムは、京都市で開催された「座談会　京ことばを考える」

（『文研月報』一七(四)、一九六七)を皮切りに、大分市における「シンポジウム　放送のことばと方言」(『文研月報』一八(五)、一九六八)、鹿児島市における「研究発表と講演会　方言の今と昔　その将来を考える」(『文研月報』二二(二)、一九七二)と、短期間に三回も開催されている。

ところで、この「「方言」取り入れ方模索の時代」の幕開けとなる一九六〇年代とは、放送局にとって、一体どのような時期であったのだろうか。一九五〇年代から一九六〇年代のことばにかんする新聞記事をみると、戯曲、映画、ラジオやテレビドラマなどにおけるヴァーチャル方言についての議論が高まっていた時期であったことがわかる。とりわけ、ヴァーチャル方言に対する「意見」が示される場合、そのほとんどが、「方言」の不正確さ、不自然さ、いいかげんさを糾弾するものであり、文部省までも巻き込んだ議論にもなっていたようなのである。

以下、一九五〇年代から一九六〇年代のヴァーチャル方言にかんする新聞記事をいくつか示す。中には、脚本家や作家、俳優、研究者による「方言」にかんするエッセーやコメントも含まれる。一九七〇年代も引き続き同様趣旨の記事はあらわれるものの、ここで示す一九六〇年代までにおける記事のスタンスとほぼ変らないものであるため、省略する。

- 「方言の問題　戯曲を書く立場から」（一九五二年八月六日　朝日新聞・夕刊・学芸面［木下順二］）
- 「「ラジオ・ドラマ方言」　泣き声にさえも不自然さが…」（一九五六年一〇月一四日　朝日新聞・九面「私のきいた番組」［曽野綾子］）
- 「方言に食われる標準語　ひどい放送、脚本　文部省「話し言葉」で再検討」（一九五八年六月一六日　産経時事新聞）
- 「舞台の方言」（一九六一年九月一一日　読売新聞・夕刊「随想」［水谷八重子］）
- 「テレビ　ところ変ればしな変る　とんでもない「方言」で」（一九六二年一一月一日　産経新聞・大阪版）
- 「遊戯化される言葉　新語・方言ブームとマスコミの罪悪」（一九六四年八月八日　読売新聞・大阪版・文化面［楳垣実］）
- 「乱れのひどい方言ドラマ」（一九六六年一月七日　朝日新聞「波」）
- 「テレビや映画にニセの方言　柳田泉氏が指摘」（一九六六年八月二一日　朝日新聞「立ち読み」）
- 「ドラマと正しい方言」（一九六七年九月一一日　毎日新聞・夕刊「ポイント」）
- 「いいかげんな「方言」」（一九六七年一〇月一三日　西日本新聞「中継車」）
- 「方言ドラマ作りの舞台裏　タレントは四苦八苦　多い西日本地方の登場」

・「方言は有効正確に使え」
（一九六七年一二月一六日　西日本新聞・夕刊）
（一九六九年四月二二日　読売新聞「茶の間席」）

投書においても記事同様、一九五〇年代から映画、ラジオやテレビドラマにおける方言の「でたらめさ」や意図的な誇張を批判するものがあらわれ始め、一九六〇～一九七〇年代になると頻繁に登場する、いわば投書欄の定番の話題となっていることがわかる。

以上を踏まえると、一九六〇年代から一九七〇年代が「「方言」取り入れ方模索の時代」であったのは、一九五〇年代から高まった「不正確な」ヴァーチャル方言に対する批判に耐えうる具体的な「回答」を、NHKがせまられていたためであったと推測される。

NHKは、具体的な「回答」の学術的説明のために有識者を、一般視聴者の意見を汲んだ結果であるということを示すために一般視聴者をそれぞれ招いて、シンポジウムを地方で度々開催したのだと思われる。有識者や視聴者を対象としたアンケート調査の実施も同様の考えに立ったものと考えられる。

この時期における「放送のことばに方言を取り入れよう」という動きは、NHKサイドとしても、一連のシンポジウムに参加した有識者サイドとしても、かなり強いものであったようすがうかがえる。

一九七五年には「現在の放送のことばのなかに、実際に方言を取り入れることができるかどうか。できるとすればどんな方言があげられるか」というテーマで東京都を除く全国各県の男女九二人にアンケートを実施し、一九七五年一一月から一九七六年五月までの間に、詳細な結果報告を二回、その結果を受けた有識者による「方言と放送」と題した「座談会」記事を一回掲載している(『文研月報』二五(一一)、二五(一二)、二六(五))。

「方言と放送」の「座談会」では、出席者のひとりであるNHK教養番組チーフディレクターが「(方言を効果的に取り入れ、若者などに人気が出ているような)そういう現象は、放送より一足先に一部の人たちの間にあるんですけれども、もうちょっといろんな試みを、実験的な段階でも、放送でわれわれにやらせてもらえないだろうかということはあります。おおいに意欲はあります」と発言しており、「放送のことば」に「方言」を積極的に採用したいという考えがここからも強くうかがえる。

このアンケートの回答者の男性は「各地在住の方言の研究家」、女性はほとんどが「NHKの朝のテレビ番組「奥さんごいっしょに」の奥さんレポーター」と性によってかなり回答者の層が異なるものとなっているものの、回答が量的に示されていないので、はっきりとはいえないが、示された自由回答の傾向をみると、二つのグループによる差異はさほど認められないようだ。つまり、アンケートが実施された一九七五年時点においては、「方言研究家」も「奥さんレポーター」も「放送のことば」としての「方言」

に対するスタンスに大きな意識差はなかったということが推測される。回答は、「方言」を「取り入れるべきではない」「微妙な問題だ」「取り入れるべきだ」「その他」にまとめられている。そこで取り上げられている代表的な回答を数例ずつ以下に示す(〔 〕内は筆者)。

●「取り入れるべきではない」

「国語の混乱を招くから、しいて取り入れるべきではない」(香川・男)

「ニュースには絶対使用しないほうがよい」(埼玉・男、山形・女など)

「いかにも「方言です」「これを使ったら喜ぶだろう」といったような感じが強いと、イヤミになる」(広島・女)

●「微妙な問題だ」

「識者文化人は方言を取り上げて標準語、共通語に昇格させようなどと言うようであるが、その選択・普及方法いずれもそう簡単にはいかないと思われる」(岩手・男)

「方言は特殊なローカル番組(たとえば民話)か、教育テレビにかぎったほうがよい」(新潟・女)

●「取り入れるべきだ」

「ニュースも場面によっては広域的な方言(たとえば、東北弁・関西弁・九州弁といわれるようなもの)は、(中略)〔字幕や共通語訳を補えば〕効果が出る場合があるのではないか」「字幕を入れてでも方言を使った現地の声を聞きたい場合がある」(千葉・男)

「ローカルニュース、ローカル色の濃い番組」(秋田・女)

「(『竜馬がゆく』『勝海舟』『華岡青洲の妻』などの)ドラマによって徐々に浸透させる」(滋賀・男、高知・男)

「「新日本紀行」のような風土記もの」「ルポルタージュ番組のナレーション」「字幕」(広島・女、埼玉・男)

「「ことばのふるさと」という番組を設け、各地の民話や伝説を方言で放送し、方言語いや発音アクセントにつき解説する」(高知・男)

●「その他」

「その地方の人々の話の内容をうまく引き出し、自然に地方の生活感を出せる地方のアナウンサーが、必要」(宮城・女、三重・女)

「テレビは画面下に注釈を流すということもできる」(青森・女、鹿児島・女)

「ラジオ・テレビで方言を使う場合、その地方の出身者を出演させることが望ましい」(山口・男)

「(その地域の人には不満があり、批判があると思うが)朝のドラマに使っている方言程度でいい」(奈良・男)
「「方言指導○○」という表示」「ほぼ理想的なやり方」(静岡・男)
「方言コンプレックスに拍車をかけるようなとり上げ方をしない」(広島・男)
「特に東北弁に対する考え方がとかくふざけた扱いをしがちなので、見ていて不愉快な思いをすることがあるので、気をつけてほしい、興味本位は困る」(三重・女、奈良・女)

一九七五年時点において、「方言番組」のありかたとしても、メディアにおける「方言」の取り上げ方に対する反応としても、ほぼ意見は出尽くしているという印象を受ける。こんにちからみると「取り入れるべきだ」という意見の多さが目を引くが、この結果を受けて、「座談会」出席者のひとりである金田一春彦は「アンケートの何人かは、「方言を入れるな」と言うんですね」「報告を読んで水をかけられたような感じがいたしました」(「方言と放送(座談会)」『文研月報』二六(五)、一九七六)と、「取り入れるべきではない」という逆の意見の存在に強く反応している。

ローカル放送における「方言」使用については、一九七九年にNHK総合放送文化研究所と同放送世論調査所によって実施された全国一六歳以上の男女二六三九人から回答を得た無作為抽出調査「ことばに関する意識」で次のように質問している(NHKことば調査グループ編、一九八〇)。

「地方向けの放送で、季節の話題や身近な暮らしの話題を紹介する場合、標準語で放送するのと、この土地のことばで放送するのとでは、どちらがよいと思いますか」という質問に対して、全体では「標準語で」(四七%)、「標準語と方言をまじえて」(四五%)、「方言で」(七%)となっており、また次のような年齢差がみられた。五〇代以上は「標準語で」が多いのに対して、四〇代以下では「方言をまじえて」が多く、一〇代後半の女性においては「方言をまじえて」が圧倒的に多いという結果になっている。一九七〇年代末において、一〇代女子の「方言志向」がすでに明確なものとなっていることがわかる。この結果をNHKサイドでは「近年の方言見直しの動きに呼応したものとみてまちがいないと思います」と解釈を与えており、以降のスタンスにも影響を与えたと思われる。

「ドラマ方言」に対する基本スタンス

NHKの「方言ドラマ」においては、先にみたように一九七〇年代半ばには「方言指導」が取り入れられ、一九八〇年代には必須のものとなっていった。この背景にある考え方は、模索の時代のただ中である一九七六年に開催された座談会「方言と放送」における金田一春彦の発言に明確に示されている。こんにちに至るＮＨＫにおける「ドラマ方言」の方向と水準を決定づけた考え方といっていいだろう。

すなわち、ＮＨＫで用いる「ドラマ方言」は、木下順二的な各地の方言をパッチワークしたどこの地域のものでもないヴァーチャル方言である「どこにでもあるという意味で、どこにもないことば」(木下順二、一九八二)でも、事実に基づかないいいかげんなものでもない、学問的事実に基づいた方言的特徴を共通語に適宜取り入れたものとする、というスタンスである。通用範囲の狭い地域独特の方言語彙である俚言をなるべく使用しないという方針もここではっきりと示されている。

私は木下さん(筆者注：木下順二)の方法には反対ですね。(中略)ＮＨＫが、ある地方を舞台にしてその方言をしゃべらせようとするならば、もっと忠実に、その地方のことばに近いものでなければ、私はいけないと思います。ただ、その地方のことばをそのまま写したんでは、全国に放送する場合には通じませんね。今、実際に地方に行ってみますと、その地方のことばと共通語のミックスしたようなものでしゃべっていますよ。ですから、その地方のことばを基準にしながら、ほかに通じそうもないところは中央のことばの色合いを入れたことばでしゃべるべきなんじゃないでしょうか。木下さんのドラマを見ておりますと、あるものは東北の要素を入れ、あるものは九州の要素を入れている。行き方としてはおもしろいですけれども、NHKがああいう方言でやったらば、よほど笑わせる番組でなければいけないと思うし、そういうことで笑わせてはいけないと思うんです。

（「方言と放送（座談会）」金田一春彦の発言、『文研月報』二六（五）、一九七六年五月）

一九七〇年代半ばの特色としては、「方言番組」にどのようなものがあるのかについて示す記事があらわれていることも指摘できる。一九七六年六月の『文研月報』には「風土・言葉・放送――方言から得るもの」、同年一二月には「方言は番組にどのように取り入れられているか」と、「方言番組」の「実態調査」についての記事が立て続けに掲載されており、NHKとして番組にどのように「方言」を取り入れるべきかの検討が集中してなされている印象を与える。

そこでは、民放における上方のタレントを司会に起用した「関西弁」ベースの「デート番組」の成功や、NHKローカル五三局と首都圏・京阪圏を除く地域の民放のラジオ・テレビの自社制作番組の実態が報告されている。京阪圏を除いた調査であるため、地域としては九州・沖縄局制作のものが非常に多く、ついで東北地方の局によるものが多いことが指摘されている。

後者の実態調査から、「方言番組」のタイプを次の三つに分類しており、NHKと民放の傾向性の違いなどについても言及している。

《「方言番組」の分類》(『文研月報』二六(一二)による)

(a) 方言を番組の素材(話題)として取り上げる→「NHKに多い」
(b) 方言で作られた作品(民話、ことわざ、狂句、にわかなど)を取り上げる
(c) 方言を番組作りの手段として使う→「民放に多く見られるタイプ」

(1) ディスクジョッキー、電話リクエスト番組など
(2) 対談、トーク、インタビューなど
(3) ナレーション(風土記もの、ルポルタージュもの)
(4) 方言ニュース
(5) 社会番組・農事番組
(6) 対比のおもしろさをねらった娯楽番組
(7) 中継車などで各地をめぐるアクセス番組
(8) 方言ドラマ

「方言番組」における方言の程度については、「方言をそのまま」のレベルから「文末詞や、アクセント、イントネーションを生かす程度」、「適宜使い分ける」から「番組の

マクラ」や「番組名」としてのみとまちまちで、「方言」が会話として用いられる場合においては「エリア内に共通なことば」「県の中心部(県庁所在地周辺)あたりの方言をベースにしたもの」が中心と報告されている。一九七六年における実態調査からは、「方言番組」のバリエーションは、ほぼこんにちの状況と等しいものになっていることがわかる。

「方言番組」のレギュラー出演者の傾向として「郷土芸能・文芸関係者」「四〇歳〜七〇歳代」「男性」ということが指摘されており、とりわけ「男女二人で番組を進めている場合、アシスタント役の女性のほうは共通語」という指摘は興味深い。こんにちでもこの傾向はないわけではないが、一方、二〇〇〇年代には、方言を話す女子に「萌える」というコンセプトが存在する段階にも到達しているわけで、この間、約三〇年必要だったことになるわけだ。

ちなみに、日本民間放送連盟の機関月刊誌である『月刊民放』で、ここで問題としたような放送の「方言」をどのように取り入れるべきか、ということをテーマとして初めて組まれた特集は、一九八一年六月号「特集　地域ことばと民放」で、NHKの「「方言」取り入れ方模索の時代」ののちであることがわかる。

「未完成の共通語を方言で補完する」

では、「「方言」取り入れ方模索の時代」のもうひとつのテーマ、「未完成の共通語を方言で補完する」という側面についての取り組みはどのようなものであったのだろうか。「未完成の共通語を補完する」ための「方言」はどこのものでもよいというスタンスではなかったようだ。一九六七年に開催された最初のシンポジウム「座談会　京ことばを考える」の表現を用いれば、それは「一〇〇〇年の王城の地である京都のことば」であった。「座談会」の冒頭で主催者であるNHK側から示された開催の目的を引用する。

①まず、長い間、日本語の標準的なことばとされていた「京ことば」の魅力がどこにあるかをさぐり、②美しい方言のひとつであるこの京ことばを共通語の中にどう生かしうるか考え、③さらに日本語の将来についても論究しようというものである。

（「京ことばを考える（座談会）」『文研月報』一七（四）、一九六七年四月）

京都方言を共通語補完の第一候補方言として取り上げるスタンスは、明治期・標準語策定を模索した時期に執筆された三宅米吉の「くにぐに　の　なまり　ことば　に　つきて」（一八八四［明治一七］）において、「京都方言」が標準語候補として提示されたことと重なってくる。

他の方言については、大分や鹿児島で開催されたそれぞれのシンポジウムでの主題からもうかがえるように、「共通語」の補完素材としての取り入れの意図はなく、「放送のことばのバリエーションを豊かにする」目的で、方言を用いたローカル放送の是非、ドラマや演芸番組への方言の取り入れ方、当該地域の生育者ではないアナウンサーが当該地方言を使用することの是非といった問題の検討が中心となっており、「京ことば」は、これらとは異なる特別な位置づけであったことがわかる。

一九八〇年代の「方言」に対するスタンス

一九八〇年代に入ると「方言」記事の件数が激減しているが、これは模索の時代を経て、NHKの「方言」に対するスタンスがおおむね固まったため、といえるだろう。第4章でみたように、このころから、「方言ドラマ」に「方言指導」が必須化され、クレジットロールでの掲出形式を含めたフォーマットが固まっていったことが、そのことを裏付けている。

「ドラマ方言」の方針と水準以外においても、NHKの「方言」に対するスタンスが一九八〇年代半ばまでには大きく変貌していたことは、井上ひさしの対談における次の発言からも確認できる。NHKにおいて初めて方言字幕がついたことで知られる、井上が原作のマルチ方言ドラマ『國語元年』にからんでの発言である（〔　〕内と傍線は筆者）。

〔井上自身がNHK「青年の主張」の構成作家をしていた際、出場者のスピーチに方言が入っても内容が心を打てばいいではないか、という主張をしたものの、「皇太子が出席するから」という理由で、NHK制作サイドから却下された、というエピソードを紹介したあとで〕それから三十年たって、『國語元年』という連続ドラマをNHKに書くことになりました。津軽方言、南奥方言、江戸下町方言、名古屋弁、京都言葉、大阪訛り、山口弁、鹿児島訛りと七つも八つも方言が出てくる話で、泥棒などは会津弁をしゃべる。これは企画の段階でポシャるだろうと思っていました。ところがNHKの反応はまったく意外で、なぜそんなことを作者が気にするのかわからないという雰囲気なんです。つまりそのときには、あんなに強かった標準語を作るという意志が、三十年のあいだになくなっていたんですね。（井上ひさし・平田オリザ、二〇〇三）

一九八〇年代で「方言」について取り上げた記事は、地名の「方言アクセント」の問題にかんする一件のみである。「地名のアクセントは、全国放送では共通語アクセントを用いるが、ローカル放送では地名は地元アクセントを用いてもよい」から、「ローカル放送では地元アクセントで」という方針への転換を模索するものの、実態として困難であることを述べたものである。

一九九〇年代以降の「方言」に対するスタンス

一九九〇年代は一九八〇年代に比して、「方言」記事が微増している。この期にあらわれる「方言」記事のほとんどが一九七〇年代の「方言」記事を再検証するもので、この段階において「方言番組」に対する次なる模索がなされたものと推測される。「お国ことば番組は今(一)」「同(二)」(『放送研究と調査』一九九四年八月号・九月号)として、一九九四年時点における「方言番組」の実態調査を一九七六年調査と比較して報告している。全体的な傾向としては、記事のタイトルが「方言」から「お国ことば」に変っていることの他は、番組のバラエティーや地域による偏り、出演者の傾向いずれの観点からも一九七六年調査の報告と大きな変化はみられないといっていい。ちなみに「お国ことば」という呼び方がタイトルで用いられるのは、この記事が最初で、大河ドラマや連続テレビ小説のクレジットロールで示される「〇〇方言指導」「〇〇弁指導」が「〇〇ことば指導」に統一され、置き換えられはじめた時期と一致している。この時期以降顕著になったNHKにおける「方言」ということばの回避傾向がうかがえる。

一九九五年には「関西弁」を用いた番組の実態調査を報告しており、「関西弁番組」＝「娯楽番組」という傾向を示しているが、これも、一九七〇年代の「デート番組」の流れをくんだものといえる。この期において、一九九二年から一九九四年の間、NHK

ラジオ第一で定時のニュース・天気予報を除いてほぼ一日中関西弁で通すという新しい企画「関西弁でしゃべるデー」が試みられたことと関連するかもしれない。

一九九一年に実施されたNHK第六回言語環境調査では、「ドラマの方言」についての質問を行なっている(安平美奈子、一九九二)。そこでは「なるべく実際の方言に近いことばを」が四八%ともっとも多く、リアルな方言がかなり求められるようになっていることがわかるが、一方で「実際と多少違ってもわかりやすいことばを」も四一%と拮抗している。ちなみに「なるべく方言は使わない方がよい」は六%と非常に少ない。

「ローカル放送」で用いることばの問題は、一九九〇年代の記事でも取り上げられている(塩田雄大、一九九九・一二)。NHKが行なった一九九九年調査の結果として「共通語で」が四九%でもっとも多い。「方言で」は八%と少ないが、「共通語と方言をまじえて」となると四〇%と「共通語で」に迫る。この質問については、年代差と性差、地域差がうかがえ興味深い。年代差は、調査当時四〇代(一九五〇年代生まれ)以上は「共通語で」が優勢なのに対し、三〇代(一九六〇年代生まれ)は「共通語と方言をまじえて」が優勢、二〇代(一九七〇年代生まれ)は「共通語で」と「まじえて」が同率となっている。性別では「男性」より「女性」、地域では「町村部」より「市部」「大都市圏」で「まじえて」「方言で」が多い傾向がみられる。「ローカル放送」で「方言」をという意識は、若い層や女性、都市部で強い傾向がみられる。「方言コスプレ」に代表されるような「方言おもちゃ化」をポジティブに捉える層と重なっている点も興味深い。

二〇〇〇年度には、四月から一年間かけて各地の方言研究者と出身者のタレントを招き、全国四七都道府県の「方言」を紹介する番組『ふるさと日本のことば』がＮＨＫ教育テレビで放送されたが、二〇〇〇年代の「方言」記事は〇件となっており、ある種の安定期に入ったらしいことがわかる。

このように、ＮＨＫの「方言」にかんする方針の変遷をみてくると、一九七〇年代までの「「方言」取り入れ方模索の時代」あたりまでは、ＮＨＫが「放送」の「ことば」で日本語社会をリードする、というスタンスがあったようにみえる。これは、井上ひさしが一九八〇年代をふりかえって述べた「あんなに強かった標準語を作るという意志が、三十年のあいだになくなっていたんですね」(井上ひさし・平田オリザ、二〇〇三)という発言と呼応するものに思える。

かたや「方言」に対するスタンス、かたや「標準語」に対するスタンスという違いはあるものの、一九五〇年代から二〇〇〇年代におけるＮＨＫの「方言」に対するスタンスの変遷からうかがえたのは、ＮＨＫが、あるいは「放送」が日本語社会の「ことば」を「リードしよう」というスタンスから、視聴者の意向や志向に「あわせる」というスタンスへの移行である。「わかりやすさ」を求める時代に「あわせる」というスタンスへの移行ともいえるだろう。

新聞と「方言」

放送と「方言」についてはこれまでみてきた通りである。ここでは、新聞にあらわれるヴァーチャル方言を「地域性」や「地元性」のアピールという観点からみていきたい。

新聞には、全国紙と地方紙、スポーツ紙、その他の政党新聞など特定の団体による新聞や子ども新聞などさまざまなものがあり、紙面も全国面と地方面などがあるが、それぞれ、程度の差はあるものの、記事のリアルさやアクセントなどの表現効果をねらったヴァーチャル方言の使用がみられる。

インタビューにおける発話を直接話法で示す際に「方言」を使用したり、地域性豊かな行事や名産品などの「方言」による固有名詞をアイコン的に使用したり、見出しなどで「方言」語彙を「　」や〃　〃で囲み、視覚的にもアクセント的用法であることを明示したりして使用するような用法である。

中には、九州地方の地方紙や全国紙地方版などの紙面にみられるように、「知名士」(名士、地域で名の知られた人)のような地元の人が方言だと「気づかない方言」が意図せず紙面に出現することもあるが、新聞にあらわれる「方言」の多くは、表現意図をもった意識的なヴァーチャル方言の採用である。

新聞における地域性は、このように、「記事」での「方言」の使用という観点からみていくこともできるし、掲載されている「新聞マンガ」という観点からもみていくことができる。

ここでは、新聞マンガのタイトルにあらわれるヴァーチャル方言を「地域性」「地元性」のアイコンと捉え、そのあらわれ方の傾向をみてみよう。

「新聞マンガ研究所」(岡部拓哉〈http://www.shinbun-manga.com/〉、二〇一一年三月二八日最終閲覧)の「新聞マンガデータベース」(新聞一覧／作者一覧／タイトル一覧)を用いて、タイトルに「方言」「地域に結びついた名産、著名な行事・組織」「地名」があらわれる新聞マンガを地域ごとに示したものが表5-1である。「新聞マンガデータベース」は、五つの全国一般紙、九三の地方紙、一二のスポーツ紙、一三のその他政党等の特定団体の発行する新聞やコミュニティー紙や子ども新聞を対象としている。

地域性を示すタイトルをもつマンガを掲載する新聞は、基本的に地方紙で、全国紙には地域性を示すタイトルはあらわれにくく、「方言」をタイトルに含むマンガはまったくあらわれない。また、地方紙といっても、地方紙ならば全国どこにでもあらわれるというわけではなく、地域的な偏りも大きい。この表からは「沖縄」「九州(鹿児島、福岡)」「高知」に多くあらわれていることがわかる。「方言」をタイトルに含むマンガの出現は、「沖縄」「九州」「高知」の三地域にほぼ限られ、東日本では『伊豆新聞』における「静岡方言」をタイトルに含む「そうずら君」だけである。

表 5-1　新聞マンガにあらわれる地域性

（岡部拓哉「新聞マンガ研究所」新聞マンガデータベースに基づく．筆者調査による改変あり）

	掲載紙	タイトル	作者	掲載時期
北海道	函館新聞	函館ルネッサンス	おおた美登利	1997-連載中
東北	東奥日報(青森)	ねぶたマンのあおもり探検	くれみちげん	1999-2005
	秋田魁新報	秋田名物！きりタン君	こうまそうすけ	2002-連載中
	山形新聞	はながさ君	木崎征夫	1975-1975
関東	読売新聞(東京)	オーイ都民くん	はざまえいじ	1977-1977
	読売新聞(東京)	東京パンチ	富永一朗	1978-1979
	神奈川新聞	輝け!!ベイスターズ	はた山ハッチ	2003-連載中
中部	伊豆新聞	そうずら君	秋竜山	1991-連載中
	中日スポーツ	おれたちゃドラゴンズ	くらはしかん	1993-連載中
近畿	丹波新聞	たんばがくえん	細見ひろし	2003-連載中
中国	夕刊みなと(1969年～山口新聞)	下関ウロチョロ	富山ヨシヒロ	1960-連載終了(終了年月日不明)
四国	高知新聞	フクちゃんとせんきょの高知	横山隆一	1949-1949
	高知新聞	いごっそう	カワシマサブロウ	1956-1956
	高知新聞	土佐珍聞　えものがたり	たどころのりあき	1980-1980

	高知新聞	やっちゃれ元太	青柳裕介・はくしょみのる	1980-1981
	高知新聞	りょうま君	杉本カズオ	1990-2000
	高知新聞	きんこん土佐日記	村岡マサヒロ	2004-連載中
九州	フクニチ新聞	筑紫ン坊	うえやまとち	1979-1982
	スポーツ報知(九州版)	ピリッとめんたい君	はしもといわお	1998-1999
	鹿児島新報	チングワラどん	平和男	1967-1968
	鹿児島新報	オイドン君	佐藤六郎	1969-1969
	鹿児島新報	日高山伏物語	ツルキ・プロダクション，椋鳩十	1974-1975
	鹿児島新報	からいも戯評	浜崎征人	1985-?(2004年に廃刊)
	鹿児島新報	よかニセくん	へへへのへ	1990-?(2004年に廃刊)
沖縄	沖縄タイムス	わじわじーファミリー	へしきよしのり	1985-1989
	沖縄タイムス	やんばらer	大城ゆか	1998-1999
	琉球新報	かがやけウチナーの黄金言葉	新里堅進	2000-2003
	沖縄タイムス	キジムナーとみゆ	大城美千恵	2003-2008
	琉球新報	沖縄健児隊	新里堅進	2004-2005
	琉球新報	がじゅまるファミリー	ももココロ	2004-連載中
	沖縄タイムス	うぃあーだ中城	あざまかずと	2007-連載中
	沖縄タイムス	ワラビーといっしょ！	下田秀美	2008-連載中
	琉球新報	ウチナー漫評	—	2010-連載中

「方言」をタイトルに含む新聞マンガが頻繁にあらわれる「沖縄」の『沖縄タイムス』『琉球新報』、「九州」の『鹿児島新報』、「高知」の『高知新聞』は、とくに「地元愛」の強い新聞であると思われる。

また、「方言」をタイトルに含むマンガの掲載時期をみると、「九州」と「高知」は一九五〇〜一九六〇年代からと比較的古くより掲載されてきたことがわかる一方、「沖縄」は一九八〇年代以降、とくに二〇〇〇年代以降に多く掲載がはじまっていることがわかる。これは第4章でみたように、「方言ドラマ」において、ヴァーチャル沖縄方言が「本土方言」と同程度の水準で採用されはじめた時期とも一致している。

マンガそのものにおけるヴァーチャル方言の使用例の多いものとして、『琉球新報』掲載のももココロ「がじゅまるファミリー」(図5-2)と『高知新聞』の「きんこん土佐日記」(図5-5)があり、この観点からも、両紙の発行地である「沖縄」「高知」は、「地元愛」にあふれる地域であることがわかる。

『高知新聞』は、そもそもこんにちに続く龍馬物小説の原型をなしている坂崎紫瀾『汗血千里駒』(一八八三)が連載された政治結社「立志社」(板垣退助創立)の機関紙『土陽新聞』から一九〇四年に独立・創刊した地方紙である。

「がじゅまるファミリー」「きんこん土佐日記」は、どちらも主要な登場人物が祖父母世代、親世代、子世代の三世代に渡る。祖父母世代には伝統的な方言語彙を頻繁に与え、親世代、子世代と世代が下がるに従い、「共通語」的なセリフを与えている点が共通している。「共通語」的な子世代のセリフに与えられる「方言」は、文末表現や感動詞、ローカリティーを示す行事や名産といった限定的なものとなっている点も共通する。

また、どちらも「方言」のセリフに対する「共通語訳」が付されることがあるが、「がじゅまるファミリー」においては、祖父母世代の「方言セリフ」には、「共通語訳」がほぼ規則的に併記されており(図5-2)、第3章でみてきた近代文学における沖縄方言の用いられ方と重なってくる。

新聞マンガの観点からヴァーチャル方言をみてみると、近代文学や現代マンガとして

図5-2 「がじゅまるファミリー」2006年1月30日の回(ももココロ〔桃原毅〕『がじゅまるファミリー』第3巻,琉球新報社,2009)

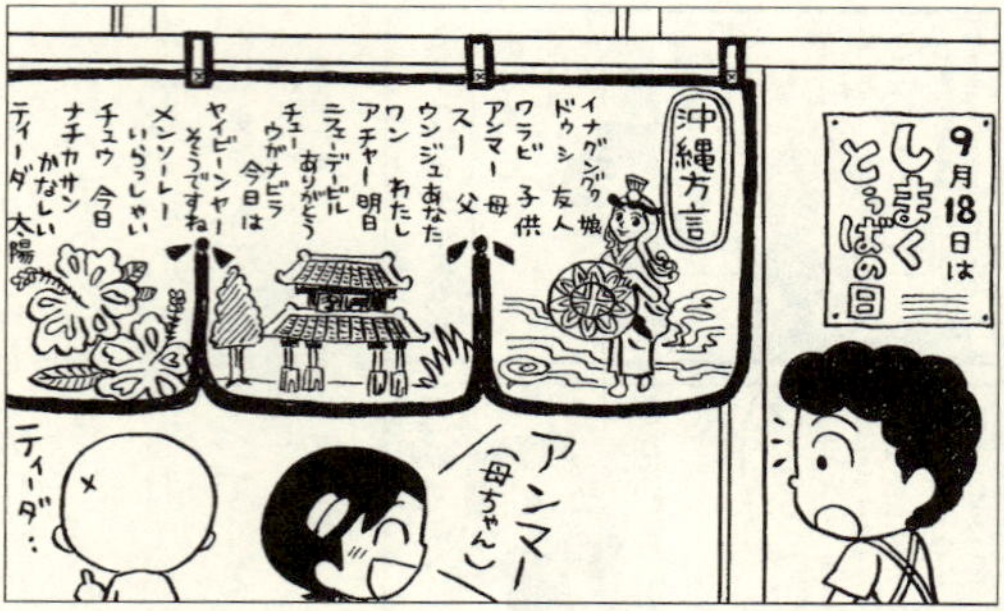

図 5-3　ももココロ〔桃原毅〕『がじゅまるファミリー』第 3 巻(琉球新報社, 2009), 9 月の章扉より

あらわれやすいヴァーチャル方言とは、やや異なる傾向がうかがえた。それは、祖父母世代に与えられる共通語訳付の伝統的な「方言」や、「方言語彙」ネタと呼べそうなカテゴリ(図5-3)をもつなど、「方言学習」的側面をもつことである。これは、近代文学や現代マンガは基本的に全国を市場とした創作物であるのに対し、「方言マンガ」を掲載する傾向の強い地方紙の市場は発行地を中心とする販売域に限られるため、地元への関心を呼びおこす機能が前景化しやすいためだろう。

九州弁、広島弁、土佐弁――「男弁《おとこ》」とマス・メディア

ヴァーチャル方言が日本語社会の中で定着・変容していくきっかけは、メディアとの関わりによるところが大きい。ここでは、メディアとの関わりを中心に、ヴァーチャル方言の定着・変容のある局面についてみていく。ヴァーチャル土佐弁を中心に、「男らしさ」を喚起する「方言」であるヴァーチャル九州弁、ヴァーチャル広島弁を取り上げていくことにしたい。

ヴァーチャル方言が日本語社会の中に拡散していくきっかけとして、テレビドラマというマス・メディアが大きな力をもっていることは、第4章で確認した通りである。司馬遼太郎の小説『竜馬がゆく』(一九六二―一九六六)で確立された「方言キャラ・龍馬」と、「龍馬」が用いるヴァーチャル土佐弁は、大河ドラマ『竜馬がゆく』(一九六八)において、広く日本語社会に行き渡ったといってよい。

ここでは、二〇一〇年に放送されたおなじく幕末物である大河ドラマ『龍馬伝』によって、ふたたびヴァーチャル土佐弁が注目を集めるようになった経緯から、ヴァーチャル方言が、マス・メディアの影響を受けて日本語社会に拡散・増幅していくようすをみ

ていこう。

さらに、ヴァーチャル土佐弁がもつ大きな特徴として、「龍馬」という個人キャラと強く結びつくということが指摘できる。たとえば、龍馬の手紙についての新しい解釈を伝える新聞記事は、「お龍のこと先に知らせたいぜよ」(二〇一一年七月二五日　読売新聞・夕刊・一二面)と龍馬の顔写真付「方言」見出しで伝えるが、話題の手紙そのものに「土佐弁」は使われていない。一方、ヴァーチャル九州弁は、ヴァーチャル土佐弁ももつ「男らしさ」をもっとも強く喚起する「方言」であるが、ヴァーチャル土佐弁のような個人キャラとの強い結びつきは観察されない。両者の違いを形成する背景についてもさぐっていきたい。

ヴァーチャル九州弁については、スポーツの現場における「方言コスプレ」事例がみられること、ヴァーチャル広島弁については、ヤクザ映画のながれをくんだヤンキー語として機能している事例が確認されることなどについても触れることにする。

『龍馬伝』効果によるヴァーチャル土佐弁の「浮上」

『龍馬伝』放送の影響のあらわれのひとつとして、「打ちことば」における「コスプレ」をめざした、ことば変換サイト「もんじろう」〈http://monjiro.net/〉の変換ランキング(図5-4)をみてほしい。「もんじろう」はもともと、ブログのことばの「コスプレ」を

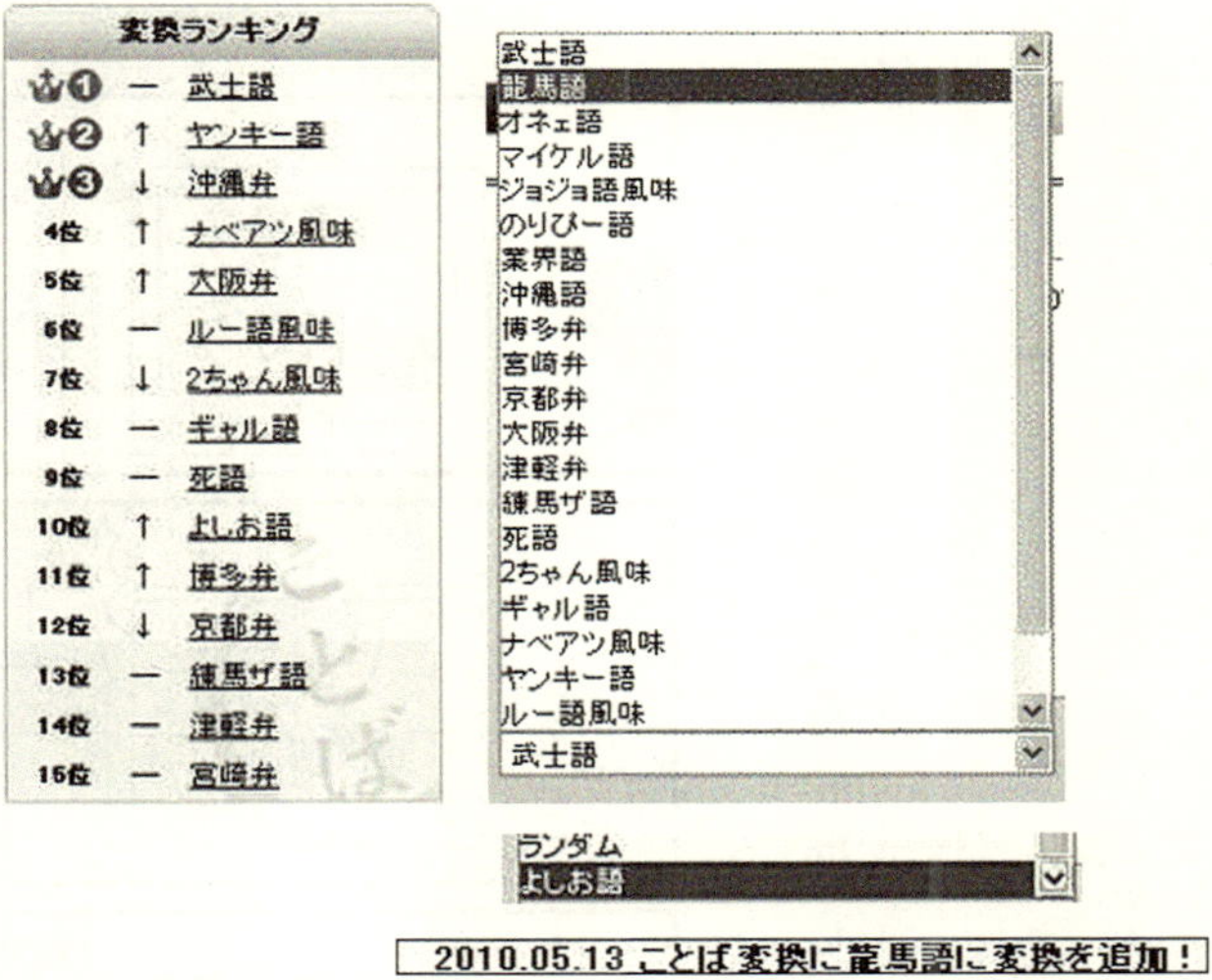

左：2010 年 4 月 23 日閲覧，右：2010 年 6 月 11 日閲覧

図 5-4　「もんじろう」変換ランキング

めざした変換サイトだが、現在では携帯メイルにおける「コスプレ」をめざした変換サイトももつ。

『龍馬伝』の放送開始から四か月未満の二〇一〇年四月二三日時点では変換リストにあらわれていない「龍馬語」が、同年五月一三日に追加されていることがわかる。同年一月に放送がはじまった『龍馬伝』が、大河ドラマ復活といわれるほどの高視聴率をあげ、各所で話題となりはじめたちょうどそのころ、「もんじろう」の変換リストにヴァーチャル土佐弁が「龍馬語」

として追加されたことになる。

ご当地・高知の地方紙である『高知新聞』に連載されている村岡マサヒロ『きんこん土佐日記』(高知新聞社+ART NPO TACO)では、放送開始直後の一月一二日には早くも子どもたちが主演の福山雅治が使うヴァーチャル土佐弁を使うようすを(図5-5)、一月一四日には『龍馬伝』によって浮上した「土佐弁」の人気ぶりをマンガの題材として取り上げ

図 5-5 村岡マサヒロ『きんこん土佐日記』第 6 巻(高知新聞社+ART NPO TACO, 2010)より, 2010 年 1 月 12 日の回

ている。

『龍馬伝』では、最初から主人公の「龍馬」は「土佐弁キャラ」として造形されており、その他登場人物のセリフにも非常に多く「方言」が与えられている。「土佐ことば指導」にはじまり、「会津ことば指導」「御所ことば指導」「京ことば指導」「長州ことば指導」「薩摩ことば指導」と歴代大河ドラマの中でもっとも多くの「方言指導」がついたドラマで、方言時代劇と呼んでもよさそうな番組である。その中でも福山雅治演じる主人公「方言キャラ・龍馬」が用いるヴァーチャル土佐弁が、番組の放送を機会に「急浮上」してきたことがわかる。

第3章でみたように、二〇一〇年一二月に実施した方言イメージについての全国方言意識調査(二〇一〇年調査)の結果においては、「土佐弁」は「男らしい方言」の一角を占める「男弁」という意識が明確にあらわれているが、『龍馬伝』放送前の二〇〇七年調査では、「土佐弁」も「高知方言」も、特定のイメージを結ばない「その他大勢」のヴァーチャル方言であった。

これも、大河ドラマ『龍馬伝』が、日本語社会で暮らす人々の「方言」観に大きな影響を与えた例とみていいだろう。『龍馬伝』放送中の時期に得られた埼玉県生育の男子大学生による以下のコメントは、まさにこのことを証明している。

図5-6　のりつけ雅春「さすらいアフロ田中」(『週刊ビッグコミックスピリッツ』小学館，2010年12月6日発売)における土佐弁コスプレ

「今〔二〇一〇年秋学期現在〕大河ドラマで話されている土佐弁に自分はかなり影響を受けてる」

大河ドラマが日本語社会に与えるインパクトの大きさは、放送開始後に、マンガや広告などにおいてヴァーチャル土佐弁を用いた「方言コスプレ」現象が続々とあらわれたことからもうかがえる。

ギャグマンガの登場人物（埼玉県生育という設定、ふだんは「共通語キャラ」）が貧乏旅行の途中、龍馬像があることでも知られる高知の桂浜で所持金が底をつきつつあることについて「男らしく」キッパリと「土佐弁コスプレ」で言い放つシーンなどがその例となるだろう（図5-6）。この場合、桂浜という「場所」に触発された「コスプレ」とみることもできるので、地域性とのつながりはうっすら保たれているものの、まったく高知とも土佐とも関連性のない場所・もの・場面においてもその使用例は多く確認される。このような地域性のない（または薄い）用いられ方は、ヴァーチャル方言のキャラ用法が前景化した例といえる。

　東京都世田谷区のコンビニエンスストアに設置された高知県、土佐や龍馬ともまったく関係のないカップ麺の店頭ポップなどがその典型だろう（図5-7）。このケースは、ラーメンの「辛さ」が売りのようなので、「辛さ」をヴァーチャル土佐弁がもつ「男らしさ」としてアピールする目的に加え、ズバッと「男らしく」オススメする意識や、流行の「方言」という勢いに乗る意識があいまった「方言コスプレ」を用いた店頭ポップと解釈できる。

図5-7　カップ麺の店頭ポップの「龍馬語」(2011年1月26日，世田谷区内コンビニエンスストア前で筆者撮影)

　このカップ麺は、新宿に本店のある首都圏を中心に店舗を展開する〝体育会系〟のイメージで売るラーメン店の味を再現したものである、ということも男弁イメージの付与された土佐弁が選択された理由のひとつかもしれない。二種類の出汁を宮本武蔵の二刀流にみたてた店舗ネーミングにあらわれた「サムライ」イメージも重なるのだろうが、何にせよ、高知や土佐とは、まったく関わりのないところに「男キャラ」「龍馬キャラ」として土佐弁が用いられているというところに注目したいのである。

ここでみてきた『龍馬伝』とヴァーチャル土佐弁の関係にかぎらず、「方言コスプレ」の参照枠となるヴァーチャル方言は、流行との関わりが強い。たとえば、本節冒頭で確認した「もんじろう」には、九州方言として代表的な「博多弁」に加え、具体的なことばのイメージとしては明確な像を結びにくい「宮崎弁」が変換リストに存在するが、これは、二〇〇七年一月に宮崎県知事(二〇一一年一月任期満了退任)に元タレントの東国原英夫(そのまんま東)氏が「どげんかせんといかん」をキャッチフレーズとして、就任したことがきっかけとなって、ランク入りしたヴァーチャル方言である。

ヴァーチャル土佐弁と「龍馬」

ここで注目したいことはもうひとつある。それは、特定のヴァーチャル方言急浮上のきっかけにマス・メディアが貢献したということだけではなく、ヴァーチャル土佐弁が、「もんじろう」において「龍馬語」と表象されていることである。リストに登場する他の地域のヴァーチャル方言は、「地域名+弁」「地域名+語」としてあらわれるにもかかわらず、「土佐弁」ではなく、「龍馬語」と表象されている点に注目したい。

その他の地域方言に関わるヴァーチャル方言は、ことば変換リストでは、「沖縄弁／沖縄語」「大阪弁」「博多弁」「京都弁」「津軽弁」「宮崎弁」となっており、いずれも地域と結びついた名称で、「龍馬語」のような特定のキャラと結びついた名称にはなっていない。ことば変換リストに「薩摩弁」はないものの、仮にあったとしても、はたして龍馬同様幕末ヒーローのひとりである西郷隆盛と結びついた「西郷弁」「吉之助弁」などと命名されるだろうか。

「もんじろう」以外にもことば変換サイトは存在する。「土佐弁」&「変換」というキーワードでGoogle 検索を行なうと、二万一〇〇件ヒットしてくる(二〇一一年五月三日検索結果)が、上位一〇件について確認したところ、ヴァーチャル土佐弁の変換サイトは次の五件で、検索結果が下位のものは、これら変換サイトを紹介するブログなどが中心となっている。検索結果の上位から示す。

- 「土佐弁コンバータ　よさこい龍馬」(管理者：Kenji)
  http://www.roy.hi-ho.ne.jp/ken_jun/
- 「土佐弁ドラゴン」(管理者：土佐市)
  http://www.city.tosa.lg.jp/tosaben/
- 四国のコトバ☆方言翻訳《伊予弁／阿波弁／讃岐弁／土佐弁》(管理者：デジタルフ

アーム）

http://www.botchan.net/kotoba/

• 土佐弁変換機

http://www.kcb-net.ne.jp/nurse/secret/HP/tosaben.htm

• sweet 文章変換だよっ♪（管理者：かず）→「土佐弁」

http://sweetdrop.net/sweetword/sweetword.html

ここでも、「龍馬」と結びついた命名の変換サイトが登場する。「よさこい龍馬」は、Kenji氏によって一九九九年に設置されたサイトのようであるので、二〇一〇年に放送された大河ドラマ『龍馬伝』とは関わりなく、ヴァーチャル土佐弁と「龍馬」が結びついていることがわかる。

これらからわかることは、ヴァーチャル土佐弁は「龍馬」という個人キャラを喚起しやすいのに比べ、二〇一〇年調査においても二〇〇七年調査においても男弁として上位にかならずランキングされるヴァーチャル九州弁は「男らしい」というレベルのキャラを喚起する力はあるものの、特定の個人キャラとの結びつきはもっていないようだ、ということである。

どうしてこのような差がみられるのか、その理由はいろいろ考えられる。ひとつには、創作物やそのイメージを拡散・増幅するマス・メディアにおいて、それぞれのヴァーチャル方言がどのようなコンテクストで用いられてきたのか、ということの違いを指摘することができる。

第４章でみたように、「龍馬」は、高度経済成長期に執筆された司馬遼太郎『竜馬がゆく』によって「土佐弁キャラ」としてその立ち位置が確立され、大河ドラマ『竜馬がゆく』で、日本語社会に広く受け入れられた。その後さまざまなメディアにおいて再生産される「龍馬」像は、ほとんどすべてが「土佐弁キャラ」として造形されているといっていい。このことが、ヴァーチャル土佐弁が「龍馬」以外のキャラとの結びつきが前景化しにくくなった最大の理由と考えられる。

大河ドラマ『竜馬がゆく』以降に、「龍馬」以外のキャラが使用するヴァーチャル土佐弁が登場する創作物としては、一九八二年に東映によって映画化された高知を舞台とする宮尾登美子原作『鬼龍院花子の生涯』、少女マンガ雑誌『花とゆめ』(白泉社)に一九七六年から一九八二年の間に連載された和田慎二『スケバン刑事《デカ》』を原作とするテレビドラマ作品『スケバン刑事《デカ》Ⅱ　少女鉄仮面伝説』(東映制作・フジテレビ系列で一九八五〜一九八六年に放送)などがあるにはある。

『鬼龍院花子の生涯』では映画のテレビＣＭで再三流れた原作にはない夏目雅子演ずる松恵の啖呵「なめたらいかんぜよ!」、『スケバン刑事《デカ》』では南野陽子演ずる二代目麻宮サキの次週告知における決めゼリフ「おまんら、許さんぜよ！」が、当時の流行語として流布したが、再生産され続ける「ヴァーチャル土佐弁＝「龍馬」」のもつ力を凌駕することはなく、こんにちに至ったものと思われる。

一方、ヴァーチャル九州弁は、「龍馬」と同じく幕末ヒーローである「西郷隆盛」のキャラ語としての「薩摩弁」に限らず、「博多弁」なども方言変換サイトの「定番」として取り上げられることが多く、「土佐弁」とは異なり、地域としても広がりをもっている。また、さまざまな創作物においてヒーロー、サブヒーロー、脇役を含めた多様な「九州弁キャラ」が生み出され続けていることも、「龍馬」個人と固く結びついたヴァーチャル土佐弁との大きな違いとなっているだろう。

「男弁」として用いられるヴァーチャル九州弁の例は、近代文学作品において、かなり早い段階で確認される。たとえば、徳冨蘆花(一八六八—一九二七、熊本県出身)の「思出の記」(一九〇〇—一九〇一)において、登場人物のセリフには「共通語」が与えられているが、ただひとり男気のあるキャラにのみ熊本方言を使用させているという次のような指摘がある(〔 〕内は筆者)。

• 「ほぼ共通語で終始する「思出の記」の中で、快男児新五だけ〔熊本〕方言を使わせる。素朴さと力強さを出すためか。」

・〔新五〕「慎ちやま、よく云いなさつた、何有《なあに》、何有――好日和《ええひより》じやごわせんか、御覧なさい、高鞍山《やま》が」（槇林滉二、一九八二）

このような「男弁」としてのヴァーチャル九州弁の使用例は、こんにちにおいても一般的であり、マンガなどのキャラ造形にも多く確認される（図5-8：せきやてつじ「バンビ～ノ！ SECONDO」『週刊ビッグコミックスピリッツ』小学館、二〇〇九―連載中）。一九七〇年代におけるフォーク、ニューミュージック台頭期に、九州人の男性ミュージシャンが「九州弁」とともに数多く登場したこととも関係するかもしれない。「コラ！ テツヤ、ナンバシヨットカイナ」のセリフで知られる武田鉄矢がボーカルの海援隊「母に捧げるバラード」（武田鉄矢作詞、一九七三）などがその典型である。また、終章でも示すように、〝九州弁＝九州男児〟というステレオタイプが共有されていることが、女子大学生のコメントからも確認できる。

さらに、通俗的な物語において、〝「共通語」＝「ヒーロー」〟、〝「関西弁」＝「トリックスター」〟という構造に第三軸としてのキャラクターがからむ場合、「九州弁キャラ」（図5-9：梶原一騎原作・川崎のぼる作画『巨人の星』〔連載は『週刊少年マガジン』講談社、一九六六―一九七一〕における左門豊作）、または「東北弁キャラ」が設定されることが多く、そのような例を多くもたないヴァーチャル土佐弁は、ヴァーチャル九州弁やヴァーチャル

図 5-8 「バンビ〜ノ！ SECONDO」(せきやてつじ作，『週刊ビッグコミックスピリッツ』小学館，2011 年 7 月 18 日発売)九州弁キャラ，伴省吾

図 5-9 『巨人の星』(第 2 集，梶原一騎原作・川崎のぼる作画，講談社，1989)九州弁(熊本弁)キャラ，左門豊作

東北弁のように特定キャラから脱却し、第三軸をとるところまでは「浮上」できなかったのだろう。

「土佐弁キャラ」が第三軸をとることができなかった理由としては、先にあげたような一時的な流行を形作った女性キャラを除くと、誰もが頭に思い浮かべるドラマやマンガ・アニメにおける「土佐弁キャラ」を多くは指摘しにくいことに加え、「土佐出身」

という設定であっても、「土佐弁キャラ」として設定されなかったケースも多かったためと推測される。

後者の例としては、一九七〇年代に『週刊少年ジャンプ』(集英社)に連載され、日本テレビ系列でアニメとして放送されたスポ根野球作品の『侍ジャイアンツ』(梶原一騎原作・井上コオ作画)の主人公・番場蛮を指摘することができる。

番場蛮は、マンガにおいて、「土佐出身」ながら「土佐弁キャラ」として造形されていない(図5-10)。アニメ版でも同様である。アニメ第一話の番場蛮のセリフをいくつか取り上げてみよう(片仮名は筆者聞き取りによる。〔　〕内は筆者)。

〔入団勧誘に東京からやってきた川上哲治監督と長嶋茂雄選手に対して〕「ジャイアンツニ　ハイッタラ　ジャイアンツオ　ブッタオスコトガ　デキネージャンカ」

〔ヒロイン美波理香に対して〕「ヤー　マイッタ　マイッタ　デモヨー　バンメシマエノ　ハラゴナシニワ　チョードヨカッタゼ」

〔先輩の八幡太郎平に対して〕「イヤー　コレワ　ハチマンセンパイジャナイッスカー」

上：58頁・第1コマ，下：58頁・第4コマ．
いずれもぞんざいな「共通語」

図5-10　梶原一騎原作・井上コオ作画『侍ジャイアンツ』第1巻(ジャンプ・コミックス，集英社，1972)より

図5-11　『侍ジャイアンツ』第1巻より，「軍人語」的な八幡のセリフ

東京からやってきた目上の著名人や地元のマドンナ、高校の先輩といったどのような相手に対しても「土佐弁」的要素はあらわれず、一貫してぞんざいな「共通語」が与えられている。ヒーローである番場蛮は、土佐の英雄として坂本龍馬と大鯨の腹を打ち破

った伝説の話師・丹治を意識する「土佐っぽ」を自認する、という設定ながらも、「役割語」セオリーにのっとった「共通語キャラ」として造形されているのだ。

これに対して、投手・番場蛮の「女房役」として位置づけられる土佐嵐高校の先輩で捕手の八幡太郎平はマンガでは「自分は〜であります」式の「軍人語」にときに「方言的要素」がわずかに加わるキャラ造形になっており、明確な「土佐弁キャラ」としては造形されていないが(図5-11)、アニメ版では番場蛮の母と妹といった脇役の「土佐出身」者とともに「土佐弁キャラ」として造形されている。やはりアニメの第一話から八幡太郎平のセリフを取り上げて確認してみよう。

〔川上哲治監督と長嶋茂雄選手に対して〕「サシデガマシクワ　アリマスガ　オルガデス　サムライトユーテンカラスレバ　マッコト　スケールノ　ドデカイ　サムライソノモノノ　オトコガデス」(図5-11と同じシーン)

〔美波理香に対して〕「チガウチャー　ソンナンジャナイチャー」

〔番場蛮に対して〕「オボエトッテクレタガヤー」「ジャイアンツノ　カワカミカントクガ　ミエチョルジャー」「ハナシワ　ソコマデ　イッチャーセン」

以上のようなことから、ヴァーチャル土佐弁は「龍馬」という個人キャラとの結びつきが強くあらわれ、ヴァーチャル九州弁は特定の個人キャラに収斂されずに「男弁」一般として機能する傾向を有していることがわかる。

早大ラグビー部「仲間ことば」としての男弁

「男弁」としての「九州弁コスプレ」の実例は、意外なところでも観察される。早稲田大学ラグビー部で使われるヴァーチャル九州弁を紹介したい。以下は、二〇〇九年五月のインタビューに基づく(肩書きや年齢は当時)。

早稲田大学ラグビー部の選手・スタッフによる内輪のチームミーティングで使われることばは、少し変っている。「〜タイ」「〜シトー」「〜ヤロ」「〜ケン」、そんな「九州弁」由来のことばが頻繁に聞こえてくるのである。

もちろん、もともと「九州弁」をもっている九州出身者だけのミーティングではなく、全国各地から集まってきた非九州出身者を数多く含んだミーティングにおいてのことである。つまり、非九州出身者にとっては、ヴァーチャル九州弁を使うことになるが、そのことに対して、違和感を覚える部員はほとんどいない、という。

中竹竜二監督(二〇〇六〜二〇〇九年度監督)は、このヴァーチャル九州弁は、早大ラグビー部の「仲間ことば」として機能しているとみている。二〇一〇年に全国において実施した全国方言意識調査(二〇一〇年調査)結果においても、首都圏の大学に通う学生たちを対象とした二〇〇七年調査結果においても、「九州弁」は「男」イメージの濃厚な、いわば「男弁」といってよい「方言」だ。中竹監督は、そんな「男弁」が同部の「仲間ことば」として機能していることについて、「ラグビーという熱くて、泥臭くて、男気溢れる闘うスポーツにふさわしい」と笑う。

同部で分析を担当する中丸皓平さん(政治経済学部四年)は「自分は神奈川県の横浜出身なので、もともとのことばはほとんど共通語。この部分がそうだ、と指摘されれば、ミーティングの中などにおいては、ヴァーチャル九州弁を使う。確かに、それはもともと使っていたことばではないのだけれども、そのことを意識したことはない。無意識にお互いに通じ合うことば、「仲間ことば」として使い始めたように思う。よその地域の方言を使用していることについてもとくに気にならない」と言う。

チームミーティングにおける「仲間ことば」としてあらわれる「九州弁」は、先に上げた「〜タイ」「〜シトー」「〜ヤロ」「〜ケン」のような文末表現にほとんど限られる。また、「九州弁」が用いられるのは、比較的公式性の低いミーティング、しかも同輩同士あるいは、先輩から後輩へ、という場面に限られるという。公式性の高いミーティングや、後輩から先輩へという場面では、「敬語」が用いられることになるため、「九州弁」は登場しない。

また、「仲間ことば」という側面からか、非九州出身の新入生がいきなり「九州弁」

を使うことに対しては違和感を覚えるともいう。入部して半年、一年、と時間の経つうちに徐々に「九州弁」を使い始める〝資格〟も獲得していくような気がするというのが中丸さんの「分析」だ。

これらは、ヴァーチャル九州弁が早大ラグビー部における「仲間ことば」として用いられていることを明瞭に示す状況証拠といえる。まずは、文末表現にほぼ限られるということについては、出身者以外もその「仲間ことば」に参加しやすくなる、というメリットがある。共通語的発話の最後に「〜タイ」「〜ヤロ」「〜ケン」を付け加えたり、特定の部分を置き換えたりすることによって、複雑なルールなしに「仲間ことば」に変換できるからだ。

また、「敬語」の使用が期待される場面では、多くの地域方言話者において観察されるように「共通語の敬語」にシフトせざるを得ないので、「仲間ことば」としてのヴァーチャル九州弁はあらわれない。もちろん、「九州弁」にも「九州弁」としての敬語システムはあるものの、出身者でもとりわけ若年層においては、「方言」は私的場面におけるスタイル化が完了しているため、九州出身者であっても「九州弁の敬語」を習得していない可能性も高い。また、仮に九州出身者が方言敬語を用いたとしても、非出身者がその方言敬語をマスターするのもなかなかむずかしい。その結果、「九州弁の敬語」は「仲間ことば」としてのヴァーチャル九州弁としては、あらわれないのである。

さらに、方言敬語を習得していたとしても、ある方言社会では機能する形式が、異なる方言システムをもつ共通語社会においては、敬語として機能しない、という問題も存在する。中竹監督は次のように言う。「九州弁では、「〜デショ」は目上に対して用いる「敬語」なのだけれども、東京で目上に対して「〜デショ」を使うと、何タメ語使ってるんだ、ということになる」。この結果、「敬語」が期待される場面においては、双方が「敬語」として了解可能な「共通語の敬語」を用いることが促進され、方言敬語があらわれる機会が失われているのだ。

非九州出身者の一年生がいきなりヴァーチャル九州弁を使うことは考えにくいという点も、そのコミュニティーの構成員として親密度がある程度高まらないと、「仲間ことば」を使う〝資格〟が発生しないことをよくあらわすエピソードだ。

早大ラグビー部の「仲間ことば」がヴァーチャル九州弁である背景には、同部における「九州弁」の「恵まれた立場」も関係する。同部では、伝統的に九州出身の選手・スタッフが多い。たとえば、インタビューした当時の二〇〇九年度の監督以下同部のスタッフ・部員一四三人の出身高校をみてもそれは歴然としている。九州出身者が二四人、うち福岡県出身者が一四人を占めている(早稲田大学ラグビー蹴球部公式サイト〈http://www.wasedarugby.com/〉、出身高校のエリア、二〇〇九年五月二日最終閲覧)。

このことに加え、当時の中竹監督(福岡県出身)をはじめとする、同部における歴代監督、コーチ陣、主将、副主将など中心的な役割を担う人材が九州弁話者であることも大きい。「九州弁」が、同部というコミュニティーにおける「強い」話者のことばであることになる。中竹監督が選手に対して語りかけることばは、自身の方言である九州弁であることが多く、とりわけ選手たちを「しめる」場合は九州弁が基本だという。

つまり、同部におけるヴァーチャル九州弁は、コミュニティーをつなぐ「仲間ことば」として機能していると同時に、コミュニティーの上位者の使う「強いことば」でもあることになる。この結果、九州出身者は大学進学後も、少なくとも、部においては、「共通語」に切り替える必要を感じることなく使い続け、非出身者はその「仲間ことば」であり、「強いことば」でもあるヴァーチャル九州弁を獲得していく、という構図がみえてくる。

実は、同部において、このヴァーチャル九州弁が最強であったのは、主将・副主将ともにバリバリの九州弁話者で、かつ主将の口癖が「気合いッタイ、気合いッ!」であった二〇〇七年度だったという。そして、近年、同部には、関西出身者の増加、という新しい変化があった(二〇〇九年度の出身高校では、関東七六人、九州二四人、近畿一五人となっている)。それに伴い、これまでの「九州弁」に、「関西弁」が少しずつ同部の「仲間ことば」に加えられつつもあるようだ。最近、合宿所の近所にあるコンビニエンスストアの店員から、「どうしてラグビーの人は、関西弁の人が多いの?」と聞かれたことがあると中丸さんは言っていた。

日本のプロ野球において一時期「ニセ関西弁」が、「強いことば」であったといわれる。また、フランスにおけるラグビーの「強いことば」は、競技が盛んで有力選手を輩出する南フランス方言であるともいわれている。フランスでは、非出身者のテレビ解説者があえて南フランス方言を用いて実況中継をすることがあると聞く。これから先、早大ラグビー部の「強いことば」はどうなっていくか、興味深い。

任侠・ヤクザ映画からヤンキーマンガへ

第3章でみたように、二〇一〇年に実施した全国方言意識調査において、広島の方言は大阪の方言についで「怖い方言」の第二位にあらわれる。首都圏の大学生を対象とした二〇〇七年調査でも、広島の方言は「怖い方言」の第二位である。これは、菅原文太主演の『仁義なき戦い』シリーズ(笠原和夫脚本、深作欣二監督)に代表される一九七〇年代の東映・実録ヤクザ映画などによって拡散・増幅されたイメージの反映と思われる。

ただし二〇〇七年調査の大学生たちにとっては、当時の実録ヤクザ映画に直接接触した結果というよりも、その流れを汲む東映ビデオの「Vシネマシリーズ」などによるそのイメージの再生産や拡散、それらに基づくメタレベルでの表象、マンガ作品などにおけるヤンキー語としてのヴァーチャル広島弁に直接的な影響を受けたものと思われる。

「広島弁」は、こんにちのマンガ作品においても、ヤンキーキャラとしてのキャラ造形や、キャラクターの暴力的な面の〝発露〟を示す言語上のサインとしての使用が盛んにみられる。二〇〇〇年から二〇〇五年に『週刊ヤングマガジン』(講談社)に連載され、二〇〇七年にはテレビドラマ化、二〇〇九年には映画化もされた『エリートヤンキー三郎』(阿部秀司)では、主要な地域設定は千葉県にもかかわらず、何人かのキャラには固定的に「広島弁」が与えられている(図5-12)。

また、二〇〇四年から二〇一五年まで『ヤングガンガン』(スクウェア・エニックス)において連載され、二〇一〇年にはテレビ東京系でアニメとして放送されたラブコメ作品『荒川アンダー ザ ブリッジ』(中村光)におけるおさげ髪のイギリス人少女ステラは、連載の初期において外見から推測される無垢な少女とは異なる「裏の顔」が発露する際に「広島弁」に切り替わった(図5-13)。

こんにちのマンガ作品におけるヤンキー物の登場人物は、「広島弁」以外にも、セリフに方言的な特徴が埋め込まれることが多い。金水敏(二〇〇三)で「やくざ、暴力団、こわい」のステレオタイプをもつと指摘されている「関西弁」と「九州弁」がそうである。これは、「広島弁」「関西弁」「九州弁」が、「怖い」あるいは「男らしい」イメージと結びつくことによって、ヤンキーキャラのマーカーとして使われていることになるわけだが、いずれも一九六〇年代以降に一世を風靡した任俠映画・ヤクザ映画で用いられた「方言」に重なってくる。

その「方言」とは、『人生劇場シリーズ』『緋牡丹博徒シリーズ』などの東映・任俠映画路線にしばしばあらわれる「九州弁」、先に見た東映・実録ヤクザ映画路線にあらわれる「広島弁」、一九八六年に五社英雄監督・岩下志麻主演で映画化された家田荘子原作『極道の妻《おんな》たち』をはじめとしたシリーズにおける「関西弁」などである。

図 5-12 『エリートヤンキー三郎』(第 10 巻，阿部秀司作，講談社，2002)，「広島弁」キャラの河井星矢

図 5-13 『荒川アンダー ザ ブリッジ』(第 3 巻，中村光作，スクウェア・エニックス，2006)，「裏の顔」のステラ

『鬼龍院花子の生涯』における「土佐弁」を加えると、「男弁」というイメージが共有されてきた背景には、いずれも任俠映画・ヤクザ映画が関わっていることがうかがえる。

終章
「方言コスプレ」は東京勝手な現象か？

「方言萌え」の限界と可能性——方言イメージの地域間温度差を超えて

「方言コスプレ」において用いられる「方言」は、さまざまな意味においてホンモノではない「方言」で、日本語社会において共有される〝頭の中にある〟「方言」である。そのような「方言」のことを本書では、ヴァーチャル方言と呼んできた。このヴァーチャル方言は、具体的な「方言」の単語やいいまわしなどを喚起させるものでもあるし、「方言イメージ」や、その「方言」を用いる人々に対するイメージである「方言話者イメージ」、その「方言」が使用されている地域に対するイメージである「地域イメージ」なども喚起させる。このような、ヴァーチャル方言から喚起させられるさまざまなものの複合体を「方言ステレオタイプ」と呼んできたわけである。

第3章では、二〇〇七年に首都圏の大学生を対象に筆者が行なったアンケート調査と、二〇一〇年に筆者が企画した全国方言意識調査のデータから、現代の日本語社会における「方言ステレオタイプ」についてみてきた。大枠、こんにちの日本語社会において共有される「〇〇弁」といえば「〇〇らしい」とか、「△△方言」といえば「△△らしい」というようなことを確認してきた。すなわち、「京都弁」といえば「女らしい」、「大阪弁」といえば「おもしろい」、「東北弁」といえば「素朴」、「九州弁」といえば「男らしい」などである。

しかし、そのような「方言ステレオタイプ」は、対象となる「方言」に対する「知識」の多寡によって、多少なりとも異なるということが先行研究でも指摘されている（井上史雄、一九七七上・下／沖裕子、一九八六）。つまり対象となる「方言」の実態――「リアル〇〇弁」や「リアル△△方言」――をよく知っているかどうか、馴染みが深いかどうか、によって喚起される「方言イメージ」が異なる例があるということである。

ここでは、そのような「方言イメージ」の差から、「方言ステレオタイプ」における地域間温度差についてみていく。また、「方言おもちゃ化」のあらわれのひとつである「方言萌え」という感性には、地域やジェンダーの観点から、不均衡な視線が内包されているということもみていきたい。

東北vs.関東にみられる地域間温度差

リアル方言に対する知識と馴染みの程度が、どのような「方言イメージ」の差としてあらわれてくるのか、その実例をみてみよう。

第3章でも確認されたイメージ喚起力の強い三つの「方言」、「東北方言」「関西方言」「九州方言」を取り上げ、リアル東北方言に対する知識と馴染みの深い秋田の大学に通う東北地方生育者の大学生と、知識と馴染みの薄い東京の大学に通う関東地方生育者の大学生を対象に、「方言イメージ」についてのアンケート調査を行なった。調査時の居住地も、東北生育者は東北地方、関東生育者は関東、という大学生のみを取り出して比較していく。

なお、このアンケート調査は、二〇〇六年の五月から六月のあいだに実施したもので、日高水穂氏(調査当時、秋田大学准教授)が作成ならびに集計を行なった(以下、二〇〇六年調査)。秋田の大学生調査は日高氏自身が、東京の大学生調査は筆者が行なった。

ここで分析の対象とする大学生の生育地の内訳は、以下の通り。

《二〇〇六年調査・内訳》

秋田市の大学に通う東北地方生育者一三六人:青森県四人、岩手県一四人、宮城県八人、秋田県一〇〇人、山形県三人、福島県七人

東京都新宿区の大学に通う関東地方生育者七一人:東京都二六人、埼玉県一五人、神奈川県一〇人、千葉県一一人、茨城県五人、群馬県三人、栃木県一人

これらの大学生に、方言についての三つのイメージ語を提示し、そのイメージ語が「東北方言」「関西方言」「九州方言」それぞれに当てはまるかどうかという形式で質問

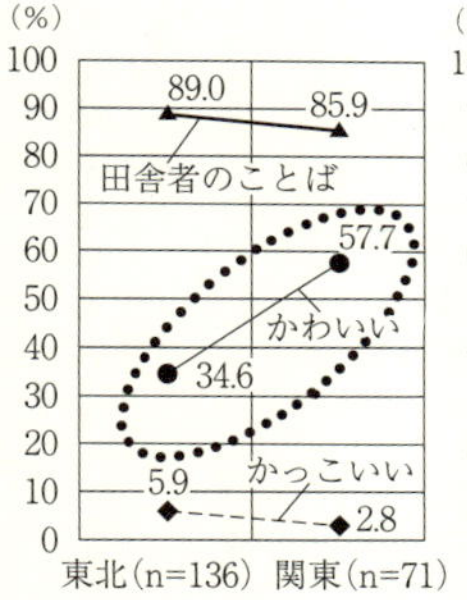

図6-1　東北方言のイメージ

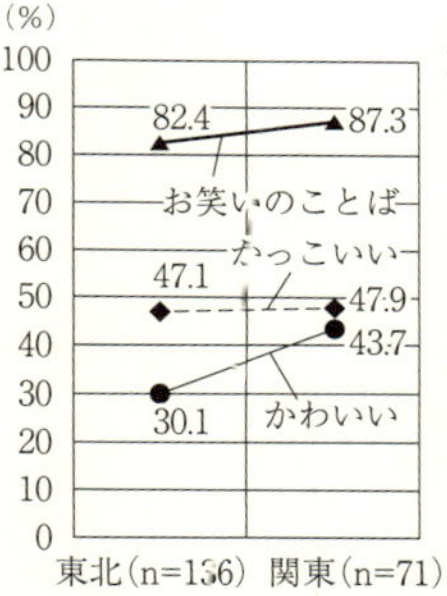

図6-2　関西方言のイメージ

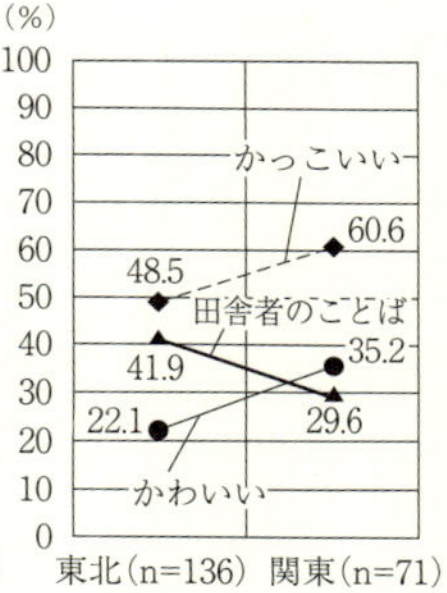

図6-3　九州方言のイメージ

(いずれも2006年調査)

した。

提示したイメージ語は、「東北方言」と「九州方言」は「かわいい」「かっこいい」「田舎者のことば」、「関西方言」は「かわいい」「かっこいい」「お笑いのことば」を用いた。その結果が「図6-1：東北方言のイメージ」「図6-2：関西方言のイメージ」「図6-3：九州方言のイメージ」である。

この三つの図からは、秋田の大学生と東京の大学生のあいだでは、「方言」によって「当てはまる」イメージが重なるところもある一方、大きく異なるところがあることもわかる。

とくにリアル方言に対する知識・馴染みの観点から比較できる「東北方言」を中心にみていこう。「東北方言」は、秋田の大学に通う東北地方生育者にとっては、知識・馴染みともに深いリアル度の高い方言だが、東京の大学に通うとになる。

関東地方生育者にとっては、知識・馴染みの薄い、ヴァーチャル度の高い方言ということになる。

共通点は、どちらのグループにおいても「田舎者のことば」が多く、「かっこいい」が少ないことである。しかし、「かわいい」というイメージ語を「当てはまる」と回答した比率をみてみると、東北地方生育者と関東地方生育者では、大きな違いがみられる。関東地方生育者は五七・七％と六割近くが「東北方言」を「かわいい」と捉えているが、東北地方生育者は三四・六％と四割に届かず、その選択率に大きな差があることがわかる。つまり、「東北方言」に対する知識・馴染みが低く、ヴァーチャル度が高い方が「かわいい」という捉え方をしている、ということを示す結果となったわけである。

秋田の大学生を調査した日高水穂氏のご教示によると、この関東地方生育者である大学生の六割が「東北方言」を「かわいい」と捉えたという結果に対して、東北地方生育者である大学生たちからは、釈然としないと訴える声が多く上がったという。つまり、「かわいい」という評価は、東京という都会で暮らす若者たちが、「東北方言」を下にみた勝手な庇護意識や支配意識を反映したものだと捉え、「中央」から「地方」に対するいわば上から目線的な印象を、東北地方で生育し秋田の大学に通う学生たちは強くもった、ということになる。

方言萌えが内包する問題

この秋田の大学生たちの「東京上から目線」的な反応が内包する問題は小さくない。たとえば、「方言をしゃべる女子はかわいい」という、男性から女性に対する庇護・支配目線とも重なるからである。

「方言に萌える」という、いわゆる「方言萌え」について報告する大学生のコメントは二〇〇〇年代に入り急増してきたのだが、初期的には男性から女性に対するコメントが主であった。Google の検索エンジンで不定期に「方言萌え」をフレーズ検索した結果をみると、この間「方言萌え」ということば自体も着々と定着しつつあることがわかる。

《「方言萌え」Google フレーズ検索の結果》

　六六一〇件(二〇〇八年八月二一日検索)

二万五七〇〇件(二〇一〇年六月一二日検索)

四八万八〇〇〇件(二〇一〇年一二月七日検索)

初期的な「方言萌え」コメントの典型は、男性による「方言を話す女子はかわいい」というようなものであった。韓国においても「方言女子はかわいい」とされているとい

左：『妄想列島★青春編　地方の時代がやってきた！』(ウェーブマスター，2009)
中：『方言CD』(インディーズ・メーカー，2009)
右：『ドラマCD　方言男子　りとる★じゃぱん』(フロンティアワークス，2010)

図6-4　方言CDのジャケット

う以下のようなコメントも寄せられている。

「韓国でも女の子が方言を使うとかわいいと言うことが多いです」

(韓国生育・女子大学生のコメント)

一方近年では、男女問わず「方言を話す人はかわいい」というようなところに移行しつつある。女性による「方言男子に萌える」というコメントが増えたことの反映として、「方言萌え」商品にも、「男性向け」「女性向け」両タイプが認められるようになった。しかし、初期的には男性から女性へ、という庇護意識・支配意識が内包されていたことは、否定できない。その不均衡な視線は、両性向けの方言CDジャケットのイラストを見比べれば、明らかとなる(図6-4の左と中)。

「方言女子」に対する男性の視線が典型的にあ

られている記事を以下に引用する。この記事が掲載された『R25』とは、リクルートが発行する週刊フリーペーパーのインターネット版(R25.jp)で、二五歳から団塊ジュニア層の三四歳までという男性読者を想定したコンパクトな総合週刊誌的なものである。

・方言をしゃべる女の子がかわいいのはなぜなのか？(二〇〇五年八月四日掲載)

しかしここにきて方言の味わいが再認識されているのは確かなようだ。いや、より正確にいえば、「方言をしゃべる女の子」が再評価されているのである。たとえば、それを裏づけるのがテレビ朝日の深夜番組『マシューTV』で、地方出身のアイドルが方言丸出しで家族と電話で話したりする看板コーナー「なまり亭」は、深夜にもかかわらず常に一四〜一五%の高視聴率をマーク。なたでも、「どうしても食べてぇのさ〜」と津軽弁丸出しでしゃべりまくった新山千春にいたっては、番組放映以降「めちゃくちゃかわいい！」とネットやブログで大反響を呼んだくらいなのだ。

考えてみると、『うる星やつら』のラムちゃんの新潟弁をはじめ、昔からマンガや映画や小説にも方言をしゃべるヒロインが数多く登場した。そしてなぜか、彼女たちの方言に胸が高鳴り、わけもわからず「かわいい」と叫んでしまうのである。

（村木哲郎〈http://r25.yahoo.co.jp/fushigi/rxr_detail/?id=20050804-90000982-r25〉）

・なぜ男は女子の方言に萌えちゃうの？（二〇〇八年四月二五日掲載）

「ダーリンのことが好きなんだっちゃ！」『うる星やつら』の主人公・ラムちゃんの名ゼリフ。小さなころから、僕らは彼女に萌えっぱなし。男って、あ〜ゆ〜女の子の話し方になんか弱いんですよね〜。「女子の方言がたまらん！」っていう男子も結構多いし。これってなんか理由でもあるのでしょうか？（中略）「可憐な容姿＋方言＝激萌え」っていう構図になるワケか。

（下元陽／BLOCKBUSTER〈http://r25.yahoo.co.jp/fushigi/wxr_detail/?id=20080425-90003989-r25〉）

実際、「方言萌え」というキーワードを用いたネット検索の結果、ヒットしてきたものを閲覧すると、ここで示したような男性から女性への庇護・支配目線を感じさせるものが多い。典型的には美少女系の「恋愛シミュレーションゲーム」に関連したサイトや記事がヒットしてくるのである。

『週刊ビッグコミックスピリッツ』（小学館）という青年誌に掲載された男性作家による

マンガに、この「可憐な容姿＋方言＝激萌え」の構図にぴったりとあてはまる「方言美少女＝天使キャラ」が採用される一方、同じ青年誌に掲載された女性作家によるマンガでは、「方言萌え」に対する拒絶が描かれていることからも、ジェンダー的に不均衡な視線の内包を確認できるだろう。

前者が、二〇〇六年から二〇〇七年に不定期に連載された『チェリー』（窪之内英策）に登場する「風子」（図6-5）。東北地方に住む男性主人公がひょんなことから豪邸に住むお嬢様＝風子と東京に駆け落ち。風子は東京での貧しい暮らしの中でも、「方言」を使い続ける。風子の純粋でけなげなふるまいが周囲によい影響を与え続ける汚れなき〝天使キャラ〟として描かれる。男性主人公が以前交際していた女性も東京に在住しているが、方言ではないギャル語風の東京若者弁もどきが付与されている。そのギャル語風東京若者弁は、〝天使キャラ〟とは対比的な〝汚れキャラ〟として機能させられている。

後者は、二〇〇六年に同誌に掲載された単発作品「愚かの民」（山崎紗也夏）に登場する女性主人公（図6-6）。北関東出身の無アクセント方言話者であることにコンプレックスをもち、その事実をひた隠す女性主人公に対し、東京中心部生え抜きの元恋人である男性が、関係修復をねらって「君の田舎っぽいところは魅力だと思う」と女性主人公の「方言」を評価するメイルを出すものの、女性主人公からは「そこを評価する男とは、付き合えません」とはねつけられる。男性作家による典型的な男性目線的「方言萌え」

図 6-5　窪之内英策『チェリー』第 1 巻（小学館，2006）の表紙

図 6-6　山崎紗也夏「愚かの民」（『週刊ビッグコミックスピリッツ』小学館，2006 年 10 月 23 日発売）

を具現化したキャラと、女性作家による「方言萌え」を拒絶するキャラ、という表象が対照的である。

地域間温度差を超えて

一方、関東地方生育者である大学生たちが「東北方言」を「かわいい」と評価する際、東北地方生育者の大学生たちが指摘する「上から目線」がまったく含まれないものであるか、といわれれば、それを完全に否定することはできない。しかし、関東地方生育者の大学生たちによる「東北方言」を「かわいい」と捉える感性は、このような「上から目線」のみによっているわけでもない。「味のない」「つまらない」共通語とは別のことばである「方言」に価値を見出し、「方言」をもつ話者たちをストレートに「うらやましい」という気持ちで捉えている首都圏生育者は多く存在しているからである。

また、先にみたように、ジェンダーの観点からみても、「方言」を「かわいい」と評価するのも、初期的には男性から女性という一方向のものであったが、こんにちでは、女性から男性へという方向もふくむ双方向性を示すものとなり、方向性の観点からは均衡が保たれるようになってきたといえるだろう。この「方言女子」や「方言男子」を「かわいい」と評価する感性の背景にあるのは、庇護的・支配的な視線というよりも、むしろ、その人の別の部分、とくにその人の「素の部分」を「素のことば」である「方言」を使うことによって自分にちらりとみせてくれる、そこを「かわいい」と捉える感性とみていいだろう。

二〇〇九年に寄せられた東京の大学に通う女子大学生たちの「方言萌え」にかんするコメントをいくつか紹介する。コメントに示されていたものについては、生育地情報を記した。

◎「方言男子」もいい

・方言をしゃべる男子もいい。

・方言を話す男子にも温かさや親しみを感じます。

・私は方言を話す男子の方がかっこいいと感じます。関西出身の女子は、「標準

語を話す男はキモい」とよく言っていました。（和歌山県）

◎「方言男子」も「方言女子」もいい

•方言は男女かまわずよいと思います。

•私は女の子だけでなく方言を話す男の子もかわいいと思う。（東京都日野市）

◎「関西弁男子」はいい

•関西弁をしゃべる男子はなんとなく頼りがいがあってかっこよく見えます。他の方言をしゃべっている男子はけっこうかわいく見える気がするのですが……。

•関西弁を話す男子が好きという女の子は結構います。（他の地方の方言では、あまりききませんが……）。

◎「九州弁男子」にあこがれる

•九州弁を話す男の子はなんとなくいいなーと思います。多分「九州男児」にあこがれてるんです。

◎「関西弁男子」はうさんくさい……、「京都弁男子」は違和感あり

•女の子が方言を話しているとかわいいけど、たまに関西弁の男の人をうさんくさく感じます。

•男の人が京都弁を話すのは何か違和感があります。京都語に対して女性的なイメージを持っているからでしょうか。

女子大学生たちのコメントからは、「方言男子」を肯定的に捉える感性がはっきり確認される。さらに「方言男子」としては「関西弁」と「九州弁」のポイントが高いことがわかる。一方、「関西弁男子」はうさんくさいとか、「京都弁男子」はちょっと、というような〝勝手な〟コメントもあるが、「○○方言男子」を肯定するコメントも微妙な判断をするコメントも、いずれもみな第3章で確認したこんにちの「方言ステレオタイプ」にすっぽりとはまったコメントである、という観点からも興味深い。

ここまでみてきたように、「方言ステレオタイプ」は、その「方言」に対する知識の多寡によって異なる部分に確かにあり、リアル方言かどうか、ということに関わるだけに、地域間温度差として観察されやすいことも確かである。

また、「方言おもちゃ化」現象のひとつである「方言萌え」という感性も、少なくとも初期的には、地域間やジェンダー間における不均衡な視線を内包するものであったことも忘れてはならない問題ではある。

しかし、一方、「方言萌え」という感性や、ヴァーチャル方言を用いた「方言コスプレ」といったキャラの着脱行動が、ポジティブな感覚で広く受け入れられているということも事実である。また、地域間・ジェンダー間における不均衡な視線も、不均衡なまま推移しているわけではなく、都会勝手な、あるいは男性原理のみに支配されたものでなくなってきていることも事実である。

地域間・ジェンダー間における問題や不均衡さを内包する、少なくとも内包してきたという現実を直視しなくてよい、ということではなく、そこに内包されてきた問題や不均衡さをあっけらかんと踏み越えていく新しい感覚が、従来の「方言」を「恥ずかしいもの」「かっこわるいもの」としてみるような「方言コンプレックス」や、地域間・ジェンダー間の温度差などを解消していく原動力となってきたということも指摘しておきたいのである。

方言主流社会の「方言コスプレ」
――未来予想図としての首都圏若年層

ここまでみてきたことから、「方言ステレオタイプ」は、当該の「方言」に対する知識の多寡、つまりリアル度によって異なる部分があり、「方言おもちゃ化」現象のひとつであるヴァーチャル方言を用いる「方言コスプレ」も、首都圏で生まれ育った若者に顕著に観察されるなど、地域差・年齢差が観察される現象でもある、ということがわかってきた。

しかし、「方言」のリアル度による細かな差を超え、日本語社会に広く共有される「方言ステレオタイプ」が明確に存在すること、非首都圏生育者においても、「方言コスプレ」をする層は確かに存在するということも、確認してきた通りである。さらに、非首都圏生育者においても自分たちのリアル方言である「本方言」の使用理由として「おもしろいから」とする「方言おもちゃ化」的感性が確実に芽生えていることなども、みてきた通りである。

このようなことを踏まえて、「方言」を目新しいもの、おもしろいもの、として〝価値〟を見出し、受容・活用する「方言おもちゃ化」的感性は、かならずしも都会勝手・東京勝手な現象ではない、と本書ではみてきたわけだ。

とはいっても、非首都圏生育者にとってのリアル方言、すなわち「本方言」の使用理由として「おもしろいから」を上げてきた二〇〇七年調査における非首都圏生育者とは、じつは「東京の大学に通う非首都圏生育者」であった。それゆえ、その回答傾向に対しては、非首都圏生育者とはいっても、「東京」で暮らすことによって、都市的な、あるいは東京的な感性に馴染んだ結果、「方言おもちゃ化」的感性を示したのだろう、とみるむきもあるだろう。また、非首都圏生育者であるものの、人生において「東京の大学に通う」という選択をしたということは、潜在的に都市的、あるいは東京的な感性に対する志向性をもっている回答者たちであったがために、都市的、あるいは東京的な感性を示す回答が調査結果として得られたのだ、とみることも可能だろう。あくまでも「方言おもちゃ化」的感性は、都市的、東京的な感性の発露という考え方である。

そこで、ここでは、首都圏のような「共通語中心社会」とは対比的な、「方言主流社会」で生まれ育ち、現在もそこで暮らす人々が、「方言コスプレ」という言語行動をどのように捉えているのか、二〇〇九年に筆者らが実施したアンケート調査データからみていきたい。

はたして、「方言コスプレ」現象は、都会勝手・東京勝手な現象なのだろうか。

方言の里・山形県三川町における調査から

「共通語中心社会」である首都圏と対比的な、「方言主流社会」の例として山形県三川町で暮らす人々の「方言コスプレ」に対する捉え方を、同地において二〇〇九年に筆者らが実施したアンケート調査からみていこう。

この二〇〇九年八月に実施した三川町調査(以下、二〇〇九年三川町調査)は、三川町の全面的な協力を得て、日本大学文理学部人文科学研究所共同研究「山形県三川町方言の総合的研究(代表：荻野綱男)」の一環として筆者らが行なったものである。

三川町は、山形県庄内地方のほぼ中央に位置する町で、北側に酒田市、南側に国立国語研究所が三度に渡って「方言主流社会」が共通語化していくようすを経年調査した(国立国語研究所、一九五三／一九七四／一九九四／二〇〇七)鶴岡市と隣接している。町の六割超が水田で、人口は八〇〇〇人弱。全世帯の三割弱が農家という農業、とくに米作を主要な産業とする町である。米以外の農産物としては、メロンやしいたけ、長ねぎなどの生産が盛んで、近年は、観光産業にも力を入れており、第三次産業従事者数が約半数に近づいている(三川町公式サイト〈http://www.town.mikawa.yamagata.jp/〉、二〇一一年五月四日最終閲覧)。

三川町は、方言による町おこしに先進的に取り組んできた「方言の里」としても知ら

図 6-7　「ほうげんの里みかわ」サイト

れる。一九八七年から二〇〇三年まで、一七回に渡って全国方言大会を開催しており、ウェブサイト「ほうげんの里みかわ」で「方言」を観光資源としてアピールする一方、三川町の宿泊施設「田田《でんでん》の宿」には、方言研究者である徳川宗賢氏が生前に収集した方言グッズ約六七〇点の「徳川コレクション」の一部を展示するコーナーを設けるなど、こんにちにおいても様々な活動を行なっている(図6-7：〈http://www.town.mikawa.yamagata.jp/hougen/hougenindex.html/〉／国立国語研究所、二〇〇四／佐藤亮一、二〇〇九)。また、大学・研究機関による方言調査を積極的に受け入れていることでも知られている町だ(佐藤亮一、二〇〇三)。

三川町の「方言」は、東北方言の中の北奥方言である庄内方言に位置づけられ、隣接する南奥方言に属する山形県内陸地方の方言とは、性格が異なる(佐藤亮一、二〇〇九)。

音声・音韻面においては、シとス、チとツ、ジとズの区別がなく（いわゆる「ズーズー弁」）、「肩（カタ）」を「カダ」と発音するなど単語の中に位置するカ行・タ行が有声化しやすいことなどが知られている（斎藤義七郎、一九八二／遠藤仁、一九九七）。庄内地域は、無アクセント方言地域である内陸方言と異なり、アクセントは東京式の一種（北奥式）で、型区別をもっている（平山輝男、一九五七／山形県方言研究会、一九七〇）。三川町の方言語彙については、佐藤武夫編（一九八三）が詳しい。

「〜エル」を使用した可能表現「カガエル（書くことができる）」や、「〜ロー」を使用した推量表現「アメガフンロー（雨が降るだろう）」、「〜ッタ／ッダ」を用いた事態が進行中であることを示す進行態「オヨイッダ（（今）泳いでいる）」、丁寧さをあらわす文末助詞の「ノー（ねえ）」の使用など庄内方言の文法的な特色もよく示す地域である。北海道・東北方言全般にあらわれる現在をあらわす「タ」も「トーチャン、エサ、イッダガ？（お父さん、（今）家にいるか）」の形であらわれる。

「気づかない方言」としても、「犬ガラ（に）追いかけられた」の「〜カラ」、「ワガンネ（だめだ）」、「ダマッテレ（動くな）」、「イチマル、ニマル（①まるいち、②まるに）」などが確認されている（阿部八郎、二〇〇三／佐藤亮一、二〇〇九）。

三川町と同じ庄内方言に属する鶴岡市においては、音韻・語彙・アクセント・文法などすべてにおいて共通語化が進んでおり、伝統的方言の変容と、場面による「方言」と

「共通語」の使い分けが進行していることが、国立国語研究所(一九五三／一九七四／一九九四／二〇〇七)から確認されている。鶴岡市と日常的な往来のある三川町においても同様の傾向を示すものの、三川町は鶴岡市よりも伝統的方言の残存度が高いと推測される地域で、東北地方における「方言主流社会」の典型とみていいだろう。

「方言主流社会」における三つの「方言」

山形県三川町で二〇〇九年に実施したアンケート調査は、町に居住する中学生以上の男女二六五人から協力を得た。第1章などで分析した首都圏の大学に通う大学生たちに対して行なったアンケート調査(二〇〇七年調査)と同様の方法で「会話」場面における三つの方言「本方言」「ジモ方言」「ニセ方言」の場面別使用意識を質問している。

「本方言」は「子どものころから自然に身についた地元の方言」、「ジモ方言」は「ふだん自分では使わない祖父母世代が使っているような地元の方言を強調したような方言」、「ニセ方言」は「地元以外のよその地域の方言」として示した。「場面」は、「家族」「地元友人」「県外友人」に対する「会話」の三場面について質問した。三つの「方言」の「場面別」使用率(「よく使う」＋「たまに使う」)は、図6-8の通り。

「方言主流社会」らしく「本方言」の使用率は非常に高い。とくに「地元友人」に対しては一〇〇％使用するという結果となっている。県外の友人に対しても七八・五％が

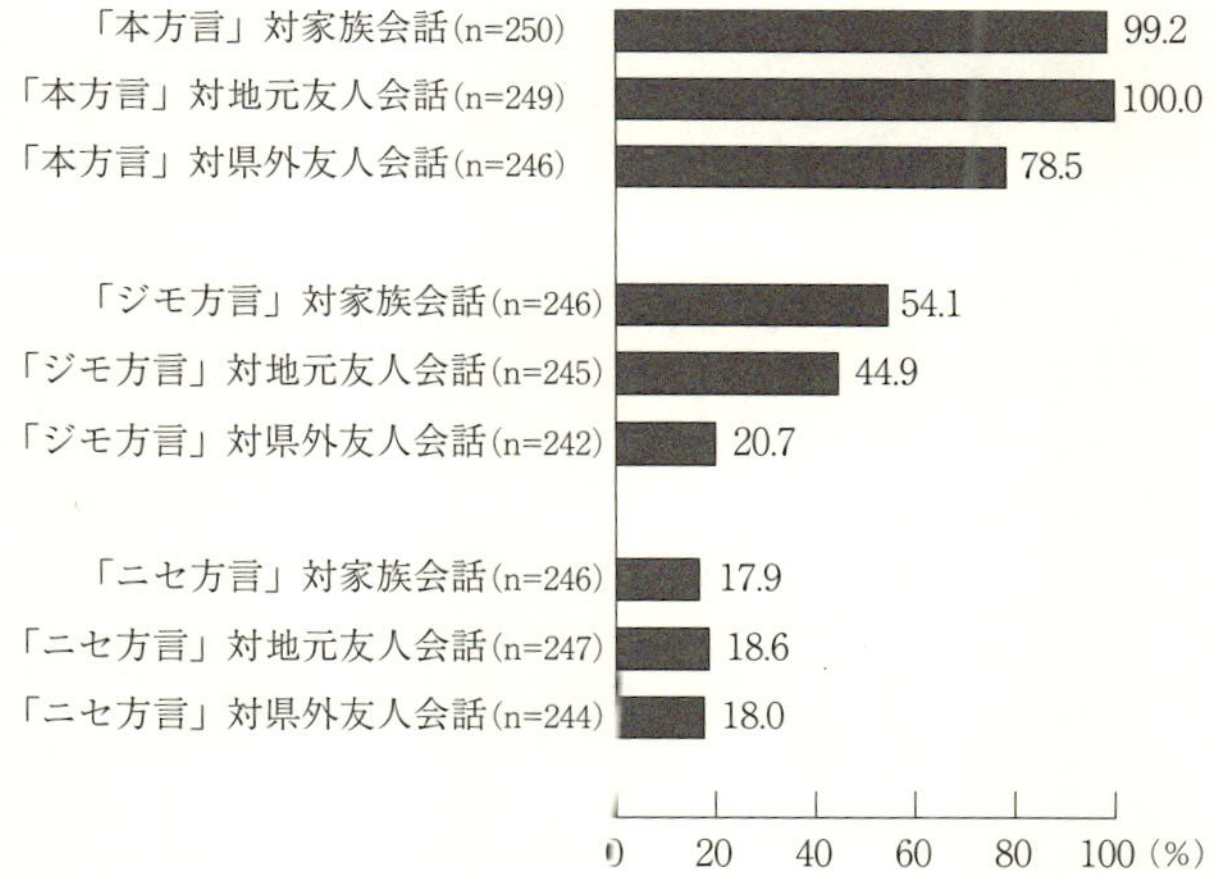

図 6-8　三つの「方言」の場面別使用率(2009 年三川町調査)

使用するという回答で、親しい間柄のことばである「親密コード」として「本方言」が機能していることがわかる。「ジモ方言」も、「家族」「地元友人」といった「方言」を共有する親しい人に対する場面では半数程度が使用すると回答している。「ニセ方言」は、どの場面でも二割弱と、「本方言」「ジモ方言」に比べるとその使用率は低いが、「方言主流社会」の山形県三川町においても「ニセ方言」を「使う」とする層の存在が確認されたことになる。

また、使用率の年代差がみられた場面が多い（χ二乗検定を行ない、p値が〇・〇五未満で、調整済み残差が＋二以上を「多い」とした）。「本方言」では「県外友人」、「ジモ方言」では「家族」「地元友人」

「県外友人」のすべての場面で六〇代以上の使用率が統計的に有意に高く、「ニセ方言」では「家族」「地元友人」「県外友人」すべての場面で一〇〜三〇代の使用率が統計的に有意に高いという結果となった。ここからは、六〇代以上の高年層は「本方言」「ジモ方言」の使用率が他の世代に比べ高く、一〇〜三〇代は「ニセ方言」の使用率が他の年代に比べ高いということがわかる。年代別

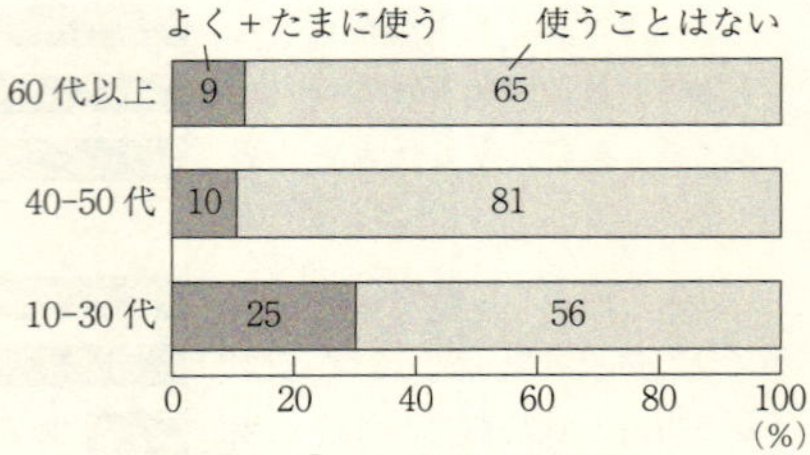

図 6–9　「ニセ方言」対家族
（2009 年三川町調査）

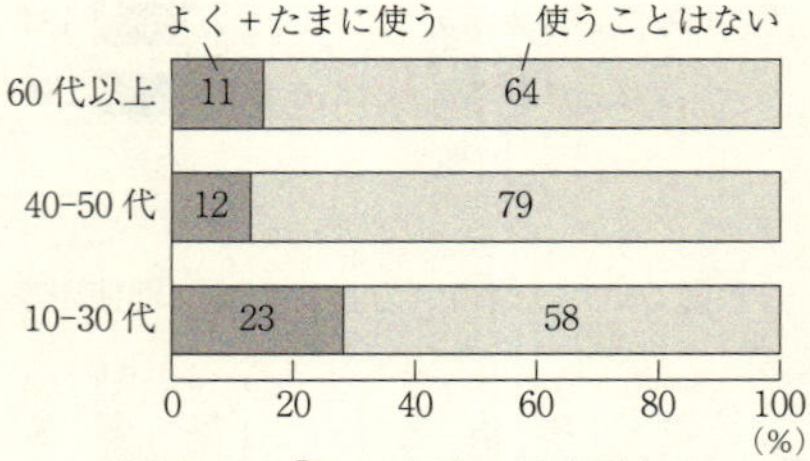

図 6–10　「ニセ方言」対地元友人
（2009 年三川町調査）

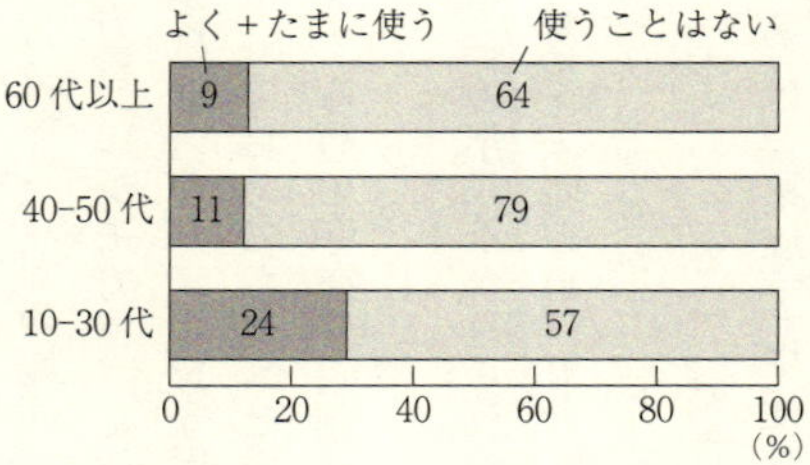

図 6–11　「ニセ方言」対県外友人
（2009 年三川町調査）

（図 6–9〜図 6–11
図中の数値は度数）

の「ニセ方言」の使用率の図を場面別に示す（図6-9、6-10、6-11）。

これらを総合すると、「方言主流社会」である山形県三川町においても「ニセ方言」は使用されており、「ニセ方言」使用が、首都圏のような「共通語中心社会」にのみ観察される事象ではないことが確認されたことになる。一方、「ニセ方言」使用は、明らかに若い層に多く観察される行動であることも確認された。

この結果はどのように考えるべきだろうか。若者が「東京」の流行に単にのっている、とみるべきなのだろうか。

年代のほかに、「ニセ方言」の使用との関わりがみられた質問項目をみてみると、「インターネットの使用程度」「インターネット関連の新語に対する馴染み度」「共通語を話す自信の程度」であった。インターネットの使用程度も新語に対する馴染み度も、若年層ほど高いという結果であったために、やはりこれも年代が影響していることをあらわしていることになる。しかし、「共通語を話す自信の程度」は、六〇代以上と五〇代以下では異なるようにみえるが、年代による統計的に有意な差はみられなかった（図6-12）。「共通語を話す自信の程度」と「ニセ方言」の三つの場面における使用率をみたものが、図6-13から図6-15の三つの図である。

「共通語を話す自信の程度」と「ニセ方言」の使用における統計的に有意な連関が確認されたのは、「家族」「地元友人」場面で、「県外友人」には統計的に有意な連関は確

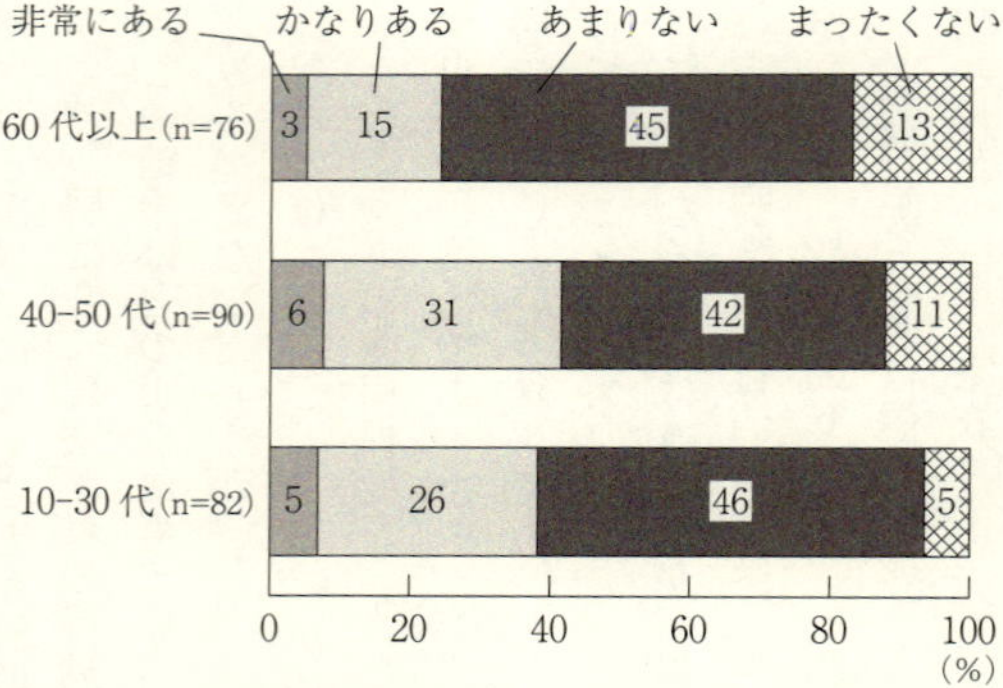

図6-12　「共通語を話す自信の程度」(図中の数値は度数，2009年三川町調査)

認されなかったものの、同じような傾向性がうかがえる。

つまり、「方言主流社会」における「ニセ方言」は、若い人ほど、また自分自身の共通語運用能力に自信のある人ほど採用する傾向にあることがわかる。しかし若年層の四五%は外住歴はなく、四一%は外住歴のほとんどない人で、そのほとんどない人の外住歴も県内あるいは東北地方にある高校や専門学校、大学に通う間のみというものである。このことから、若年層ほど「ニセ方言」を使用するという傾向は、他の地域、とりわけ首都圏の影響を直接的に受けたものではないことはあきらかだ。

三つの「方言」における年代差を、首都圏の大学生を対象とした二〇〇七年調査における非首都圏生育者、首都圏生育者の結果とならべてみると、図6-16、6-17、6-18のようになる。

「方言主流社会」である二〇〇九年三川町調査における調査結果と、首都圏在住の大学生を対象とした二〇〇七年調査の結果をつなげてみると、リアル方言である「本方言」が年代とともに勢力を弱めつつあるのと入れ替わるようにヴァーチャル方言である「ニセ方言」の使用が増加していることがわかる。また、「ジモ方言」はヴァーチャル方言であるにもかかわらず、リアル方言であ

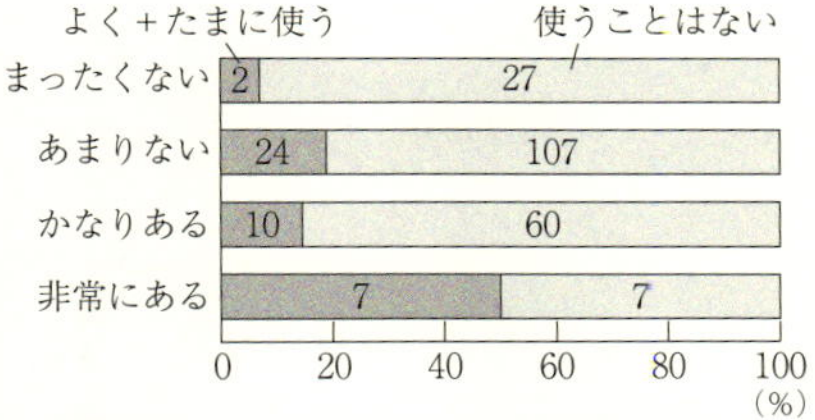

図 6-13　「共通語を話す自信の程度」と「ニセ方言」(対家族)の使用(2009 年三川町調査)

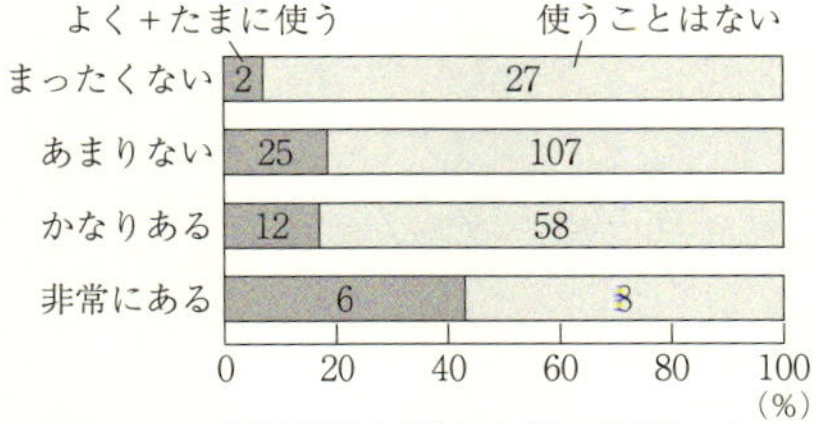

図 6-14　「共通語を話す自信の程度」と「ニセ方言」(対地元友人)の使用(2009 年三川町調査)

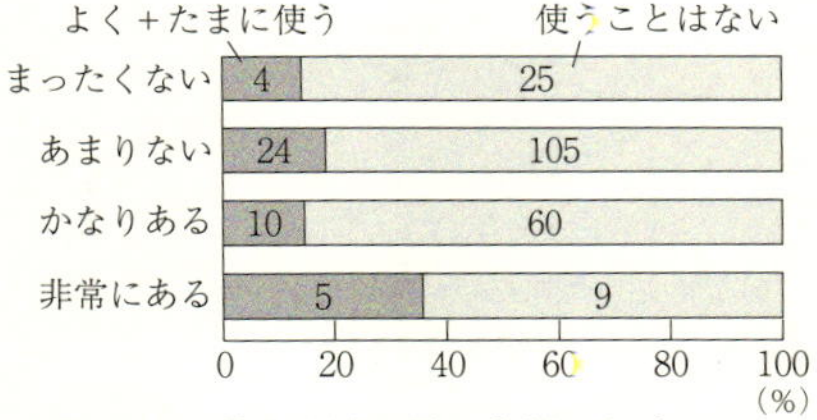

図 6-15　「共通語を話す自信の程度」と「ニセ方言」(対県外友人)の使用(2009 年三川町調査)

(図 6-13～図 6-15 図中の数値は度数)

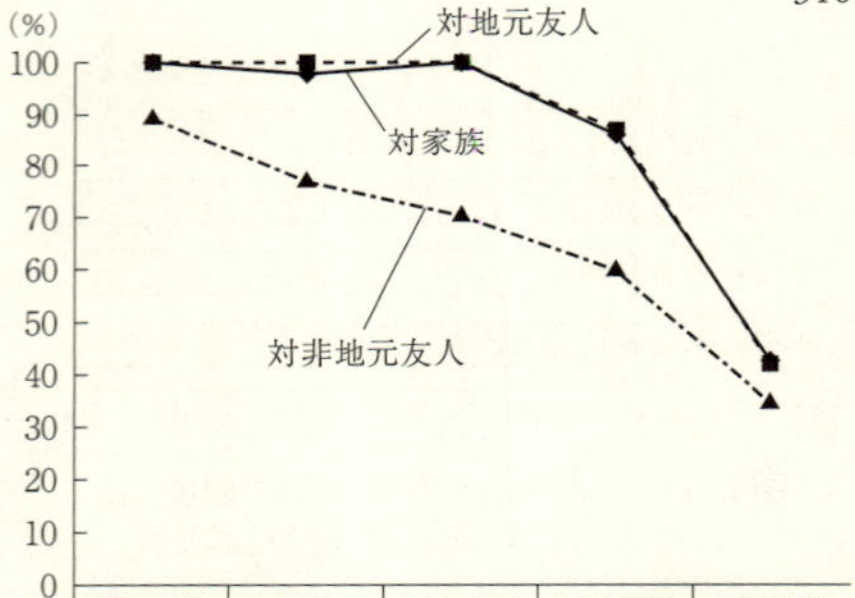

	09 三川町 60 代以上	09 三川町 40-50 代	09 三川町 10-30 代	07 非首都圏出身者	07 首都圏出身者
対家族	100.0	97.8	100.0	85.7	42.5
対地元友人	100.0	100.0	100.0	86.8	41.9
対非地元友人	89.2	76.7	70.2	59.7	34.4

図 6-16　会話における「本方言」の使用率
(2009 年三川町調査＋2007 年調査)

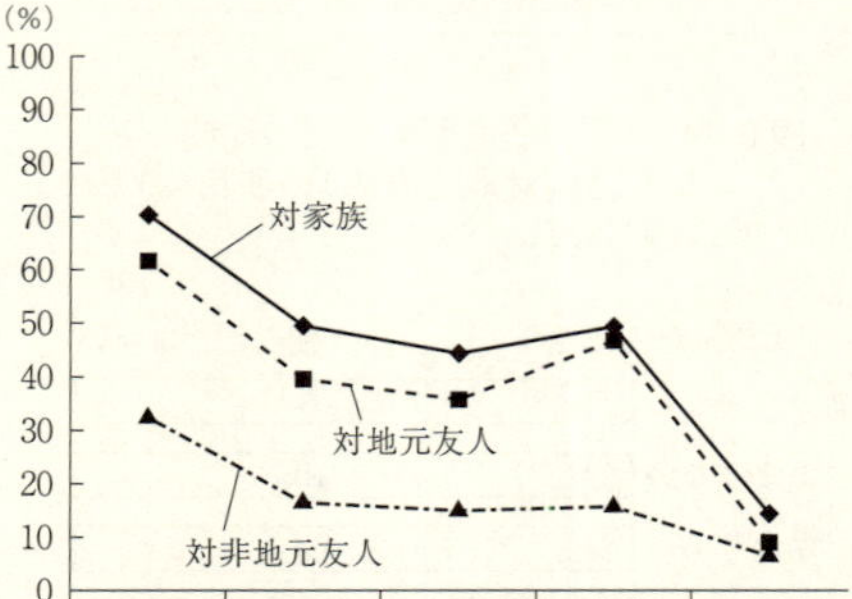

	09 三川町 60 代以上	09 三川町 40-50 代	09 三川町 10-30 代	07 非首都圏出身者	07 首都圏出身者
対家族	70.3	49.5	44.4	49.4	14.5
対地元友人	61.6	39.6	35.8	46.8	9.1
対非地元友人	32.4	16.5	15.0	15.8	6.5

図 6-17　会話における「ジモ方言」の使用率
(2009 年三川町調査＋2007 年調査)

る「本方言」の勢力の弱まりと連動し、勢力を弱めていることがわかる。

性質の異なる二つの地域と回答者からなる調査結果をつなげてみると、首都圏の大学に通う大学生という限られた対象による二〇〇七年調査の結果が、「方言主流社会」に

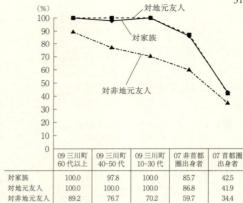

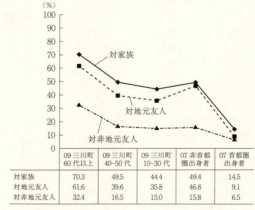

おける二〇〇九年三川町調査の結果の〝未来予想図〟にみえてくる。つまり、「共通語中心社会」である首都圏若年層で生じている事態は、「方言主流社会」の〝未来予想図〟である可能性を示していると考えられるのだ。若年層ほど「ニセ方言」を受け入れる傾向は、福島県いわき市における三世代調査からも確認される(大橋純一、二〇一二)。

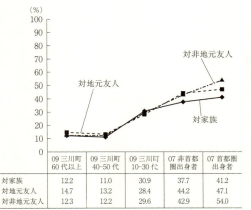

このようなことをみてみると、「ニセ方言」あるいは、「ニセ方言」を用いた「方言コスプレ」という言語行動は、単純に都会の若者による一時の流行現象とみていいのだろうか、という疑問が改めてわいてくる。

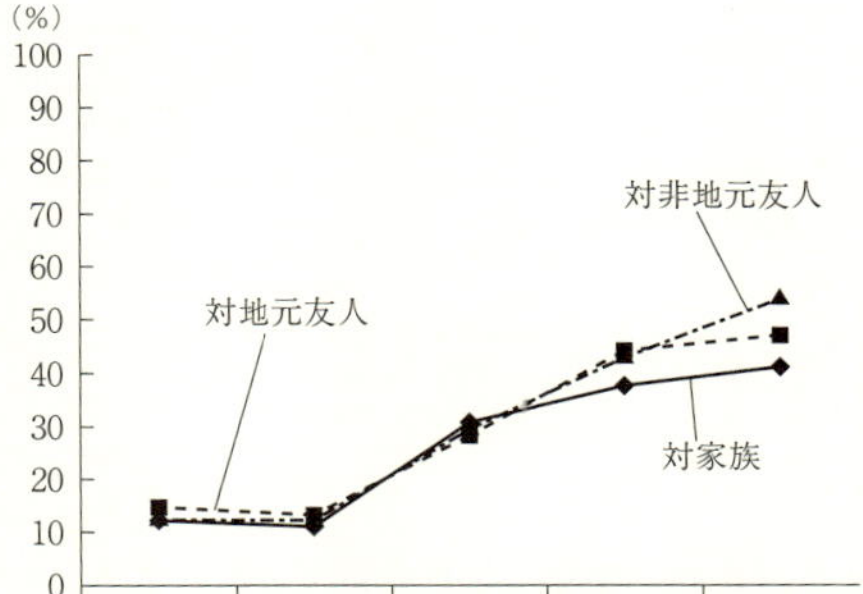

	09 三川町 60 代以上	09 三川町 40-50 代	09 三川町 10-30 代	07 非首都圏出身者	07 首都圏出身者
対家族	12.2	11.0	30.9	37.7	41.2
対地元友人	14.7	13.2	28.4	44.2	47.1
対非地元友人	12.3	12.2	29.6	42.9	54.0

図 6-18 会話における「ニセ方言」の使用率
(2009 年三川町調査＋2007 年調査)

「方言主流社会」におけるヴァーチャル方言

山形県三川町における調査データから、同町における「ニセ方言」の使用意識は、若年層ほど、また、共通語を話す自信の

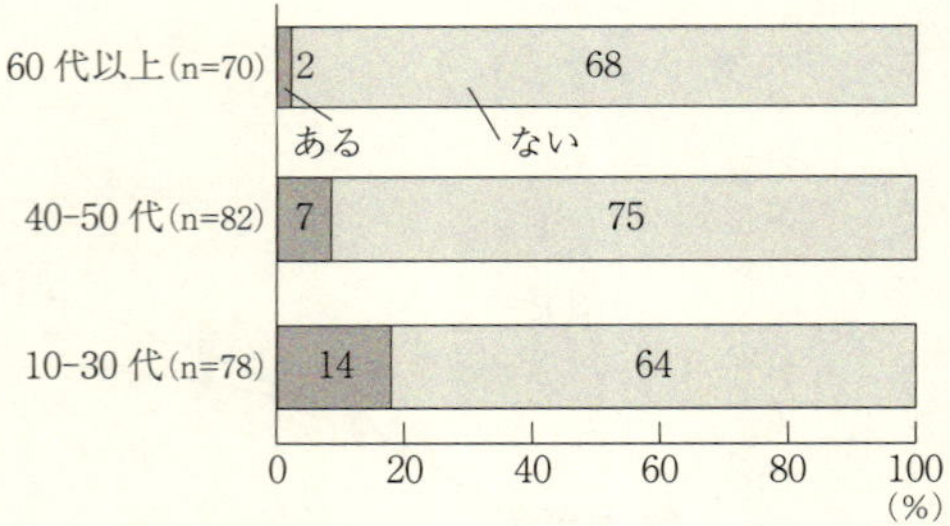

図 6–19　出身地以外の方言で使ってみたいものがあるか(図中の数値は度数，2009 年三川町調査)

ある人ほど多い、ということをみてきた。ここでは、三川町の人々にとっての「ニセ方言」は、具体的にはどのようなものか、みていくことにしたい。

まず、出身地以外の方言で使ってみたいものがあるかどうかについて聞いた結果を年代別に示すと、図6-19の通りで、ここでも、若いほど「ある」という回答が多いことがわかる。

「ある」と回答した人から得た具体的回答を地域ごとにまとめたものが、表6-1。もっとも多い回答が「関西弁」(「関西弁」六度数、「京都弁」五度数、「大阪弁」四度数)であること、九州地方の「方言」が二度数あらわれることなど、第1章などでみてきた首都圏の大学生を対象とした二〇〇七年調査の傾向とほとんど一致していることがわかる。

「ニセ方言」を使用する「理由」をみても、三川町の属する「東北方言」についての回答では当該地における居住歴がある回答者からのものが二度数、「関西弁」についても「息子が住んでいるから」というものが一度数と直接接触によるものもあらわれるが、

表 6-1　出身地以外の地域の方言で使ってみたい方言と理由（地域回答）

ID	地域	理由	備考
141	津軽弁	何を言っているか知りたいから	
8	秋田弁	懐かしさがある	秋田市居住歴有
66	村山方言（山形弁）	あたたかみがある	山形市居住歴有
31	関西弁	なんとなくいい	
100	関西弁	おもしろい	
101	関西弁	息子が住んでいるから	
183	関西弁	（理由記述なし）	
194	関西弁	なんとなく	
258	関西弁	おもしろい	
8	大阪弁	言葉の響きが好き	
61	大阪弁	なんとなくおもしろい	
172	大阪弁	おもしろい	
229	大阪弁	（理由記述なし）	
20	京都弁	かわいい感じがする	
39	京都弁	聞いていて気持ちいい	
61	京都弁	やさしそう	
172	京都弁	庄内弁と似てそう	
175	京都弁	なんとなく可愛い	
20	広島弁	素直な感じがする	
260	土佐弁	坂本龍馬にあこがれているから	
31	九州弁	なんとなくいい	
175	博多弁	なんとなく可愛い	
183	沖縄弁	（理由記述なし）	
7	（記述なし）	（理由記述なし）	

表 6-2 出身地以外の地域の方言で使ってみたい方言と理由（言語形式回答）

ID	具体例	理由
68	まいね	青森の友達の口癖だから
71	おこしやす	庄内は京都の文化が入っているから
71	もおかってまっか〜	明るい感じだから
137	そやな〜	ゆったりした感じがいい
143	だんちょねー	とっても悔しい思いを伝えられそう
143	〜やで，しかし	有名なので
144	おしょうしな	暖かくてやさしい
152	んだながい	決めつけ方が強い
152	んでがんすのう	映画の影響．相づちを打つのが庄内らしい
229	かまへんかまへん	（理由記述なし）

その他は、「なんとなく」「おもしろい」「かわいい」など、イメージ的な回答が中心である点、首都圏若年層と同様である。

具体的な使用例などを上げる回答（表6-2）をみても、文末表現や短い定型表現であり、この観点からも二〇〇七年調査で確認された首都圏若年層と同様であることがわかる。

〝未来予想図〟の一枚としての「方言おもちゃ化」現象

ここまで、二〇〇九年に筆者らが実施した山形県三川町の調査データから、「方言主流社会」における「方言コスプレ」現象の受けとめられ方についてみてきた。二〇〇七年調査による首都圏若年層に比べれば、「ニセ方言」の使用程度は高くなく、地域における年代差、共通語運用能力に対する自信の程度などによる差が、確認される段階にあることもわかった。しかし、三川町のような「方言主流社会」においても、若年層に向かうに従い、首都圏若年層の現状と重なる傾向が強くうかがえた。また、「ニセ方言」としての具体的な回答の傾向性も、首都圏若年層と大きくは異ならないものであった。前述のとおり、福島県いわき市においても、すでに同じ傾向が確認されている。

首都圏大学生に対して行なった二〇〇七年調査結果から、「ニセ方言」を用いた「方言コスプレ」行動は、親密コードとしてのリアル方言をもたない(と意識している)人々における代替行動であるとみてきた。つまり、リアル方言の代替としてのヴァーチャル方言である「ニセ方言」という位置づけである。

二〇〇九年三川町調査の結果は、このリアル方言代替物としての「ニセ方言」の台頭という図式は、「方言主流社会」においてもリアル方言の衰退に伴う〝未来予想図〟として、ありえることを示していると考える。

ただし、このことは、現在の「方言主流社会」において将来、リアル方言がまったく失われ、機能しなくなるということを意味しているわけではない。リアル方言が弱化していくに従い、首都圏の若年層で生じているような事態が、「方言主流社会」(そのような段階を迎えた場合、そのコミュニティーを「方言主流社会」と呼ぶことはむずかしそうだが)においても顕在化してくる可能性を含意するものだと考えられる。

つまり、このような観点からみれば、ヴァーチャル方言を用いた「方言コスプレ」や、その前提として共有される「方言おもちゃ化」的感性の存在は、あながち都会勝手、東京勝手とばかりはいえない現象で、現在の「方言主流社会」の〝未来予想図〟の一枚として、首都圏若年層の現状がある、ということになるだろう。

ここで、〝未来予想図〟の一枚、というい方をしているのは、東日本とは異なる性質をもつ西日本の「方言主流社会」においては、また別の〝未来予想図〟が描けることも推測されるからである。第3章でみたような「共通語」と「方言」に対する認識による地域類型によって、描かれる〝未来予想図〟が異なってくるだろう、という推測である。

たとえば、ヴァーチャル方言を用いた「方言コスプレ」の話題を首都圏の大学の授業で取り上げると、首都圏生育者や東日本生育者を中心に「自分も行なう」「よくわかる」「おもしろい」といったポジティブな反応が多い中、次のようなネガティブな反応が寄せられることがある。

- 生育地方言を使用してきた人間からすると、「ニセ方言」の使用は腹立たしい
（山口県生育・女子）
- 東京に来て、非関西人の「関西弁」使用は、方言を馬鹿にしているのかと思った
（大分県生育・男子）

・方言を「味付け」「キャラ装着」のようなおもしろ半分な扱いはしてほしくない
（和歌山県生育・女子）

このようなネガティブコメントのほとんどは、コメントに付した生育地からわかるように西日本の「方言主流社会」地域生育者によるものであることが多い。

一方、西日本「方言主流社会」の生育者でありながら、リアル方言である「本方言」が、ヴァーチャル方言の一角を占めるようなメジャー方言ではない、という意識をもつ「マイナー方言」話者からは、次のようなコメントが寄せられるケースも少なくない。

・これといった特徴のない方言をもっている人間からすれば、自分の方言を知ってくれていて、それを「おもちゃ」のように使って遊んでくれる人というのは希少で、むしろうれしいと思う部分もあります（実際そんな人に会ったことはありません が）。
（福井県生育・女子）

また、ヴァーチャル方言を用いた「方言コスプレ」にきわめてポジティブな首都圏や東日本生育者たちにおいても、それぞれの「方言」のネイティブの前で、その「方言」を用いることには消極的となる。

その中でも、「関西弁」ネイティブの耳目に入るところで「関西弁」を使用することについては、次のように、極端に恐れるコメントも多い。

- 関西人の前で間違った「関西弁」を使うと、怒られそうで恐い
（東京都生育・女子）
- 変な「関西弁」を使っていたら、関西の人に何か思われそう、といったイメージがある
（宮城県生育・女子）
- 「関西弁は間違えてはいけない」という意識がある
（愛知県生育・女子）

「ニセ方言」のみだりな使用や、その誇張した用法については、映画やラジオ、テレビドラマなどにおける「ニセ方言」への批判として、一九五〇年代の新聞記事や投書においてもすでにみられることは、第5章でみてきた通りである。ここでみているヴァーチャル方言に対するそれぞれの「方言」ネイティブが示す「違和感」は、ある意味ヴァーチャル方言に対する古典的な違和感であるものの、自分のリアル方言が「ニセ方言」の参照枠となることや、「ニセ方言」としての再現度に対する寛容さの地域間温度差も明確に反映しているように思える。たとえば、日本語社会におけるメジャー方言中のメジャー方言「関西弁」のネイティブが、ヴァーチャル関西弁に対するもっとも不寛容な

コメントを寄せがち、という事実がある。次のようなコメントが典型的だ。

・首都圏の人が関西弁やその他地方の言葉を使っていると、なぜか嫌悪感を抱いてしまいますし、間違いを指摘したい気分にはなります。（大阪府生育・女子）

以上、ここまで、ヴァーチャル方言について、さまざまな角度からみてきた。ヴァーチャル方言を用いた現実の言語行動としての「方言コスプレ」現象が、日本語社会においてどのような意味をもつのか、ということをまとめると、次のようなことになるだろう。

ヴァーチャル方言の一種である「ニセ方言」を用いた「方言コスプレ」は、一見、都会勝手、東京勝手な現象にみえるが、リアル方言の弱化に伴う親密コードの一部肩代わり、という現象で、「方言」のありかたの〝未来予想図〟のひとつになるだろう、ということである。とくに、「方言コスプレ」や「方言おもちゃ化」に対してポジティブな反応が若年層に多くみられる東日本や、西日本においてもマイナー方言地域という認識のある地方においては、この方向に進む可能性が高いことが予想される。

また、「方言コスプレ」にみられる、「共通語」に方言的要素をちりばめるという「技法」と、そこで使用される文末表現や定型的な短い表現、感情表現や地域性の高い物産や行事などに関わる特定の語彙といったような「参照枠」の限定化は、共通語化に伴い弱化していくリアル方言の向かう方向性も指し示しているように思う。宮城県仙台方言における若年層のリアル方言の実態から指摘された「方言アクセサリー化」(小林隆、二〇〇四)という現象が、顕在化してくる地域も少なくないだろう、と考える。

一方、ここで指摘した〝未来予想図〟は、西日本におけるメジャー方言地域においては、様相の異なるものになる可能性も高い。この背景には、第3章や本章でみてきたような地域によって共有される実態や考え方の違いがあると考える。つまり、もし、ある現象に対して東京勝手という見方があるのであれば、同じ現象の受容の仕方の程度について、別の「〇〇勝手」が、要因として働いているという見方も同時に成立しているということである。

あとがきにかえて

たとえば、庭に咲いた花の便りのような何気ない季節のお便りが朝のラジオから流れてくる。「共通語」で書かれ、そして読み上げられるお便りの最後の一言は、「負けてたまっか」。一呼吸おいて、パーソナリティーが投稿者の情報を伝える——「福島県の〇〇さんからの季節のお便りでした」。わたしたちは、仮に投稿者の情報がなくても、また、普通の投稿と同じ情報以上に何かのことばが付け加えられなくても、するすると流れる「共通語」の季節のお便りのあとにきっぱりと付け加えられた「方言」の一言に、投稿者の現在の状況や心情、それから現在も多くの人々が置かれている状況にはっと胸を突かれる。生活のことばとしての「方言」が、「共通語」の最後にぽんっと投げ出されることによって、表面的な何かが一瞬、打ち破られたように感じるのだ。

「がんぱっぺ！　みやぎ」「けっぱれ！　岩手」というような東日本大震災の被災地の「方言」を使った応援メッセージをステッカーにして、救援活動に取り組む自衛隊員たちがヘルメットやヘリコプターの胴体に貼っている、というニュースも報じられた。試みにGoogleで「がんばっぺ」をフレーズ検索すると軽く一〇〇万件を超えるサイトがヒットしてくる。その最上位には、「がんばっぺ！　茨城」「がんばっぺ！　福島」「がんばっぺ　いわき」のような地域発の震災復興サイトがあらわれ、それらのサイトを引用したブログや関連のイベントなどを伝えるサイトや記事が連綿と続く。

生活のことばとしての「方言」が、短く切り出されることによって一層、強い地域の紐帯のアイコンとして機能していることがわかる。そして、それらは、リアルな地元の方言として認識する人々に対してだけではなく、ヨソの方言として受けとめる人々の心にも何かを強く訴えかけてくる機能をもつことにもわたしたちは気づく。自分にとってのリアル方言ではない、ヨソの地域の方言だけれども、それが「方言」であることによって、耳目が引かれ、やはり表面的な何かが打ち破られるような感覚が引き出されることに。

「方言」が生活のことばとして人々の真情を示すものであることは、もちろんのことであるが、ここでは、短く切り出された「方言」が、地元のみならず、その「方言」を共有しない人々にとっても、地域を越えた紐帯として機能するアイコンと化していることに注目したい。

日本語社会における「方言」の位置づけが「恥ずかしいもの・隠すもの」から「かっこいいもの・みせるもの」に変化してきたことによって、二〇〇〇年代以降、地元の伝統的な「方言」を地域のアイコンとして発信する自治体やローカル・メディアが増加した。地元の方言を用いることは、「方言」を共有する人々にとっての地域の紐帯として機能するばかりではなく、「方言」を共有しない人々にとっても魅力的なものとして機能する時代となったからである。

自治体の発行する広報誌やサイト、ご当地ヒーローや施設の命名に地元の伝統的な「方言」を取り入れたものは枚挙にいとまがない。多くは地元で活力のある「本方言」から、地域色豊かな行事や特産物、ポジティブな印象を与える語彙などが採用されているが、中には地元でもほとんど使用されなくなった伝統的な「方言」をわざわざ「発掘」して用いるケースもあるほどで、そのようなケースにおいては、地元でもかならずしもその「方言」の意味が共有されていない。「発掘」のわざわざ感が価値を高める「ジモ方言」のアイコン化と呼んでもいい現象だろう。

今回の大震災において、「方言」が地域を越えた紐帯の象徴となりえたのは、このような日本語社会における「方言」の位置づけの変化という下地があったからなのだ。

本書では、従来の方言研究では正面から取り上げられることの少なかったホンモノの方言ではないヴァーチャル方言について、さまざまな角度から取り上げてきた。日本語社会で生活する人々の頭の中にある「〇〇方言」や「△△弁」、またそれらに付与されている「方言ステレオタイプ」。「方言ステレオタイプ」に基づく「ニセ方言」を着脱することによって臨時的なキャラを繰り出す「方言コスプレ」。ドラマや小説、マンガやアニメのような創作物にあらわれるヴァーチャル方言としての「○○方言」や「△△弁」。それらと結びついた「方言キャラ」のなりたちと実際。創作物と頭の中のヴァーチャル方言の関係性など、である。

がっちりと生活に根ざしたリアルな方言ではない、もやもやとしたイメージとしての方言とその使われ方について考えることを通じて、もやもやを少しはかたちのあるものとして捉えてみたい、ということが本書のスタート地点であり、狙いであったが、どの程度、それは達成されただろうか。

正面から取り上げられることの少ない素材に思い切って取り組むきっかけを与えてもらったのは、二〇〇七年三月に開催された社会言語科学会第一九回研究大会におけるシンポジウム「社会言語学における「人の社会的属性」の扱いを問い直す」によってである。「着脱される「属性」」として「方言コスプレ」の話題を取り上げてみるのは、どうだろう？　と迷うわたしの背中をどん！　と押して下さった世話人の日高水穂氏と、貴重なコメントを下さったシンポジウムのパネリストのみなさまにまずは感謝申し上げたい。また、シンポジウムの発題を基とした「「方言コスプレ」にみる「方言おもちゃ化」の時代」(『文学』八(六)、岩波書店、二〇〇七年)の執筆が、本書に取り組む直接のきっかけとなった。そのような機会を与えて下さった大阪大学の金水敏先生には、改めてお礼申し上げたい。これに加え、「ＮＨＫ大河ドラマと連続テレビ小説からみた「方言」」(『語文』一三九、二〇一一年)、「言語意識による地域の類型化と分類の試み」(『語文』一四〇、二〇一一年)が本書の中核となっている。

その後、国内外の講演会や研究会などでこの話題について話をする機会をいくつか与えていただいた。機会を与えて下さったコロンビア大学のシラネハルオ先生・鈴木登美先生・ポール＝アンダラー先生、ハーバード大学の栗山茂久先生、フランス国立東洋言語文化研究所の西尾純和先生、国立国語研究所の相澤正夫氏に深く感謝申し上げる。また、いずれの場においても、ご参加くださった方々からは貴重なご指摘を多く頂戴した。いただいたすべてのご指摘を生かすところまでには至っていないとは思うものの、ご参加下さったみなさまにも心より感謝申し上げる。

また、各種の調査に際しては、本当に多くの方のご協力を頂戴した。三川町調査については三川町のみなさまをはじめ、佐藤亮一先生、荻野綱男氏、他大学から参加して下さったみなさま、勤務校の日本大学文理学部国文学科のスタッフならびに学生たちに感謝申し上げる。全国方言意識調査(二〇一〇年調査)は国立国語研究所基幹型共同研究「多角的アプローチによる現代日本語の動態の解明」の一環である。リーダーでこの共同研究にお誘い下さった相澤正夫氏ならびに研究会のメンバーにも感謝したい。この他にも、アンケート調査などにご協力下さったみなさま、早稲田大学文学学術院と日本大学文理学部における講義を通じてさまざまな示唆とコメントを与えてくれた多くの学生たちにもお礼申し上げる。

ＮＨＫの大河ドラマと連続テレビ小説にかんする調査に際しては、ＮＨＫ放送文化研究所の塩田雄大氏・吉川邦夫氏、ＮＨＫ放送博物館の磯崎咲美氏に、メリーランド大学ゴードン・Ｗ・プランゲ文庫の調査においては、坂口英子氏・エイミー＝ワッサストロム氏・ジェンキンス加奈氏に、それぞれたいへんお世話になった。

予想外のことがいろいろと立ち上がり、ここに至るまで思いのほか時間がかかってしまった。多くの人に支えられてのことだが、担当編集者の岡本潤さんには、とりわけお世話になった。岡本さんの支えがなければ、確実にここには至らなかった。「土佐っぽ」岡本さんのおかげでかたちになった章も多い。最後に家庭内編集会議にいつも参加してくれた連れ合いにも、心からありがとうといいたい。

ことばにかんするもやもやとしたものをかたちにしていくといった「宿題」は、まだまだたくさんあるように思う。本書で積み残したものもたくさんあるだろう。それらについては、今後の課題としたい。

二〇一一年七月

田中ゆかり

［解説にかえて］

ドラマの「らしさ」と「方言コスプレ」

大森洋平（おおもりようへい）　一九五九年東京都生まれ。東北大学文学部史学科卒（西洋史専攻）。一九八三年NHK入局。古典芸能番組、教養番組の制作などを経て、一九九九年より番組の時代考証を専門とする。主な担当作品は同年の『葵　徳川三代』以降『光る君へ』までの大河ドラマ、『おひさま』『カムカムエヴリバディ』『ブギウギ』『虎に翼』など昭和・戦前期を描いた連続テレビ小説、『大富豪同心』『小吉の女房』シリーズ等の時代劇、ドキュメンタリーでは『NHKスペシャル　硫黄島玉砕戦』『証言記録　兵士たちの戦争』等の昭和史取材作品、また『BS世界のドキュメンタリー』、海外ドラマ『刑事フォイル』では日本語版台本での用語・台詞チェックや映像考証を行った。二〇二四年放送文化基金賞受賞。同年退職。著書に『考証要集　秘伝！　NHK時代考証資料』（文春文庫、二〇一三）、『考証要集2　蔵出し　NHK時代考証資料』（同、二〇一八）。共著に『時代劇・歴史ドラマは台詞で決まる！』（笠間書院、二〇一八）。

吉川邦夫（よしかわくにお）　一九六二年東京都生まれ。国際基督教大学語学科卒。一九八五年NHK入局。徳島放送局でドキュメンタリー作品などを手がけた後、一九九〇年より制作局ドラマ番組部。主な作品として、大河ドラマ『新選組！』（二〇〇四）、ミュージカルドラマ『ホシに願いを』（二〇〇四）、土曜ドラマ『魂萌え！』（二〇〇六）、千葉発地域ドラマ『菜の花ラインに乗りかえて』（二〇一三）、人形劇『シャーロックホームズ』（二〇一四）など。三谷幸喜作品を数多く手がけ、『真田丸』（二〇一六）の制作統括・演出、『風雲児たち――蘭学革命篇』（二〇一八）の演出を担当。NHKエンタープライズのエグゼクティブ・ディレクター、NHK放送文化研究所メディア研究部上級研究員を歴任した。二〇二〇年より、フリーランスの制作者・演出家として活動。共著に『時代劇・歴史ドラマは台詞で決まる！』（笠間書院、二〇一八）。

言語意識を映す装置・テレビドラマ

本書は、近代以降の日本語社会における「方言」と「共通語」の関係の移り変わりについて、そこに暮らす人々の言語意識や、フィクションである大衆的創作物に現れるヴァーチャル方言とその受け止め方という大きく二つの側面から明らかにしようと試みたものである。本書で繰り返し述べたように、大衆的創作物はそれぞれの制作された時代の日本語社会に暮らす人々の言語意識が投影されたものである。それと同時に、マス・メディアを通じて拡散する大衆的創作物は受け手である日本語社会に暮らす人々の言語意識を変化させる力ももつ。現実世界における言語実態や言語意識と、大衆的創作物という仮想世界における仮想言語とそれがかたちづくる世界観やイメージは、相互に影響を与え合う車の両輪のような関係にある。

大衆的創作物と一口に言っても、生身の人間が演ずる話芸や演劇、雑誌や書籍によって流布する小説やマンガなどから、映画やテレビ番組のような映像作品、インターネットを介して発信されるコンテンツ類まで、性質の異なる多様なものが存在する。メディア環境の変化によって、影響力の強い創作物は移り変わるものだが、戦後の日本語社会にもっとも大きな影響を与えた大衆的創作物として、高度経済成長期に一般家庭に急速に普及したテレビ番組、なかでもテレビドラマをその第一に指摘することができる。そこで、あまたあるテレビドラマの中でも、本書でも主たる分析対象とした、ドラマ方言のありかたを決定づけたNHKの二大テレビドラマシリーズである大河ドラマと連続テレビ小説（通称、朝ドラ。以下、朝ドラ）を中心としたドラマの制作秘話を、同局ドラマ番組OBの大森洋平さんと吉川邦夫さんのお二人からたっぷりうかがった。

本書の第4章・第5章ならびに巻末の付表1〜3は、NHKの二大ドラマシリーズの大河ドラマと朝ドラの当時アクセス可能であった各種資料調査に基づくものだが、二大テレビドラマシリーズ制作に長年にわたり深く関わってきたお二人の話をうかがうことによって、資料だけではすくいとれないヴァーチャル方言の蓄積・拡散装置として大きな力をもつテレビドラマの「別の顔」も見えてくる。

「考証」と「演出」という仕事

田中　まず、長年NHKで「考証」の仕事を担当されてきた、大森洋平さんにうかがいます。ご自身の入局以来のキャリアについてお話いただけますか。

大森　古典芸能番組のディレクターをやりたいということで、一九八三年にNHKに入りました。当時の新人は、地方局で修業をすることからスタートしました。私は秋田放送局へ行って、秋田県の民俗とか文化に触れられたのはよかったと思っています。四年後に東京の古典芸能部へ異動したのですが、その後は教養番組部で、日本美術や日本語に関する番組を多く手がけました、94年に京都局へと移ったのですが、そうやって見聞が広まるにつれ、時代考証の仕事を専門にやりたいという希望が強くなり、一九九九年にそれがかない東京のデータ情報部、いわゆる「資料部」ですね、そこへ行きました。そのあとまた紆余曲折があって、結局ドラマ番組部に参りまして、以後腰を据えてドラマを主に、時々ドキュメンタリーの時代考証も担当して、現在に至ったわけです。

田中　大森さんの職分というか、考証の仕事をどう呼ぶかということについてですが、朝ドラや大河の視聴を促す目的で制作されたＮＨＫ制作のムック類のスタッフ欄をみると、大森さんの職分というか役割に対する名称は「考証」となっています。局外スタッフについては、「時代考証」にはじまり多様な「○○考証」という役割名称が与えられています。大森さんがされている「考証」と外部スタッフによる「時代考証」の間には、何か違いがあるのでしょうか。あるとしたら、どのようなところが違うのでしょうか。

大森　もともと私がいたデータ情報部に、考証班というセクションがありまして、それが由来だと思います。私がやっていたのは時代考証全般、まあ、あらゆる時代と分野を対象としていたのですが、大河ドラマなどでは外部の研究者や専門家による風俗考証、軍事考証、芸能考証など様々なジャンルが並立しているので、むしろ一般的な「考証」としておいた方がいいかなという、プラクティカルな意味でそうなっていたのだと思います。自分ではあんまり意識していませんでしたが。

吉川　ドラマを制作していた立場からいいますと、外部の研究者や専門家に考証をお願いする場合は、その人の専門を明らかにする必要が出てくるんです。大森さんは全部やるので、「考証」なんですね。歴史学者なら「時代考証」、建築の専門家なら「建築考証」、衣装の担当者を「衣装考証」と出します。クレジットする場合、外部の方にはそうした細分化が必要になるわけです。

田中　大森さんが最初に「考証」を担当された番組は何でしたか。

大森　大河ドラマの第39作『葵　徳川三代』(二〇〇〇年)です。異動して途中から加わりました。

田中　吉川さんは、大河ドラマ第40作の『北条時宗』(二〇〇一年)ではじめて大森さんと一緒にドラマ制作の仕事をされたとのことですね。吉川さんの自己紹介もお願いします。

吉川　一九八五年にNHKに入りまして、初任地は徳島でした。当時は地方局単独でテレビドラマを作るのは技術的にも難しかった時代で、ラジオドラマを一本だけ作りました。あとはドキュメンタリーやスタジオ番組を作るというのが日常でした。その後、東京のドラマ番組部に異動になりましたが、その頃のNHKドラマでは演出と制作の仕事の線引きがほぼなくて、お金の管理からお弁当の手配、宿の手配も、演出も助監督も編集も全部ドラマ部の職員がやる、ということが当たり前でした。ドラマ作りのプロセスをすべて把握できるようになる、という意味ではとてもよかったと思います。今はもうほぼ完全に分担が分かれてしまって、一から十までドラマ作りのすべてを経験しているという職員はいなくなってしまいました。

田中　いろいろな経験を積まれてから、大河ドラマの制作に参加されるようになったのですね。

吉川　一九九〇年から単発ドラマの助監督と、制作補などを二つくらい担当した後、大河ドラマ第30作『信長　KING OF ZIPANGU』(一九九二年)に入ったのですが、この作品から大河ドラマがNHKエンタープライズの制作になるということで、NHKドラマ部の大河ドラマ班がまるまる班ごとNHKエンタープライズに出向しました。大河ドラマを使ってメディアミックスを行う狙いがあったと聞いています。

田中　メディアミックスというのは、小説と歌とドラマを一緒に売り出すというようなことでしょうか。

吉川　基本はそうですね。『信長』は田向正健のオリジナル脚本でしたが、僕が続けて参加した第31作『琉球の風』(一九九三年前期)では原作小説は陳舜臣でドラマの脚本は山田信夫、第32作『炎立つ』(一九九三年後期)では原作小説は高橋克彦でドラマの脚本は中島丈博というように、原作小説とドラマ脚本を同時に開発していました。

田中　時代考証の話に戻りますが、吉川さんのような制作・演出の担当者と「考証」担当者との関係とはどのようなものですか。

吉川　担当した大河ドラマ四本目の第36作『毛利元就』(一九九七年)では、大森さんの前任者の方にいろいろ手伝っていただいたのですが、時代考証の主な部分はその時代を専門にしている外部の研究者や専門家に頼んでいました。脚本を作っていると、研究者の方とは戦いになってしまう部分があるんです。研究者の多くは自分の知っている通り、あるいは信じている通りにドラマにして欲しいのですね。物語としておもしろいかどうかが大切だとは考えない。しかし、ドラマを作っている側としてはそうはいかないので、おもしろくなかったら、その史料の裏を読んで何か劇的な解釈はできないのかということを突っ込んでいったりします。元々ディレクターである大森さんとはその辺りを「あうんの呼吸」でできる。学問的に証明されていないことでも、資料がないからわかりません、で終わりではなく、そうであったかもしれない何かを、なるべく絞り込んで深読みをしてリアルな物語として描いてみる。

大森　何かひとつ小さな核を見つけて、そこから展開していくということです。

吉川　大森さんとやり始めてからそういう作業が格段におもしろくなってきました。第42作『新選組！』(二〇〇四年)のときも、本編放送終了後に正月時代劇として制作・放送された続編の『新選組!!〜土方歳三最期の一日』(二〇〇六年)で、土方歳三が最後に函館で、ひょっとしたら逆転して勝てたかもしれない作戦を考える時代考証会議がありました。そんな史料はまったくないわけですが、史料の断片をたどっていくと、このとき土方はここにいた、というのはだいたいわかります。あきらめない土方がその間に何か彼一流のゲリラ的なカウンターアタック策を仕掛けていたとしたらと仮定し、このルートを通って、ここに抜ければ、ワンチャン黒田清隆の首を取れたのではないか、という残念ながら完遂できなかった作戦を、時代考証会議で、僕と大森さんと専門家・研究者のみなさんで一緒に知恵を絞って考え出すということをやりました。地図と軍勢の配置図を広げて駒を動かし、専門家・研究者に「なるほど。それならできたかもしれません」と言ってもらうまでねばりました。それがそのままドラマの最後のクライマックスのお芝居になっています。そして、この作戦は新政府軍に悟られてはいけないから、土方たちも記録に残る表立った会議では話題にしないし、あとでそんな作戦が遂行されて逆転負けしかかっていたと知った政府軍は、どう考えても身内の恥ですから、仮に何か証拠を見つけていても闇に葬って無かったことにしたいはず、という裏設定まで決めました。だから「史料」には無いんだ！　と。この考証会議は本当に楽しかったですね。

大森　ただ、いつもこうは行かないんですよね。専門家・研究者は往々にして、自分の学説でそのまま映像化されれば正しい時代考証になるとお考えになりがちなのですが、そういうものではなくて、あくまでも枠の中でどう生かすかが重要なのです。

吉川　そうですね。僕は大河ドラマを担当することが結果的に多かったので、そういう説得の仕方にだんだんと慣れていったところはあります。考証会議に参加する方たちが、その取り組み方の意義に気づいてくださると、むしろ一番頼りになるわけです。第55作『真田丸』(二〇一六年)のときに、豊臣秀次は、実は殺されたのではなく、自ら死を選んだのではないか。その方が自然な気がする、と僕が感じたことを考証会議で相談したら、実は一年前にそういう新しい学説の論文が出ているということを教えていただきました。それが『真田丸』の秀次像にぴったり重なったので、我々の物語はそれでやろうという話になりました。「哀しい秀次」を当初からイメージしていた脚本の三谷幸喜さんも大喜びでした。

大森　それでこそ、「最新の学説を取り入れてやりました」が一番創造的な形で生かせるわけです。

吉川　ドラマで血の通った生身の人物として描いていく中で、通説を疑った方が本当らしいのではないかと類推されてくるということがときどきあります。この場合も、秀吉と秀次の関係がどんなものであったかとか、秀頼の未来を守るためには何が一番よい手だったかとか考えていくと、あの時点で謹慎させている秀次を殺すのは、秀吉にとっては意味がない、そんなことをすれば家康のような男につけ込まれるのではないか、それがわからないような秀吉なのか？　という疑問が自然に湧いてくる。では、一体何が起きたのか？　と考えていくと同じ事実から違うものがだんだん見えてくるんです。史料の行間の読み解き方を変えると、これまでの一般的な解釈よりも新しい見方の方が実はリアルかもしれない。現代でもそうですが、本当のことは隠されがちで、嘘の方が表に出る文書として残されることはありますよね。ドラマの作り手として、歴史を題材にただ作り話を考えるのではなく、史料からその奥や裏のリアリティを掘り出すという仕事をしてきたという意識もあります。

田中　大河と朝ドラについてあれこれ調べている中で不思議に思ったことがいくつかあります。大河と朝ドラでは、原作無しオリジナルストーリーの場合、脚本家は「作」と表記されていて、原作がある場合は「原作」と「脚本」に分けて表記されています。しかし、一部の作品、たとえば『信長』では「原作・脚本」どちらも田向正健、と表記されています。これは、どういうことなのでしょうか。

吉川　原作者がいる場合、「原作」と「脚本」に分けて表記されますが、原作小説を書いて自分で脚本化した場合、「原作・脚本」が同一人物になります。普通、それは原作が出版されていないと成立しないはずですが、確かに『信長』は「原作・脚本　田向正健」という表記でしたね。

田中　そういうケースが何作かありますね。

吉川　権利関係の色々な交渉の結果かもしれませんし、別の形の出版などにもつなげるためのメディアミックスの試行のひとつだったのかもしれないですね。そのあたりのプロセスには直接関わっていないので、確たることはいえませんが。

田中　吉川さんのご担当された作品は他に何がありますか。

吉川　ＮＨＫエンタープライズからＮＨＫ本体に戻って、現代物と大河以外の時代物ドラマを何本かやりまして、第36作『毛利元就』で大河ドラマにまた入り、朝の連続テレビ小説は一本だけ第60作『すずらん』(一九九九年度前期)を担当しました。そしてハイビジョンの時代になり、大河ドラマは『北条時宗』、三谷幸喜さんの脚本で『新選組！』、『真田丸』をやりました。

地域発ドラマと「方言」

田中　吉川さんは地域発ドラマなどにも力を入れていらしたと思いますが。

吉川　二〇一〇年にドラマの現場からいったん離れてみようと考えて、ドラマ部出身の先輩が何人かいたこともあり、放送文化研究所に異動を希望しました。研究所の隣にある放送博物館の当時の館長もドラマ部の大先輩で、その方に地域物のドラマに関する空気が全国的に盛り上がってきているのを感じるから、地域ドラマの研究をしてみないか、と言われたのがきっかけです。各局の動向を取材しているうちに、自分の地域局でもドラマを作りたいけれど、どうしたらいいか、という相談も来るようになりまして、地域ドラマというジャンルを体系的に研究してみようと考えました。

田中　ああ、そうなんですね。地域発ドラマは全国放送を前提に制作されている全国向けドラマとは異なり、限られた地域での放送が前提となることも多いので、放送エリアの地域性を色濃く反映することが多いかと思います。印象としては、全国放送が前提で制作されたドラマよりも地域発ドラマの台詞《セリフ》には、方言色も濃くなっているような気がしますが、そのあたりについては、いかがでしたか？

吉川　まず多くの企画が、その地域局からの提案であること。地域局のディレクターや記者が丹念に取材した材料からドラマを企画するので、そもそもその地域で実際に起こったことが脚本のベースにあります。そういう場面を再現すれば自然とその地域のことばによる会話になってきますよね。そして地域発ドラマでは、主演クラスに地元出身俳優をキャスティングする傾向がありますから、ネイティブスピーカーが自分の慣れ親しんだことばを使いこなしていきいきとお芝居している作品が多いです。群衆シーンのエキストラも当然地元の方達ですから、ガヤ（芝居の背景音として聞こえるガヤガヤした話し声のこと）も普通に方言になります。さらにフレームの外に目を向けると、ご当地出身のスタッフもたくさんいて、現場で飛び交う会話の多くがその地域のことばになっている。そういう空気が幾重にも重なってドラマの中に「方言の雰囲気」が定着しているのだと思います。方言にこだわると決め打ちしている企画は必ずしも多くはないけれど、自然と「濃く」なるのは確かだと思います。

田中　本書第4章で述べた通り、テレビが各家庭に急速に普及した一九五〇年代中頃から一九六〇年代末にかけて放送で使われる方言についての批判が高まったことを受けて、NHKでは放送にどのように方言を取り入れていくのかという検討を一九七〇年代に集中的に行いました。その結果、方言が登場するドラマには「方言指導」が導入され、方言ドラマの質の担保を目指すようになりました。私は、世の中と制作者双方の方言に対する意識の変化が本格的な方言ドラマの登場につながったと解釈しているのですが、以前ちらっとうかがったところによると、吉川さんは単に意識の問題だけではなく、ドラマの撮影機材の変化が方言ドラマの制作につながったという興味深い指摘をされていたと記憶しています。改めてそのあたりのことについて、お話いただけないでしょうか。

吉川　テレビドラマ初期には、ドラマを撮るビデオカメラは巨大すぎて、スタジオから外に持ち出すことは考えられませんでした。日本のどこが舞台の物語であれ、東京や大阪などの大きなスタジオでお芝居を撮影するしかなかった。それが、六〇年代から七〇年代の技術の進歩で、次第に機材がコンパクトになって運搬が可能になり、中継車にビデオデッキを積んでロケ地に行き、その地域独特の場所を背景にしてドラマを収録することができるようになっていきます。ドラマ撮影の方法にこうして機動力が備わったことから、「銀河テレビ小説」(一九七二年〜)の枠で地域を題材にした短いドラマの連作を企画するようになりました。せっかく出掛けるのだからその地域の特徴をドラマに反映させよう、という意識から地域の物語を掘り起こしていく作業が始まったんですね。ご当地のことばである方言へのアプローチが「濃く」なり始めるその端緒がこのあたりにあったと思います。

田中　ああ、それで『花くれない』とか『霧の中の少女』や『いごっそう段六』のような一九七六年に放送された銀河テレビ小説シリーズの作品に「方言指導」が試験的に導入されていたんですね(本書157頁)。撮影機材の小型化が、ドラマ方言の水準に影響を与えたとは、言われてみればなっとくですが、意識したことがありませんでした。テレビという装置が全国津々浦々の共通語能力を最終段階まで押し上げたことによって、恥ずかしくて隠したいものであった方言が、誰でも使えるわけではないトクベツなことばとして価値を持つようになったという意識面ばかりに注目をしていましたが、撮影機材の小型化という技術的な革新がドラマのテーマにまで波及し、その結果として地域発ドラマや方言ドラマの充実につながったのですね。テレビの普及も技術革新ですし、インターネットも技術革新ですから、撮影機材の小型化に類するような技術革新が私たちの感覚をどのように変えたのか、ということにもより注目すべきということなんですね。長年の現場でのご経験あってこその肌感覚に基づくご指摘です！

テレビ番組における「方言」

田中　ドラマをはじめとしたテレビ番組における方言使用について、制作サイドのお立場で経験された印象に残るエピソードがあれば教えてください。具体的なエピソードの前に、まずは、お二人の言語的な背景を教えてください。言語感覚は、時代によって大きく異なるものではあるのですが、それに加えてその人の言語的背景に深く関わると考えているので。

大森　吉川さんも私も、「日本語の話しことば」のある意味おもしろいベースを持っているんですね。吉川さんは東京多摩地区の集合住宅で育ち、日英バイリンガルの国際基督教大学で学ばれて、多言語の坩堝にいた。私は東京23区の西の杉並区に生まれて、父母が古典芸能で使われることばをよく知っていて、そのあと大学で東北地方の仙台へ行って、就職して秋田へ行き、都合八年間東北弁に浸かっていました。そんなこんなでお互い、ことばって色々と違うんだなという認識がベースになっている気がしました。

吉川　そういうことはあるかもしれませんね。私が幼稚園から中学三年まで暮らした調布市の多摩川住宅は、東京都住宅供給公社が初めて作ったマンモス団地でした。一九六六年に「町びらき」をして、約四千戸の住宅に全国から一気に移住者が集まって、入り混じって暮らし始めたわけです。そこには「故郷」と呼べる地域性というものはありません。何もないところに忽然と現れた団地ですから、伝統的な調布らしさ、多摩らしさの要素もほぼ皆無です。物心ついた時にはそういう場で暮らしていたので、土地にまつわるアイデンティティーを持つことができなかったコンプレックスは、今でも強くありますね。

大森　私は逆に仙台の大学に行って、少数派になるんですね。「俺は東京ことばの話し方を守るぞ」みたいに。関東各地から東北へ行った連中と地域的に結束したりした。一九七九年に、私は東北大学へ入学するのですが、その頃東京から東北大へ行くのはむしろ少数派、多数派は東北各地から集まって来た東北弁を話す学生なので、逆方言体験みたいなことがありました。

吉川　多摩地区のその時代の感覚だと、小学校の段階から全国各地の出身者が集う環境だったので、やっぱり誰々がちょっと訛ってる、というような話になるんです。それが恥ずかしいので、僕自身も含め、わりとみんな自分が訛ってるかどうかを気にしていましたね。

田中　吉川さんが子どものころのご経験ということは、一九七〇年代の東京の多摩地区でのご経験ということになりますね？　小北海道のような様相を呈していたということでしょうか。色々なところから移り住んだ人々が混在する地域の中でも、もともとの方言が出ると恥ずかしいというような気持ちを抱く人もいたということなんですね。

吉川　その当時の一般的な空気として、訛りの無い「ちゃんとした」ことばでしゃべりましょうというのがあったので、まったく訛っていない人がすごく強い印象がありました。

田中　吉川さんのおっしゃる「まったく訛っていない人」というのはもともと多摩地区の人ですか。それとも東京の中心部からやってきた人なのでしょうか。

吉川　それはちょっとわかりませんが、家庭環境なのか教育なのか、標準語に近い共通語を自然に使いこなせる子がやっぱりいました。ただ、小中学校時代はそうやって訛っていることをみんな気にしていたのが、高校生になったあたりから、方言をむしろおもしろいとポジティブに受け止め始める逆転現象が起こってきたように思います。

田中　一九八〇年代頃から空気が変わってくるんですね。

大森　私は仙台で暮らしているうちに、逆に東京のことばとか江戸のことばに対する執着が強くなって、当時の高橋英樹主演の人気テレビドラマの時代劇『桃太郎侍』とかを一所懸命見るようになりました。当時の時代劇は役者さんたちがみな、正統時代劇台詞、それらしい江戸ことばをちゃんと話していたんで、それらを知らず知らずのうちに覚えていたのが今、時代劇でのことばの考証をやるときにものすごく役にたっています。昔のベテラン俳優は正しいアクセント、イントネーションで台詞が頭に入っているから安心して見ていられる。私の育ったところは杉並の西荻窪ですが、関東大震災で焼け出されて下町から移住してきた人たちがわりとまとまって住んでいる地域だったので、昔の下町ことばを話すお年寄りが多かった。それらと関連してすごく記憶に残りました。

田中　秋田局にいらっしゃったときに、方言で話をされた地元の方のインタビュー映像に共通語の字幕を付けるかどうかという議論があったと以前お聞きしましたが……？

大森　一九八六年の末だったか、『きょうの料理』で大館市のキリタンポ鍋を取り上げた時に、秋田の県北部の山の中で仕事をされているお年寄りが出てきて話をされました。これが本当に難しい昔のままの、山の人々の秋田弁だったんですよ。秋田に赴任して秋田弁に日常的に接する機会のある私たちはどうにかわかっても、全国放送でやったらまずわからない。しかし同時通訳みたいに逐語訳したら、地元の方たちに失礼になるというので、あくまでも意訳、要約した字幕を補助的に入れたら、うまく全国の視聴者にわかって頂けたということがありました。

田中　対訳方式ではなく、大意を示すという方式で字幕を入れるという方略をとったのですね。現在だと、方言に対して映像に対訳方式で共通語の字幕を入れることについて、制作サイドの現場はどう考えるでしょうね。

大森　三十八年後の現在ならばそもそも地元の人のことば自体がならされて、共通語に近い秋田弁になっているのでしょうから、わざわざ対訳の共通語字幕をつける必要性がなくなっているかもしれない。

吉川　一方で、今はほとんど字幕を出すようになりましたからね。普通に標準語にも出しますよね。それはカルチャーが変わったんだと思います。話していることばがわからないのは話者に対して失礼になる、という考え方がかつてはありました。ですからなるべく字幕などは入れない方がいいという空気でした。

田中　地元の方の話す方言に共通語字幕を入れると失礼ではないかという逡巡のある時代と、共通語で話していても共通語字幕が入るのが普通になった現代。その共通語字幕に対する感覚が変わったきっかけなどはあるのでしょうか。

吉川　テレビの演出手法として「字幕芸」みたいなものが登場して、何か音が鳴ったときにそれを擬音として文字でも出すみたいなところから始まって、字幕を出すことへの抵抗感がだんだん下がっていったように思います。一九八〇年代のうちは、取材で撮影した方の方言が強すぎて、そのままでは他の地域の人には伝わらないということで、内容自体は良いのに放送で使うことを断念したインタビューもありました。今だったら、良いことを言ってくれているんだから、字幕や大意をテロップで重ねて放送しようという判断になるでしょう。

大森　今はニュースでもインタビューした人の話をそのまま出してきますね。ただし、本人はら抜きことばでしゃべってるのを字幕では「ら」を補ったりはしていますが。以前は、字幕を作るのが結構大変だったということなどは大きいと思います。当時は、いちいち和文タイプで写植を打って字幕を作らなければならなかったので。今は、パソコンで打ち込めば気軽に何でも作れてしまうので字幕がむやみに多用されている面もあると思います。

田中　パソコンで字幕を作れるようになったのはいつ頃からですか。

大森　一九九〇年代後半くらいから気軽に字幕が作れるようになったのかな。

吉川　パソコンで打てば字幕ができるという時代になって、誤字も増えましたけれどね。

田中　誤変換字幕は増えましたね。本書第5章で、NHKの「方言」と「共通語」に対する意識の変化は一九五〇年代と一九八〇年代の間にあったのでは、とする井上ひさしのエッセイを引用しています。一九五〇年代に「青年の主張」の構成作家をしていた井上は、出場者のスピーチに方言が入っていても内容が心を打てばいいと主張したものの、NHK制作サイドからは「皇太子が出席するから」という理由で、方言スピーチは却下された。しかし、それから三十年たった一九八五年には、初めて方言セリフに共通語字幕がついたマルチ方言ドラマ『國語元年』(ドラマ人間模様、一九八五年)の企画がすんなり通った。これは、NHKに強くあった「標準語を作るという意志が、三十年のあいだになくなっていた」ことによると解釈をしています。先ほど、料理番組におけるインタビューで、当該地の方言による応答があったので、全国の視聴者への配慮としてその大意を共通語で示す字幕をつけたという話を大森さんからうかがいました。『國語元年』放送と同時期のエピソードですが、それは、井上のいうNHKの雰囲気が変わったということに関連していると受け止めてもいいのでしょうか。

吉川　「青年の主張」を標準語でやるかどうかというのと、その話は別の話ですね。つまり地元の人が地元のことばでしゃべった、それを番組でどう使うかという話ですから。

「方言コスプレ」の始まりは……

田中　お二人のことばに対する経験や意識について、もう少しうかがいましょうか。

大森　東北大の同級生も、東北各県のいわゆる進学校の高校生は、一九八〇年代当時もうバイリンガルになっていました。東京出身の私たちと話すときは共通語、標準語を使い、地元の友達同士で話すときは地元のことばを使う。

吉川　先ほどの自分が訛っているかどうか気にするのが、中学生から高校一年生くらいまであって、それが変わるんですよ。覚えているのは、高校三年生ぐらいになると、友達同士のメモが丸文字になったり、そういう文字で「ゆるしてけろ」とか「そうどすなぁ」とか書くとかわいいみたいな空気に変わってくる。考えてみるとその辺に分岐点がありました。ちょうど僕は一九八〇年をはさんだ頃に高校生でしたから。

田中　私は一九七〇年代の後半が小学校高学年から中学生、一九八〇年が高校一年生だったので、授業中に主として女子間で巡回される「丸文字まわし手紙文化」のど真ん中世代です。あれは、ことばづかいによるキャラ変はもちろん、色ペンやシールやイラストも含めかわいくおもしろく盛れていることが内輪のコミュニティー内での高評価を得るポイントでしたね。以前うかがった話では、大森さんの女性のご親戚の方も「俺は〜だぜ」という風なコスプレ・コミュニケーションをされた方がいらしたということですが。

大森　私の妹が高校の時でしたが、友達同士で男ことばをしゃべってるなんて言ったら、昭和三(一九二八)年生まれの叔母が「私も戦前の女学校時代に、「俺は」とか仲間内でしゃべることがあった」と言ってましたね。

田中　戦前の女学生向け雑誌の投書欄などを見ても、コスプレ・コミュニケーションをしています。女性は割合昔から、そういった「ことばのコスプレ」にになじみがあるんだと思います。自分たちも物心ついたころには、すでにやっていましたし、今もフツーにするし……。

大森　江戸時代でも町娘なんかはきっとやっていたでしょうね。

吉川　義母の遺品整理をしたときに、学生時代に疎開したときのお別れのサイン帖が出てきたんですが、みなさんお互いにセンチメンタルなお嬢様ことばのオンパレードでした。これもきっとコスプレですね。

田中　男性による「原節子の日本語は美しい」的な言説がありますが、リアルに生きている女子たちは相当昔から「ことばのコスプレ」をやってきた証左ですね。男子はあまりやらないような気がしますが、いかがですか。

大森　戦前の映画の『無法松の一生』(稲垣浩監督、大映、一九四三年公開)などを見ると、中学生たちがお別れの時に「失敬、失敬」と言いかわす例が出てきます。一九六一年に朝日新聞に連載された獅子文六の小説『箱根山』、数年前ちくま文庫でリバイバルされた時、私が巻末解説を書きましたが、これなんかを読みますと、当時の大学生たちが当時なりに「乱れたことば」を普通にしゃべっているのがわかります。

田中　女性だけでなく、書生ことばを活写したとされる坪内逍遥の『当世書生気質』にもみられるように男性も「ことばのコスプレ」をやるにはやっている様子が描かれていますが、女性の方がその選択肢のバリエーションと振り幅が大きいのでしょうかね。

吉川　おしゃれと同じかもしれないですね。

田中　そうかもしれません。とはいえ、男性もしないわけではない。一九七四年創刊のサブカルチャー・ブームを牽引した『ビックリハウス』とか、一九七六年創刊の男性向けファッション誌『POPEYE』とかの投書欄では、男女関係なくおもしろがって、色々な「ことばのコスプレ」をしていましたね。

吉川　何とか目立ちたいので、目に留まるように工夫するんですね。現在のＳＮＳのように。

大森　SNSの文章のもとは、多分に七〇年代末か八〇年代の雑誌『POPEYE』とか『ビックリハウス』にあったのではないか。これらの雑誌の文体をパロディにしてみんなでおもしろがるということは、ラジオの深夜放送のリスナーの投稿ハガキへも波及しましたけれども。

田中　七〇年代の終わりから八〇年代は、「お笑い」が隆盛した時代と重なりますけれど、ラジオも深夜放送などでは「ことばネタ」コーナーみたいなものは、鉄板のコンテンツでしたよね。

大森　何と言ってもラジオはことばが主となる世界ですから。ところが、いま昭和四〇年代が舞台のドラマをやると、若手脚本家の書く台詞がほとんど現在のことばになってしまうことが実に多いんです。私は当時リアルタイムに生きていたから、まだこういう言い方はなかったと指摘すると、直してもらえる場合もあるし、直されないでそのまま出てしまうときもあります。「ご苦労様でした」と「お疲れ様でした」の使い分け問題というのもあって、一九八三年にNHKに入った時に新人研修で「放送界では「ご苦労様」ではなく、「お疲れ様」というのだ」と教わりました。朝ドラ第109作『ブギウギ』(二〇二三年度後期)では、芸能人同士は「お疲れ様」と挨拶するけれど、一般人同士、あるいは芸能界の人が一般の人と話すときは「ご苦労様(でございます)」等と使い分けるようにしてもらいました。大河ドラマ第47作『篤姫』(二〇〇八年)の時には、ヒロイン篤姫の「ご苦労様でございます」という台詞に「お疲れ様でございます」でないと無礼ではないか、という投書があり、そんなことはありませんと反論したことがありました。

吉川　一般的な語感が変わってきているということですね。

田中　朝ドラや大河には、視聴者からの「ことば」に関連した投書はかなり来るのですか。

吉川　来ますね。かなり細かくつっこんだ指摘がたくさん来ます。

大森　そういう投書が来ると、若いスタッフはそちらの方が正しいと思ってしまう場合があるのですが、頂いた指摘の方が間違っていることを、きちんと根拠を示して返事をするということも多くなっています。

田中　本書第5章で取り上げたＮＨＫの放送全般における方言の扱いについてですが、公開収録の歌番組などで、司会者が地元の方言を使って挨拶するのがわざとらしいみたいな投書も昔からあると聞きますが、そこのところはケース・バイ・ケースということでしょうか。

大森　二〇〇〇年ごろ、時代劇の台詞を考えるという外部主催のセミナーに出たときに、東北出身の参加者から、「私たちは時代劇で東北弁をしゃべる侍なんかが出てくると、すごく不自然に感じる。ドラマに集中できなくなるから、普通の時代劇ことばでやってくれた方がいい」という意見がありました。前進座の演出家だった津上忠が、森鷗外の

『阿部一族』を劇化したとき、肥後熊本藩が舞台なのですが、一番上層部は細川家譜代で他所からやってきた人たちなので、普通の時代劇ことばのやや格調の高いものを使う。中級武士は地元で召し抱えられた人たちなので、やや改まった熊本弁を使う。一番下の階層の下男下女たちは民衆的な熊本ことばで話すという風に、三段階くらいに分けたら、ちょうど決まったとおっしゃってました。何でもかんでも方言で話せばよいということではなくて、やはり昔は階級による違いがあった。それを無視してはいけないわけですね。私の鮮烈な体験ですと、一九八六年に、秋田の亀田という城下町に、武家ことばを話すおばあさんが一人ご健在だったのですが、その人のことばは普通の現代秋田弁とは語彙やイントネーションが明らかに違っていました。だから、同じ秋田県と言っても昔は身分の差があるのだから、ひとからげに同じ方言にしてしまっては、時代劇台詞では不適切になるのだろうなと。

田中　ただそういう階層ごとの地域方言の記録は、それほど沢山は残っていないでしょうから、仮想の方言に写し取ってそれを台詞として効果的に用いることはなかなか難しそうですね。

時代劇と「方言」

田中　原作では方言台詞がそもそも使われていないところ、方言の階層差までを台本の台詞に投影する試みは、前進座の『阿部一族』ではうまくいったということですが、参照すべき適切な資料がなかったり、また仮に資料があってもそのような実態が世間によく知られているわけでもないでしょう。そういったことを乗り越えて、仮想世界の中において、時代・地域・階層を描き分ける台詞を造形していくことは、ドラマの作り手としてはかなり難しいことではないかと思いますが、いかがでしょうか。

大森　江戸を舞台にした時代劇においても、上級旗本と下級旗本ではことばづかいが違います。町人ももちろん違う。「半七捕物帳」で名高い作家、岡本綺堂が言っていますが、普段べらんめえでしゃべっている人たちも、お白州とかでお奉行様の前に出たら、「委細その通りでございます」等ときちんとしたことばづかいをすると。「どの時代のどの都会人でもそうだが、ことばの使い分けがきちんとできなければいけない」。そういう原則を無視して勝海舟が江戸っ子だからといって、いつでもどこでもべらんめえでしゃべってはいけないのですね。そこはわきまえなくてはいけない。将軍様の前に出たら「そうじゃござんせん」なんて言わないわけで、本書の第4章に子母澤寛の『勝海舟』が出てきますが、あれだって読むと将軍の御前ではきちんとした武家ことばをしゃべる。大河ドラマで松方弘樹がやった大河ドラマの第12作『勝海舟』(一九七四年)で、「〜デンス・〜デンショー」という言い方が出ましたが、ちゃんと使い分けはしていましたね。『篤姫』で北大路欣也が勝海舟を演じた時、メインは重厚な武家ことばでしゃべっていたんですが、最終回近くで「大奥の御女中方と話す時はちらっとべらんめえの地を見せるとかっこいいのでは?」という意見を出して、採用してもらったことがあります。普段堅苦しいことばをしゃべっていたのが、ガラッと変わって「〇〇さん、ここはひとつ、あんたに頼みたいんだが」なんてくだけた市井のことばを使わせることで勝海舟らしさ、その人物像が強調されるということがありました。

田中　がらりと台詞を切り替えることで、キャラクター性がより際立つということですね。

大森　そうです。ずっと同じ調子でしゃべっていてはいけないんですね。

田中　そうすると本書第4章で重点的に取り上げた坂本龍馬などの時代劇における造形はどうなんでしょうか。龍馬はたいていの場合、「いつでもどこでも土佐弁キャラ」として造形されますが、このような造形のあり方については、大森さんとしてはご異論もあるのでしょうか。

大森　龍馬が本当はどういうしゃべり方をしていたかなんてことは、よくわからないわけです。不思議なことに、今のドラマでは坂本龍馬に限って、誰が演じてもほぼ同じキャラクターになってしまうということがありますね。ぼさぼさの髪で「～ぜよ」としゃべる。一方、勝海舟は誰がやっても難しい。江戸や東京のことばというのがそもそも演じにくい。ちゃんと使いこなせる役者さんが実はなかなかいない。私が見た限りで一番よかったのは、前進座が二〇〇九年に、真山青果の『将軍江戸を去る』の三部作をまとめて、『江戸城総攻』として国立劇場で上演した時、瀬川菊之丞(七代目)が勝麟太郎に扮して、これは非常にかっこいい江戸ことばでした。真山青果の原作はそこまで江戸ことばを強調していないのだけれど、台詞にうまく反映させて、軽快でユーモアがあって、頼もしいけどちょっと意地悪でという、いかにも大人の江戸男というのを表現して、これが実に素晴らしかった。

吉川　結局、僕たちは物語を作っているので、登場人物のことばづかいや話し方が物語にどう貢献するかということがとても重要なんです。それには演じる側のことばに対する解像度の高さも大いに関係があって、うまくやれない人ならやらない方がいいという判断があり得ます。ことばのニュアンスを見事に演じ分けるには、いくつかの階層のある要素をきちんと把握できる言語的理解の解像度の高さが求められるわけですが、把握したものを表現として表に出す時にも演技表現の解像度の高さが必要で、それができる人はやっぱり名優なんです。そこまでの力がない俳優だったら、無理をさせず自分のしゃべれることばで演じてもらった方がその芝居のニュアンスが伝わる場合もある。方言が正確だったとしても台詞として生きたことばにならなければ、視聴者の心に届かず、結局物語には貢献できません。だから実際に放送に出ているものが脚本で決定されたものの通りとは限りません。撮影現場では、視聴者に何がどう伝わるかという計算をしながら、いまこの役者から何をどこまで引き出せるのかという判断を演出家が同時進行的にしているんです。裏を返せば、理解力・表現力の解像度が高い上手な役者が演じてくれれば、表現の可能性がぐっと広がり、物語のポテンシャルが上がることを意味します。松方弘樹の場合も、『勝海舟』の主演を渡哲也と途中で交代することになって、お二人とも名優ですが、タイプが違うので中途半端に引き継ぐとかえってよくない。だから役者の個性を強調してがらっと変えようという意図はあったのではないかと僕は思います。田中さんは当時の台本をご覧になったそうですが、書き換えられていましたか。

田中　渡海舟は「共通語」、松方海舟は「べらんめえ口調の江戸弁」で文末表現に「デンス・デンショー」が多出しており、主役交代を契機に主役に与えられる台詞の造形ががらっと変わっていました。本書執筆当時、放送博物館の資料室に申請の上で閲覧できる編集台本はすべて確認しました。52回の編集台本のみ閲覧できなかったのですが、それ以外のすべての回と総集編の前後編の編集台本を調査した結果は本書巻末付表3の通りです。ちなみに『勝海舟』は、脚本家の交替もあったのですが、主人公の台詞造形においてその影響はないようです。つまるところ、主役の交替と海舟の台詞の交替が連動していることになります。細かいことを言えば、渡海舟から松方海舟に変わった初回の第11回は共通語キャラでしたが、第12回以降の海舟は「べらんめえ口調の江戸弁」キャラに変貌します。大獄事件を扱う第19回に初めて「デンス・デンショー」という独特の文末表現が海舟の台詞に登場します。

吉川　やはり松方弘樹に変わってあのことばに書き換えられていたのですね。ならばそれは演出も狙ってやったことだと思います。

大森　あの『勝海舟』で記憶に残っているのは、先ほど話に出た前進座の瀬川菊之丞の先代菊之丞（六代目）が今で言えば管理人みたいな人の「長屋の世話焼きさん」役で出ていて、非常に地味だけど粋な下町ことばでまくしたてていたのが印象にあります。それと勝小吉役の尾上松緑（二代目）。これまた「小ッ旗本」らしい伝法な台詞を、いかにも歌舞伎の役者らしく自家薬籠中のものでしゃべっていました。あと松本良順という幕府御典医の役の井川比佐志が、これも軽快な江戸ことばで、しじゅう遊びに来ている海舟のところでのやりとりが落語みたいでよかったですね。

「ことば指導」「時代考証」と「作品」のせめぎあい

田中　テレビドラマの「方言」に学術的正確さと演出のバランスをとるために導入された「方言指導」ではあるものの、結局は役者がアクセントやイントネーションを含む「指導」の入ったその台詞造形で「芝居」できるかできないかということが大切なので、最終的にはそちらが優先されるというお話が吉川さんからありました。ドラマのことば指導者は、ご自身で吹き込んだ音源を役者さんに渡して、イントネーションやアクセントを含め方言台詞を習得してもらうようにするようですが、そういうこともやるにはやるけれども、最終的には芝居優先ということになるんですね。

吉川　正しいアクセントで発音すれば、誰がしゃべってもその台詞の思いが伝わるかというと、そうとは限らない。上手にしゃべる人はそのことによってニュアンスが豊かになるけれども、アクセントを意識しすぎて、台詞が活きたことばとしてまったく伝わってこないという逆の場合もやはりあります。だからことば指導の人たちと演出家の間で、キャストによってどこまでやるかという相談をします。この人はちょっと無理じゃないかとこっそり耳打ちされることもありますから、だったらちょっと方言を薄めよう、その代わりに語尾だけを変えてそれっぽくしよう、みたいな作戦を考えて、その線で指導してもらうとか。逆にどこまで難しくしても対応出来てしまう役者もいます。そういう人は絶対音感のような感じで、ことばの音感があるのでしょうね。その台詞の微妙な発音のニュアンスをすぐに把握して、口の使い方がうまいというか、とても柔軟に自分がそれまで発音したことのない音をシミュレーションできてしまう。実は、方言とは関わりない普通の台詞においてもそういう差は感じます。難しい台詞というのはあるものですが、同じ台詞でも言える人と言えない人がいるので、台詞が悪いのか言い方が悪いのかというのは常にせめぎあいですね。

大森　大河ドラマでもよく使っていた京都のお公家さんの会話体としての「御所こと

ば」の問題というのがあります。「〜であらしゃいます」といったもので、あくまでもこれは幕末の頃にこういうしゃべり方をしていたという聞き書き資料によるものなんです。大河ドラマ第26作『武田信玄』(一九八八年)で、信玄の正室だった三条夫人に付いて、京都の公家社会からやって来た女を演じた小川真由美が最初に使って、すごくインパクトがあったので、一時期かなり使われたのですが、だからと言って公家たちの台詞をすべてそうしてしまうと、肝心な場面で変にまったりしてすごみが効かなくなるというか、不必要に滑稽になってしまったりするので、紫式部を主人公とする第63作『光る君へ』(二〇二四年)では使っていません。平安貴族が実際にどんな口語を使っていたのかなんてわかるわけないから。

田中 『武田信玄』は、タイトルロール上に具体的な指導対象の言語変種名の入ったことば指導が初めて登場した作品ですね(本書付表1参照)。今、大森さんが指摘された「御所ことば」は、この作品では「京言葉指導」になっています。「甲州弁指導」も付いているので、京の都と甲州という対立がことば指導としても意識されていたんですね。

吉川 『武田信玄』は田向正健の脚本でしたが、台詞の細部のニュアンスに明確な意識を持った方で、脚本にはっきりと指定していました。田向さんの大河ドラマを見ると、格助詞を抜いてある台詞が多い。リズムを作るためにわざと抜いてあるんです。僕が初めてドラマを演出したのは田向さんが書いた『信長』でしたが、役者さんに言いにくいといわれて、現場で格助詞を入れようとしたら、チーフディレクターに叱られました。それを言わせるのが演出の仕事だと。やはり全体の文体ですね。それが作家性ということだし、こだわり方は脚本家によってそれぞれ違います。とてもドライに「脚本は情報である」という方もいます。それを役者に合った形で出してくれればどんな言い方でもいいと。その一方で、「一言一句変えて欲しくない」という脚本家ももちろんいます。これは自分の文学だから、役者が誰であってもうまく言えなくても、この通りに言ってくれと。方針を決めたら、それに従って撮っていくわけですが、ただ、「編集」は必ず行われるので、撮ってあっても、役者が結局うまく言えなかった台詞は切らざるを得なかったりします。物語を台無しにしてはいけないですから。

大森　最近は時代劇を専門に書く脚本家はほとんどいないので、どうしても現代語の語彙や言い回しが入ったり、もろに現代語の表現になったりすることもあります。そういう場合は、私も「台詞考証」として色々やるのですが、脚本のオリジナリティーを尊重して、現代語台詞に対して、三つくらいの代案を考えて、この中から選んでいただけたら、と提案することも多いですね。それは長くて詳しい言い方と、非常に簡潔な言い方と、その中間ぐらいの言い方にして、ご自分の言いたいことに最も合ったものを脚本家に選んでもらったりします。それから役者さんも若い人になると昔のことばのニュアンスがどうしてもわからなくなるおそれがある場合、それをかなり現代語に近い台詞に変えることはあります。

田中　時代劇の台詞に登場する「摩利支天」のように馴染みの薄い単語のアクセントを修得させるために、同じアクセントで発音する馴染みのある現代の単語「パリ支店」に置き換えて示す方法を使うこともあると、以前大森さんからうかがいましたが、そういう場合、言い換え一覧表のようなものを作って俳優に渡したりするのでしょうか。

吉川　いいえ、企画ごとに目指すレベルも変わるので、一覧表を作るということはないですね。最終基準はその時に描く物語に合うか合わないかです。ことばの変化も含めて、現代語の問題も結局そこに尽きると思います。今でも試行錯誤は続いています。そういう試みを繰り返して、視聴者に向けて新しいスタイルを提示していくということも表現する側の仕事だという気はします。

大森　ですから、方言指導というのもイントネーションとかアクセントの分野でやるのはよいとしても、語彙まで考えようとするとややこしいことになります。昭和三〇年代の日本人が、「立ち上げる」なんてパソコン用語を使っちゃう例があって修正したことがありました。所作もそうですね。時とともに移り変わっているものなので。戦争中のドラマで、旧日本軍の所作をやる時に、今の自衛隊式の、アメリカ軍が元になる動作が入ったりすると妙なものになってしまいます。それと似ています。

吉川　それもせめぎ合いになりますね。視聴者にとってはどちらが自然に受け止められるか。考証的に正しくても、視聴者が抱く違和感がドラマを損なう場合もあるので、どちらがいいか悩むところです。もちろん正しい方にするのがあくまでも基本なのですが。ことばの歴史的な変化の問題も同じではないかと思います。インターネットで流行したことばを辞書へ載せるかどうか。本当に定着したことばなのか検証するのは、研究者の仕事になるかもしれませんが、歴史的に受け継がれているものと現在生まれつつあるものは、ある振れ幅を持ってせめぎ合いながらも変化していく。その中にこういう映像表現やお芝居の表現があるのだと思います。

田中　確かにそうですね。考証的に正しくても、視聴者には違和感しかないならば、効果は期待できませんね。学術的な正確さを担保したリアルな方言を台詞に投入しても、視聴者には違和感しかなく、それゆえに物語に入り込めないということになったら、元も子もないことになるのと同じですね。

大森　その一方で、ことばが時代とともに移り変わっていくのは仕方ない、と安易に妥協してしまってはいけないと思います。どこかで踏みとどまらなければ。私が時代劇や昭和劇でことばのチェックをするときに、実は昭和四〇年代の辞書が一番役に立ちます。今の辞書は新しいことばに対応して古いことばを捨ててしまっているものが多いので。

「下町」と「下町ことば」

大森　本書に「東京辺りの首都圏方言が、共通語との差異を感じない、味のないつまらない方言と評価された」とありますが、本来の東京ことばや下町ことばは、絶対そんなことはありません。親友のお母さんが東京中央区の佃島の人なんですがそれはシャープな下町ことばを使われます。佃島のことを「下町」というと地元の古い人などは怒るらしいですけどね。「ここは町じゃなくて島だ」って。だけどチャキチャキの江戸東京人世界であることに変わりはない。で、その「おっかさん」に私がつぎはぎ付け焼き刃の江戸ことばでしゃべりかけると、「あんたそんな気持ち悪いしゃべり方やめなさい！」と一喝されるのが実に楽しくてますます話しかけちゃう。「地元方言で叱られるとなんだかうれしい！」みたいなことがあります。

田中　私も佃島をはじめとした旧東京市内生え抜きの方を対象とした方言調査には、『東京弁辞典』(二〇〇四年、東京堂出版)などの著書もあるやはり下町生え抜きの指導教員・秋永一枝先生のお供も含め、何度も参加した経験があります。大森さんがおっしゃる通り、現代の共通語基盤方言としての首都圏方言と、佃島生え抜きの方の話す佃島方言とは、ずいぶんと趣の異なるものでした。下町といえば、東京の下町は、もともと旧東京15区(神田、麴町、京橋、日本橋、赤坂、麻布、芝、牛込、四谷、小石川、本郷、浅草、下谷、本所、深川の各区）の東側に位置する地域を主に指したわけですが、一九六九年に封切られた『男はつらいよ』（松竹、山田洋次監督）が「下町人情喜劇映画シリーズ」と世間に受け取められたことによって、柴又が「下町」の代名詞のような扱いをされることが多くなりましたね。時代が変わるとことばそのものに加え、下町とか山の手とかいう地域を指すことばからイメージされる地域も変わる例と言えるかも知れません。

大森　東京から下町が消えてしまって、潮が引いた後の水たまりみたいに柴又が残っていたので、そこを舞台に選んだということを山田洋次監督もある「寅さん本」のインタビューで言ってました。そして初期の『男はつらいよ』映画で要になっていたのが、初代おいちゃん役の森川信。この人のことばづかいがものすごくかっこいいわけですよ。山田監督は、江戸時代からの普通の庶民のことばをちゃんと知っている人だから森川信を起用したということです。

田中　「江戸の庶民のことば」を「下町ことば」に代表させるとしても、その「下町」が指す地域がどこかということが時代や人によってずいぶんと違うという好例といえるかも知れませんね。ともかく、『男はつらいよ』は、「下町」ということばが指し示すエリアを旧15区の外側の葛飾区柴又まで広げた作品ということは確実です。

「らしさ」と作品の世界観

田中　本書第4章で述べた通り、ドラマに登場する「方言」は、「らしさ」と学術的正確性のバランスをとるために、「方言指導」を導入したという経緯があります。お二人が入局されたのは一九八〇年代なので、すでに「方言」が番組に登場する場合は一定の水準を担保することが当たり前の時代になっていたと思います。それでも現場では、いろいろな試行錯誤があったと思いますし、またこんにちまでの間に求められる水準が変わってきた経験もされてきたと思います。ドラマとドキュメンタリーでは、求められる水準が違うと思います。それぞれのお立場における「方言」に求める水準の変化などを感じた経験などを教えてください。制作者としての感じ方でも、視聴者からのリクエストなどから受け取ったことによる印象でも、どちらでも結構です。

吉川　昔は北海道の人が沖縄のことばを聞く機会は少なかったと思いますが、たとえば連続テレビ小説の第64作『ちゅらさん』(二〇〇一年度前期)が全国放送されたことで、あのしゃべり方、「なんくるないさー」の意味が、日本中で理解されるようになった。この例などを考えると、やはりNHKの朝ドラの影響力の大きさはあると思います。先ほど話題に出かかった地域ドラマですが、かつては地域ドラマを制作しても、その地域でしか放送されなかったんです。今は必ずBSで放送されるようになって、全国の人が見ることが可能になりました。しかもそれが配信されるようになって、いつでもどこでも誰でもアクセスできる。いい意味でのことばの混淆が生まれてきつつあるのが現在だと思います。これはテクノロジーの進歩と関係があって、誰でも撮れて誰でも見られる時代になり、安価な機材で簡単に映像が撮れるようになったので、地域ドラマの本数自体も増えました。田中さんが危惧しているような、方言を前面に出したドラマに対する地元の視聴者にとっての違和感という問題もわかるのです。ある部分が気になってドラマに集中できないとか。一番大事なのは、番組の作り手がきちんと伝えたいと思ったものが意図したとおりに届くように、方言がある方がいい場合、ない方がいい場合、真ん中がいい場合もあるということです。出す側としてはそれを分かったうえで意識して作ります。ですからそのつもりでドラマごとに見ていただけたらありがたいですね。

大森　吉川さんは演出の立場から発言されましたが、私は考証の立場として、あらゆる物語にはその物語の枠があって、その枠の中で通用する表現にすればいいと考えます。この「土俵」の中ではこうなんだ、という設定の台詞にすれば視聴者はみんなついて来られるわけです。ところが往々にして枠を作らないまま、史実の追及に偏り過ぎて、重箱の隅をつつくようなことばかり調べていくことになると、いくらやってもドラマとしてのリアリティにつながらない、不自然で違和感の残るものになってしまう。まずきちんとした枠を作ってから、その中では「この場合の台詞はどのアクセントで言うのか、この地方の、この身分の人だからこうだろう」等と定めていけば通じるわけですね。

吉川　世界観が一番大事ということです。表には出てこない要素でありながら、実はストーリーを作り語る上で最も重要な土台になる要素なのです。

大森　私は二十五年間、考証の仕事をやってきて、演出はやったことはありませんが、そのことはだんだん解るようになりました。ストーリーを作るのだったら枠がないといけない。最近の大河ドラマでよくあるのですが、考証の専門家が、「これはあまりにも現代的な語彙なので、こちらの方がいいですね」と言われて、私が「それも現代語です」と反論しちゃうということがあります。歴史学の専門家は必ずしもことばの専門家ではありませんので、そこをどう塩梅するかは演出の側が考えなければいけない。

吉川　大森さんと力を合わせて、時代考証に参加していただく方々にそのことを理解してもらうのが、僕の仕事でもあります。みなさんにドラマ作りに必要な考証の立ち位置を解っていただく。歴史物のドラマを作る時、僕は最初に必ずそのすり合わせから始めます。

大森　NHKの場合は衣装とかセットなど伝統的に受け継いできたものがあるので、むしろソフトウェア、所作とかことばとかを考える方が、これからの考証として大事になると思います。難しいことばをつらねれば昔のことばになるのではなくて、この時代の人はこういう考え方をしただろうから、それを一番簡潔な大和ことばであらわせば無理のないことばになる。大河ドラマ第41作『利家とまつ』(二〇〇二年)の時、現代の「こんにちは」に相当する挨拶を当時の女性は何と言ったか、が問題になってあれこれ考えた末に、江戸時代初期の上方の上流婦人のことばを元に「ごきげんさまでござります」を提案し、時代考証の三鬼清一郎先生に「大森さんは昔の簡潔で格調の高いことばをよくご存じだ」と褒めて頂き、これがかなりの推進力になりました。歴史劇の台詞は分量が多くても、ワードは簡潔でなければいけない、とその時から確信しました。

吉川　台詞なので聞いてすぐにわからなければいけない。

大森　先ほどお話しした、台詞の言い換え案を三通り考えると、脚本家が選ぶのは、ほとんどが一番短いフレーズになりますねえ。

ドラマ方言の過去・現在・未来

田中　ドラマの中の方言について、朝ドラや大河で、幕末維新期の登場人物のことばづかいや、地域を重視したヴァーチャル方言的なものに対して、視聴者からの反響などはいかがですか。例えば吉川さんも制作に参加された北海道を舞台にした連続テレビ小説第60作『すずらん』とか。

吉川　北海道は方言的には微妙な地域ですから、「ちょっと訛っている感じのする標準語」みたいなものでやることが多かったですね。役者さんたちにわりと任せていたと思います。関西出身の役者はちょっとそのニュアンスを出してもいいし、結局、北海道は方々から人が集まってきている場所なので、そうした方が味わいが出ます。ある程度自分がもともと持っていることばのニュアンスを出してもらいながら、ちょっとだけローカル色を出すということを意図して演じてもらったこともありました。

田中　なるほど。本書第4章と巻末の付表1と2の通り、一九八〇年代の中頃以降は主要舞台となる地域の方言についての「ことば指導」を付けることが標準化していますが、たしかに『すずらん』は「ことば指導」の付かないドラマになっています。各地からの移住者によって形成された土地である北海道に自然発生的に成立した「北海道共通語」という扱いにしたので、「北海道ことば指導」は付けなかった、ということなんですね。朝ドラの主流の現代ドラマでは東京方言や首都圏方言には「ことば指導」は付かず、大河ドラマ主流の時代劇・歴史ドラマでも「江戸ことば」にも原則「ことば指導」は付けないに準じる扱いだったというわけですか。とはいえ、北海道が舞台の朝ドラでも第38作『チョッちゃん』(一九八七年度前期)には、「方言指導」が付いており、第100作『なつぞら』(二〇一九年度前期)にも「北海道ことば指導」が付いているので、地域が同じでも、作品によって判断が異なるという具体例と言えそうですね。

では、時代劇・歴史ドラマが主な大河ドラマで方言関連のエピソードはどうでしょうか。

大森　大河ドラマ第7作『天と地と』(一九六九年)は越後の、同第8作『樅ノ木は残った』(一九七〇年)は仙台の話ですが、台本を見ると登場人物は方言を話していません。普通の時代劇のことばでやっている。

吉川　地域のことばを使うというのが、時代劇の視聴者が期待するフォーマットと合っていないということがあります。渡辺謙の独眼竜政宗は、東北のことばをしゃべるよりも、共通語の方がこのドラマの主人公としてしっくりくる、みたいな。自分たちの土地の生々しいことばであるほどに、ファンタジーとしての時代劇の性質が失われていく場合もあるんです。その相反する作用についても、時代劇の作劇では考慮しなくてはいけない。その相反を相乗に変換できるキャラクターとして、方言をしゃべらせた方が効果的だったのが、坂本龍馬や、勝海舟、西郷隆盛だったわけですね。

田中　「ヒーロー／ヒロインは共通語キャラ」という「役割語セオリー」(本書99頁)が、時代劇の場合現代劇よりも顕著であるということですね。そもそも時代劇はドラマの世界観が仮想の時代語で構築されることが多いので、地理的差異を示すためにさらにヴァーチャル方言を台詞に投入するとなると、仮想の時代語に仮想の方言を上乗せすることになり、視聴者の没入感を妨げかねないですものね。とは言えそんな制約がある一方、時代劇であっても幕末維新期物には、方言キャラクターが多く登場します。これは、幕末という時代は討幕派、佐幕派という枠組みが具体的な地域性と紐づいて意識される時代であるということと、何より他の時代劇・歴史ドラマに比べて当然ですが現代に近いということもあると思うんですね。

大森　『勝海舟』で南州太郎という鹿児島出身のコメディアンが、一人だけ薩摩藩士をネイティブの薩摩弁でやったのはインパクトがありました。ただ中村富十郎(五代目)演ずる西郷隆盛は、調整されたヴァーチャル薩摩弁でしゃべっていたので、見ていた中学生の私には、隆盛の言っていることはわかっても、南州さんの言っていることはすごみ満点でもさっぱりわからない。台詞の意味は、イントネーションから類推していました。これも物語の枠内でどこまで特定のことばをつかうのかという課題に戻っていくと思います。

田中　鹿児島方言ネイティブによる濃いめの鹿児島方言台詞は、ネイティブという属性に紐づけたリアルに寄せる一種のアドリブ的なものだったのでしょうか。あるいは本気の薩摩弁だとこのぐらい意思疎通が難しい局面もあったという狙いがあったのでしょうか。本書157頁でも触れていますが、『勝海舟』の第41回の編集台本には、共通語台詞に「(薩弁)」とか「(土佐弁)」とかいう指示が手書きで書き加えられていて、それを受けて現場に近いところで誰かが「方言変換」をしたようです。『勝海舟』では、南州太郎のようなネイティブ俳優が実質的な「方言指導」を兼ねていたのかも知れませんね。そのようなドラマ方言についての先進的な試みをしていた『勝海舟』については、本書180

頁に引用したように、放送当時から「方言多くてわかりにくい『勝海舟』」という投書が寄せられていたので、当時の水準からするとかなり方言を使っているドラマとして視聴者に受け止められていたことが分かります。その投書は、東京都内在住の十八歳女性によるもので、要約すると「勝海舟の台詞がわからないので、標準語の字幕をつけて欲しい」「東京在住の私がこれだけわからないのだから、東北の人にはもっとわからないだろう」ということを主張しています。

吉川　現在では、視聴の際に字幕を出すかどうかを視聴者が選択できるようになり、台詞を全部文字として出せるようになりましたが、そういうことの積み重ねもあって、今の形になったのは間違いないですね。

田中　テレビドラマにおける「方言」の扱いは、今後どうなっていくでしょうか。

吉川　どんどんフュージョン化が進んでいるということは実感としてあります。逆にそれをいじるという形で連続テレビドラマ第88作『あまちゃん』(二〇一三年度前期)のようなドラマが作られた。「地元とは何か」という問題提起としても、かなり深いドラマになっていましたよね。

田中　宮藤官九郎作の『あまちゃん』は、東日本大震災復興応援ドラマとして制作されたものですが、同作の「方言」設定は、当時のＮＨＫとしてはずいぶん思い切った取り組みだと思いました。ヒロインは東京都世田谷生育の共通語話者なのに、海女をしている母方の祖母にあこがれ、架空の町・北三陸に移り住み、当地の方言を身に着ける「なんちゃって方言」キャラという設定で、「ニセ方言」を身にまとうまさに「方言コスプレ」キャラという造形でした。一九八五年放送の『國語元年』から約三〇年経ち、NHKが「ニセ方言」による「方言コスプレ」キャラを深夜帯でも特番でもない、それこそ全国津々浦々の老若男女が視聴する前提の朝ドラに登場させたということは、エポックメーキングな作品であったと言えます。ただし、ヒロインが身にまとう「方言」はただの「ニセ方言」ではなく、ヒロインが祖母の住む土地こそが自分の心のよりどころとしての「ふるさと」＝「地元」のことばをコスプレ対象の「方言」としたことが同作のミソで、ここが吉川さんのおっしゃる〝「地元とは何か」という問題提起としても、実は深いドラマ〟ということになりますね。また、この作品はオンデマンド視聴を急速に普及させた記念碑的な作品でもあるので、いろいろな意味での「転換点」となった作品と言えると思います。「フュージョン化する方言」というご指摘も、大いに興味深い。ドラマ方言に代表される創作物に現れるヴァーチャル方言がフュージョン化するばかりでなく、現実のリアル方言も似たような状況にあるということも指摘しておきたいと思います。一九八〇年代には、日本語社会全体に共通語に切り替えようと思えば、ほぼ誰でも切り替えることが可能な時代を迎えました。そのことが、誰でも使えるわけではない方言に価値を見出す時代に日本語社会全体が大きく舵を切る背景となっていることは、本書でも繰り返し述べたところです。しかし、方言に価値を見出すということが、リアル方言の勢力が弱まる現実を食い止められるかといえば、両者はまったく別の問題なので、「効果」はほとんど期待できないでしょう。方言の価値は上昇しても、方言の共通語化は進む。リアルな伝統方言は必然的に衰退、縮小していますし、広域方言化していくというのが現実だと思うんです。もちろん生活のことばとして地域の方言を主とする地域はあるけれど、そのような地域においても、一世代、二世代前と比べるとかなり共通語に寄った地域方言になっていることは否定できません。

吉川　現実世界において地域差が薄まっていくということは、多分止まらないと思います。これだけ情報が飛び交うようになってくると。

田中　現実世界で地域差が薄まると、ドラマのような仮想世界でも地域差を示す手段のひとつである方言は使いにくくなるということですか？

吉川　基本的にそう思います。一方、その中でキャラクターとして突出するものには方言を個性として強調することで活かせます。本書第5章の後半で、ヴァーチャル広島弁がヤクザ語からヤンキー語にシフトしていくことを述べているくだりがおもしろかったのですが、ことばの発音の仕方にある圧とか、やわらかさ、固さという、その持っている音の特徴を拡大するのはとてもドラマ的な手法で、フィクションのキャラクター造形を豊かにしてくれます。一見乱暴に見えるけれど実は優しい人物だとか、逆に優しそうにしゃべるけれど、内面は冷たい人物だとか、方言の特徴をうまく織り込むことで多面性のあるキャラクター作りができる。

田中 ヴァーチャル方言には、もともとのリアル方言が紐づく土地を表象するための「地域用法」と、方言ステレオタイプを繰り出すための「キャラ用法」があると私は考えているのですが(本書6頁)、ドラマ方言としては「地域用法」は衰退し、「キャラ用法」が一層前景化しているというようなことになってしまうということでしょうか……。それとも……?

大森 身分が異なっても台詞に情があれば、高飛車なことばでも、目下の者を労う、思いやるニュアンスはちゃんと出ます。いい役者が情を込めてしゃべると、ものすごく説得力が出て、感動につながると思いますが、今は「普通の敬語さえ使えればいい」という思い込みが強くなってしまっている。だからお姫様が年寄りの町人に「～して下さいませ」なんていう台詞が堂々と出てきちゃう。これらは一々修正しています。

吉川 やはり演出も役者も含めて、解像度の高い発信者が、高いレベルで理解した言語文化の多様な要素を、なるべく丁寧に物語に織り込んで伝える工夫をするのが大事なんだと思います。そして、解像度の高い受け手にならそのままちゃんと理解してもらえるけれども、そこまでの解像度がない受け手にも、漠然としたおもしろさや深さとして、何らかのニュアンスは残るんです。それがその人の好奇心を呼び覚まして、解像度を上げていくことにつながるかもしれない。ですから作り手側にその自覚があることがとても重要です。作り手が雑になると複層的なニュアンスは生じず、浅い表現になってしまう。そこを深めていく努力は、技術的には簡便にドラマ的なものが作れてしまう時代だからこそ、プロの表現者たちががんばってふんばらなければいけないところです。そうすることで文化の豊かさを維持することができるし、次世代にも繋がっていくのだと思います。

田中　「解像度の高い発信者」によってこそ質の高いエンターテイメントが制作される、それによって言語を含む多様な文化の継承が可能となるということですね。長年制作の現場で仕事に根差すお二人のお話、すべて興味深いものでした。配信ドラマという新しいドラマ視聴の潮流が本格化しています。制作する側も大きな変革期にあると思います。これから先、ドラマというコンテンツも大きく変貌していくのではないでしょうか。そうすると、ドラマの台詞に投影される元ネタとしての日本語社会も大きな曲がり角にあると言えそうです。こういったテーマは、まちがいなくTo be continued … なので、ここから先も注視していきたいと思います。本日は実体験に根差す貴重なお話をありがとうございました。

現代文庫版あとがき

敗戦からおよそ八〇年、高度経済成長期を象徴する一九六四年秋に開催された東京オリンピックからも六〇年が過ぎようとしている。この間、生活をとりまく主要なメディアは、活字からテレビへ、さらにはインターネットへと移行した。日本語社会で暮らすわたしたちのことばやコミュニケーションのあり方は、その後に経験したいくつもの大きな災害やパンデミック、生成AIの急速な普及などを経て、今また、新たな転換期を迎えている。

本書は、二〇一一年九月岩波書店刊行の単行本『「方言コスプレ」の時代――ニセ関西弁から龍馬語まで』に加筆修正の上、索引を増補し、「[解説にかえて]ドラマの「らしさ」と「方言コスプレ」」(NHKドラマ番組OBの大森洋平・吉川邦夫の両氏との鼎談)を加えたものである。

本書では、近現代日本語社会における言語意識の変遷を、「ヴァーチャル方言」という概念を導入することによりたどろうと試みた。具体的には、近代期以降に意識されるようになった「方言」と「共通語」の関係性や、ヴァーチャル方言や方言ステレオタイプのありようとその変遷について、メディア表象や大衆的創作物ならびに大規模言語意識調査データの地域・年代差などから多角的に読み解いてみたつもりである。

単行本刊行時には、ラフ画だけでもざっと描けたかのような気になってはみたものの、その実は、単行本版「あとがきにかえて」で書いた通り、「積み残したもの」は次から次へと見つかった。それらに自分なりに取り組んでいるうちに、「宿題」に答えたつもりがさらに新しい「宿題」を産む、の無限ループとなり、あっという間に干支一巡りの年月が過ぎた。

その後の取り組みのうち、主なものを単著、共編著、論文、国際シンポジウムに分け、以下に示す。共編著者・共同企画者に加え多くの方々のご教示とご支援の賜物である。これらは、JSPS科研費15K02577、18K00623、22K00593ならびに大学共同利用機関法人統計数理研究所課題一般研究2(二〇一七、二〇一八、二〇二二、二〇二三)による研究の一環である。

【単著】田中ゆかり(二〇一六)『方言萌え!?』岩波ジュニア新書/同(二〇二一)『読み解き! 方言キャラ』研究社

【共編著】金水敏・岡室美奈子・田中ゆかり(二〇一四)『ドラマと方言の新しい関係』笠間書院[共著者:内藤愼介・菓子浩・林英世]/田中ゆかり・金水敏・児玉竜一

(二〇一八)『時代劇・歴史ドラマは台詞で決まる!』笠間書院[共著者:吉川邦夫・大森洋平]

【論文】田中ゆかり・前田忠彦(二〇一二)「話者分類に基づく地域類型化の試み」『国立国語研究所論集』三/田中ゆかり・林直樹・前田忠彦・相澤正夫(二〇一六)「1万人調査からみた最新の方言・共通語意識」『国立国語研究所論集』一一/同(二〇二二)「1万人を対象とした全国方言意識Web調査に基づく話者類型」『計量国語学』三三(四)/同(二〇二三)「戦後日本語社会における方言意識の巨視的な推移」『方言の研究』九

【国際シンポジウム(共同企画)】Michael Emmerich, Toeda Hirokazu, Tanaka Yukari (2023) "Kyarachters: On the Other Side of Narrative Yaruai Initiative Symposium", April 28-30, 2023, University of California, Los Angeles.

ところで、この干支一巡りの間に生じたメディア環境の急激な変化と社会を構成するメンバーの自然な入れ替わりは、ヴァーチャル方言や方言ステレオタイプの拡散・受容をめぐる変化に加え、日本語社会に暮らす人々の「方言」と「共通語」に関する言語意識にじわじわとインパクトを与えている。

作家や作者のような「玄人」の手により蓄積・醸成されたヴァーチャル方言とそれに

紐づく方言ステレオタイプは、マス・メディアを通じ、大衆的創作物という入れ物にのって拡散し、「素人」の言語意識やコミュニケーションのありかたに影響を与えてきた。その典型的事例が、仮想のことばでキャラクターを着脱することばのコスチュームプレイの一種「方言コスプレ」である。

ところが、デジタル社会の進展は、この前提を覆す。インターネットに接続可能な環境にあり、ネット上にコンテンツがありさえすれば、時代や分野を越え、いつでもどこでも、アクセス可能となった。ただし系統性は担保されず、「それ」が、オリジナルなのか転写なのか、編集・加工を経たものなのか、はたまた生成AIなどによる完全なフエイクなのかは判然としない。〝意図せぬ時代錯誤〟の出来《しゅったい》である。そうなると、この先、言語社会を構成する「大衆」が享受する大衆的創作物は、はたして「マスの意識の鏡」と見なせるだろうか、という疑問が膨らむ。

また、日本語社会の構成員の自然な入れ替わりによって、「方言」と「共通語」にまつわる新たな感覚がせり出し、一九八〇年代と同等かそれ以上の言語意識上の変革が引き起こされつつある気配もうかがえる。

「方言コンプレックス」の時代から「方言」に肯定的価値を見出す社会へと、言語意識の劇的な転換を牽引したのは、主として一九六〇年代生まれのテレビネイティブ第一世代であった。「方言」が肯定的価値をもつという感覚は、もはや日本語社会の基調となっているものの、一九九〇年代生まれのネオ・デジタルネイティブ世代になると、「方言」と「共通語」についての好悪や使い分けなどの質問に対し、何を尋ねても「わからない」と回答する「判断逡巡派」が台頭している(田中・林・前田・相澤二〇二二、同二〇二三)。この背景には、ネオ・デジタルネイティブ世代にとってはリアル方言がもはや「身近なもの」ではなくなっているということが関係しそうである。テレビネイティブ世代の多くは、共通語は不自由なく使えるものの、リアル方言は比較的身近であった。それに対し、ネオ・デジタルネイティブ世代は、地元に「方言」はあるようだがそれを、「共通語」と対立する「方言」と意識するほどリアル方言を身近には感じていないようだ。あたかも、首都圏生育者が地元には「方言」がないと感じるように。——そう考えると、まだまだ「課題」は山積みだ。しかし、「自然な構成員の入れ替わり」がある以上、自分に可能な「課題」の「答え合わせ」は、どこまでなのだろうか。

さいごに、単行本の編集担当であった岡本潤さん、現代文庫版編集担当の倉持豊さん、電子書籍化に際し改めて校閲をお願いした西岡亜紀子さん、単行本・電子書籍・現代文庫化に関わったみなさまをはじめ、筆者を支えてくれた方々全てにお礼を申し上げます。

二〇二四年八月　酷暑の東京にて

田中ゆかり

参考文献一覧

配列は編著者の五十音順とした。紙幅の関係により二次資料として本文に引用した文献を中心とした。一次資料として用いた文献は、原則本文中に文献情報を付した。また、「あとがきにかえて」のみでふれた文献は除いた。引用またはデータベース等のデータを使用したサイトについてはURLとともに本文中に示した。

阿部八郎(二〇〇三)「山形県」『月刊言語』三二(一)、大修館書店
池田弥三郎・岸田武夫・岡部伊都子・金田一春彦・熊谷幸博(一九六七)「京ことばを考える(座談会)」『文研月報』一七(四)、NHK総合放送文化研究所
イ・ヨンスク(一九九六)『「国語」という思想――近代日本の言語認識』岩波書店
石野博史(一九七七)「マスコミと標準語・方言」文化庁編『「ことば」シリーズ六　標準語と方言』大蔵省印刷局
磯貝英夫(一九八一)「日本近代文学と方言」藤原与一先生古稀御健寿祝賀論集刊行委員会編『方言学論叢II――方言研究の射程』三省堂
稲垣文男(一九七六)「風土・言葉・放送――方言から得るもの」『文研月報』二六(六)、NHK総合放送文化研究所・放送世論調査所

稲垣文男・日高貢一郎（一九七五・一一）「放送と方言（一）」『文研月報』二五（一一）、NHK総合放送文化研究所・放送世論調査所
稲垣文男・日高貢一郎（一九七五・一二）「放送と方言（二）」『文研月報』二五（一二）、NHK総合放送文化研究所・放送世論調査所
井上ひさし・平田オリザ（二〇〇三）『話し言葉の日本語』小学館
井上史雄（一九七七上・下）「方言イメージの多変量解析（上・下）」『言語生活』三一一・三一二、筑摩書房
井上史雄（一九八五）『新しい日本語――《新方言》の分布と変化』明治書院
井上史雄（一九九三）「価値の高い方言／低い方言」『月刊言語』二二（九）、大修館書店
井上史雄（二〇〇〇）『日本語の値段』大修館書店
井上史雄（二〇〇七）「方言の経済価値」小林隆編『シリーズ方言学三　方言の機能』岩波書店
今石元久（二〇一一）『原爆と日常――聴覚的面のデジタル化』渓水社
NHKことば調査グループ編（一九八〇）『日本人と話しことば』日本放送出版協会
NHKサービスセンター編（二〇〇三）『ステラMOOK　テレビ五〇年　あの日、あの時、そして未来へ』NHKサービスセンター
NHKサービスセンター編（二〇〇五）『ステラMOOK　放送八〇年　それはラジオからはじまった』NHKサービスセンター
NHK総合放送文化研究所編（一九七五）『放送用語論』日本放送出版協会
NHK放送文化研究所編（一九九七）『現代の県民気質――全国県民意識調査』日本放送出版協会

遠藤織枝他（二〇〇四）『戦時中の話しことば　ラジオドラマ台本から』ひつじ書房
遠藤仁（一九九七）「一　総論」平山輝男編『日本のことばシリーズ　山形県のことば』明治書院
大橋純一（二〇一二）「方言使用の効用――その世代的位置と特性」『いわき明星大学人文学部研究紀要』二四、いわき明星大学人文学部
大原穣子（一九九四）『故郷（ふるさと）のことばなつかし――ドラマによみがえる方言』新日本出版社
大原穣子（一九九九）「演劇と方言」真田信治編著『展望　現代の方言』白帝社
大原穣子（二〇〇六）『方言とドラマと私　ローカル色のパレット広げて』新日本出版社
沖裕子（一九八六）「方言イメージの形成」『国文学』六三、関西大学国文学会
沖裕子（一九九九）「あなたは共通語が好きですか」佐藤和之・米田正人編著『どうなる日本のことば』大修館書店
尾崎秀樹（一九六五）「解説」『勝海舟　第六巻　明治新政』新潮社
尾崎秀樹（一九七三）「解説」『子母澤寛全集六―八　勝海舟（上・中・下）』講談社
小田光雄（二〇〇八）「古本屋散策（七六）大道書房と子母澤寛」『日本古書通信』九四八、日本古書通信社
河西秀早子（一九八一）「標準語形の全国的分布」『言語生活』三五四、筑摩書房
加藤正信（一九六二）「地方新聞と方言」『言語生活』一三三、筑摩書房
金沢裕之（一九九一）「言語意識と方言」徳川宗賢・真田信治編『新・方言学を学ぶ人のために』世界思想社

亀井孝・河野六郎・千野栄一編著(一九九五)『言語学大辞典六　術語編』三省堂
川崎洋(一九八三)『日本縦断「ふるさと語」情報館』大和出版
川森博司(一九九九)「口承文芸と方言」真田信治編著『展望　現代の方言』白帝社
菅野謙(一九七八)「天気はよろしゅうございますが――昭和初期の放送用語」『文研月報』二八(二)、NHK総合放送文化研究所・放送世論調査所
木下順二(一九八二)『日本語の世界一二　戯曲の日本語』中央公論社
金水敏(二〇〇三)『ヴァーチャル日本語　役割語の謎』岩波書店
金水敏編(二〇〇七)『役割語研究の地平』くろしお出版
金水敏編(二〇一一)『役割語研究の展開』くろしお出版
河野逸人編(二〇一二)『NHK大河ドラマ大全　五〇作品徹底ガイド完全保存版』NHK出版
国立国語研究所(一九五三)『地域社会の言語生活――鶴岡における実態調査』国立国語研究所報告五』秀英出版
国立国語研究所(一九七四)『地域社会の言語生活――鶴岡における二〇年前との比較、国立国語研究所報告五二』秀英出版
国立国語研究所(一九九四)『鶴岡方言の記述的研究――第三次鶴岡調査報告〈一〉、国立国語研究所報告一〇九―一』秀英出版
国立国語研究所(二〇〇四)『「ことばビデオ」シリーズ三　方言の旅』東京シネ・ビデオ株式会社
国立国語研究所(二〇〇七)『地域社会の言語生活――鶴岡における二〇年間隔三回の継続調査』

国立国語研究所
小林隆（一九九六）「現代方言の特質」小林隆・篠崎晃一・大西拓一郎編『方言の現在』明治書院
小林隆（二〇〇四）「アクセサリーとしての現代方言」『社会言語科学』七（一）、社会言語科学会
小林隆（二〇〇七）「方言の二〇世紀」『日本語学会二〇〇七年度春季大会予稿集』日本語学会
小林隆・篠崎晃一・大西拓一郎編（一九九六）「コラム・方言をめぐる各地の活動」『方言の現在』明治書院
斎藤義七郎（一九八二）「山形県の方言」『講座方言学四　北海道・東北地方の方言』国書刊行会
定延利之（二〇〇五）『ささやく恋人、りきむレポーター——口の中の文化』岩波書店
定延利之（二〇〇六）「ことばと発話キャラクタ」『文学』七（六）、岩波書店
佐藤和之（一九九九）「方言主流社会」佐藤和之・米田正人編『どうなる日本のことば』大修館書店
佐藤和之・米田正人編著（一九九九）『どうなる日本のことば——方言と共通語のゆくえ』大修館書店
佐藤武夫編（一九八三）『みかわの方言』私家版
佐藤亮一（一九九六）「方言の衰退と安定」小林隆・篠崎晃一・大西拓一郎編『方言の現在』明治書院
佐藤亮一（二〇〇三）「山形県三川町における言語調査」『大学時報』二九一、日本私立大学連盟
佐藤亮一（二〇〇九）『都道府県別全国方言辞典』三省堂
真田信治（一九九一）『標準語はいかに成立したか——近代日本語の発展の歴史』創拓社

真田信治(二〇〇〇)『脱・標準語の時代』小学館
真田信治(二〇〇九)「書評　井上史雄著『社会方言学論考――新方言の基盤』」『日本語の研究』五(四)、日本語学会
真田信治編著(二〇一一)『日本語ライブラリー　方言学』朝倉書店
塩田雄大(一九九九・一一)「放送と方言」真田信治編著『展望　現代の方言』白帝社
塩田雄大(一九九九・一二)「テレビと方言――視聴者が感じていること」『放送研究と調査』一二月号、NHK放送文化研究所
塩田雄大(二〇〇七)「最初の放送用語基準――一九三五年『放送用語の調査に関する一般方針』作成の背景」『放送研究と調査』七月号、NHK放送文化研究所
斯波司・青山栄(一九九八)『やくざ映画とその時代』筑摩書房
柴田武(一九五八)『日本の方言』岩波書店
柴田武(一九七七)「標準語、共通語、方言」文化庁編『「ことば」シリーズ六　標準語と方言』大蔵省印刷局
嶋岡晨(二〇〇一)「『竜馬がゆく』を読む」『KAWADE夢ムック　文藝別冊　司馬遼太郎　幕末～近代の歴史観』河出書房新社
清水義範・小林幸夫・山田俊治・金水敏(二〇〇六)「座談会・ステレオタイプとは何か」『文学』七(六)、岩波書店
寿岳章子(一九七七)「標準語の問題」『岩波講座日本語三　国語国字問題』岩波書店
陣内正敬(一九九九)「次のような場面であなたが使うことばは?」佐藤和之・米田正人編著『ど

うなる日本のことば』大修館書店
陣内正敬(二〇〇六)「方言の年齢差――若者を中心に」『日本語学』二五(一)、明治書院
陣内正敬(二〇〇七)「若者世代の方言使用」小林隆編『シリーズ方言学三　方言の機能』岩波書店
陣内正敬・友定賢治編(二〇〇五)『関西方言の広がりとコミュニケーションの行方』和泉書院
杉村孝夫(二〇〇三)「ドラマの中の方言」『日本語学』二二(二)、明治書院
鈴木嘉一(二〇一一)『大河ドラマの五〇年　放送文化の中の歴史ドラマ』中央公論新社
高橋賢(二〇〇三)『無法地帯――東映実録やくざ映画』太田出版
多田治(二〇〇四)『沖縄イメージの誕生』東洋経済新報社
多田治(二〇〇八)『沖縄イメージを旅する――柳田國男から移住ブームまで』中央公論新社
田中ゆかり(二〇〇五)「東京首都圏における関西方言の受容パターン――「間接接触」によるアクセサリー的受容」陣内正敬・友定賢治編『関西方言の広がりとコミュニケーションの行方』和泉書院
都染直也(一九九三)「生の方言／脚色された方言」『月刊言語』二二(九)、大修館書店
土居重俊(一九七一)「気になる方言　放送劇「竜馬がゆく」の方言を切る」『言語生活』一三六、筑摩書房
徳川宗賢(一九八五)「ことばづかいの風土性」九学会連合日本の風土調査委員会編『日本の風土』弘文堂
友定賢治(一九九九)「「つくられた」方言イメージと共通語イメージ」佐藤和之・米田正人編著

『どうなる日本のことば』大修館書店
中井精一（二〇〇四）「お笑いのことばと大阪弁――吉本興業の力とは」『日本語学』二三（一一）、明治書院
中井幸比古（二〇〇四）「大阪弁と京都弁」『日本語学』二三（一一）、明治書院
中村功（二〇〇〇）「携帯電話を利用した若者の言語行動と仲間意識」『日本語学』一九（一二）、明治書院
成田龍一（二〇〇三）『司馬遼太郎の幕末・明治　『竜馬がゆく』と『坂の上の雲』を読む』朝日新聞社
二階堂整（二〇〇九）「福岡の大学生の携帯メールにおける方言使用」『山口国文』三二、山口大学人文学部国語国文学会
新田実（二〇〇三）「仮名漢字変換〈方言モード〉開発の道のり」『月刊言語』三二（五）、大修館書店
日本近代文学館編（一九七七）『日本近代文学大事典第一巻―三巻　人名』講談社
日本方言研究会編（二〇〇五）『20世紀方言研究の軌跡』国書刊行会
野村剛史（二〇〇七）「明治期スタンダードと言文一致」『文学』八（六）、岩波書店
野村剛史（二〇〇九）「日本語史における「書生」の役割――十九世紀を中心に」『文学』一〇（六）、岩波書店
橋本典尚（二〇〇八）「児童の教育活動からみる「ネサヨ運動」と「ネハイ運動」の実態」『国立青少年教育振興機構研究紀要』八、http://www.niye.go.jp/kanri/upload/editor/8/File/kiyo08

樋口尚文(二〇〇九)『ロマンポルノと実録やくざ映画』平凡社
日高貢一郎(一九七六)「方言は番組にどのように取り入れられているか」『文研月報』二六(一二)、NHK総合文化研究所・放送世論調査所
日高貢一郎(一九八一)「放送ことばへの期待は変わった――方言使用の可能性と問題点」『月刊民放』六月号、日本民間放送連盟
日高貢一郎(一九八六)「マスコミにおける方言の実態」飯豊毅一・日野純資・佐藤亮一編『講座方言学一　方言概説』国書刊行会
平山輝男(一九五七)『日本語音調の研究』明治書院
福田滋美(一九九四・八)「お国ことば番組は今(一)――NHK・民放の全国調査から」『放送研究と調査』八月号、NHK放送文化研究所
福田滋美(一九九四・九)「お国ことば番組は今(二)――昭和五一年度調査との比較を中心に」『放送研究と調査』九月号、NHK放送文化研究所
福田滋美(一九九五)「関西弁と放送番組――番組制作者アンケート調査から」『放送研究と調査』八月号、NHK放送文化研究所
福間健二・山崎幹夫編(一九九三)『大ヤクザ映画読本』洋泉社
藤本千鶴子(一九八一)「近代文学に現れた全国方言　近畿二」藤原与一先生古稀御健寿祝賀論集刊行委員会編『方言学論叢Ⅱ――方言研究の射程』三省堂
古川隆久(二〇〇三)「映画法の制定」『戦時下の日本映画――人々は国策映画を観たか』吉川弘

文館
古川正之・長谷川清兵衛（一九七九）「『大阪人気質』を考える――昭和五四年二月「大阪人とテレビ」調査から」『文研月報』二九（六）、NHK総合放送文化研究所・放送世論調査所
文化庁国語課（二〇〇三）『平成一三年度　国語に関する世論調査』財務省印刷局
槇林滉二（一九八一）「近代文学に現れた全国方言　九州　附沖縄」藤原与一先生古稀御健寿祝賀論集刊行委員会編『方言学論叢Ⅱ――方言研究の射程』三省堂
松本修（二〇一〇）『「お笑い」日本語革命』新潮社
三宅和子（二〇一一）『日本語の対人関係把握と配慮言語行動』ひつじ書房
三好行雄・竹盛天雄・吉田凞生・浅井清編（一九九四）『日本現代文学大事典　人名・事項篇』明治書院
本浜秀彦（二〇一一）「「沖縄人」表象と役割語――語尾表現「さ」（「さぁ」）から考える」金水敏編『役割語研究の展開』くろしお出版
もり・ひろし（二〇〇九）「戦後の日本語ブーム史」『月刊日本語』二二（一〇）、アルク
安田敏朗（一九九九）『〈国語〉と〈方言〉のあいだ――言語構築の政治学』人文書院
安平美奈子（一九九二）「変わりゆく日本語――第六回言語環境調査から」『放送研究と調査』四月号、NHK放送文化研究所
山形県方言研究会（一九七〇）『山形県方言辞典』私家版
山西由里子（二〇〇七）「女子大生の書き言葉コミュニケーション――媒体差表現の男女比較から」『語文』一二八、日本大学国文学会

山本武利(一九九六)『占領期メディア分析』法政大学出版局
山本武利・川崎賢子・十重田裕一・宗像和重編(二〇〇九―二〇一〇)『占領期雑誌資料大系 文学編I―V』岩波書店
吉沢典男(一九七六)「日本語の方言」金田一春彦編『日本語講座第一巻 日本語の姿』大修館書店
吉村和真(二〇〇七)「マンガと表現」吉村和真・田中聡・表智之『差別と向き合うマンガたち』臨川書店
米谷巌(一九八一)「近世俳諧と方言――初期俳諧を中心に」藤原与一先生古稀御健寿祝賀論集刊行委員会編『方言学論叢II――方言研究の射程』三省堂
林原純生(二〇〇三)「解説『汗血千里の駒』」山田俊治・林原純生校注『新日本古典文学大系明治編一六 政治小説集一』岩波書店
ダニエル＝ロング・朝日祥之(一九九九)「翻訳と方言――映画の吹き替え翻訳に見られる日米の方言観」『日本語学』一八(三)、明治書院

岩波現代文庫創刊二〇年に際して

二一世紀が始まってからすでに二〇年が経とうとしています。この間のグローバル化の急激な進行は世界のあり方を大きく変えました。世界規模で経済や情報の結びつきが強まるとともに、国境を越えた人の移動は日常の光景となり、今やどこに住んでいても、私たちの暮らしは世界中の様々な出来事と無関係ではいられません。しかし、グローバル化の中で否応なくもたらされる「他者」との出会いや交流は、新たな文化や価値観だけではなく、摩擦や衝突、そしてしばしば憎悪までをも生み出しています。グローバル化にともなう副作用は、その恩恵を遥かにこえていると言わざるを得ません。

今私たちに求められているのは、国内、国外にかかわらず、異なる歴史や経験、文化を持つ「他者」と向き合い、よりよい関係を結び直してゆくための想像力、構想力ではないでしょうか。

新世紀の到来を目前にした二〇〇〇年一月に創刊された岩波現代文庫は、この二〇年を通して、哲学や歴史、経済、自然科学から、小説やエッセイ、ルポルタージュにいたるまで幅広いジャンルの書目を刊行してきました。一〇〇〇点を超える書目には、人類が直面してきた様々な課題と、試行錯誤の営みが刻まれています。読書を通した過去の「他者」との出会いから得られる知識や経験は、私たちがよりよい社会を作り上げてゆくために大きな示唆を与えてくれるはずです。

一冊の本が世界を変える大きな力を持つことを信じ、岩波現代文庫はこれからもさらなるラインナップの充実をめざしてゆきます。

（二〇二〇年一月）

「方言コスプレ」の時代――ニセ関西弁から龍馬語まで

2024年10月11日　第1刷発行

著　者　田《た》中《なか》ゆかり

発行者　坂本政謙

発行所　株式会社 岩波書店
〒101-8002 東京都千代田区一ツ橋 2-5-5

案内 03-5210-4000　営業部 03-5210-4111
https://www.iwanami.co.jp/

印刷・精興社　製本・中永製本

ISBN 978-4-00-603348-4　Printed in Japan

索　引

数 字

ア 行

カ 行

サ 行

タ　行

ナ 行

ハ 行

マ 行

ヤ 行

ラ 行

ワ 行

付表-1 NHK 大河ドラマオープニング

作品番号	放送年	タイトル	時代背景
1	1963	花の生涯	幕末
2	1964	赤穂浪士	江戸期
3	1965	太閤記	戦国
4	1966	源義経	源平
5	1967	三姉妹	幕末
6	1968	竜馬がゆく	幕末
7	1969	天と地と	戦国
8	1970	樅ノ木は残った	江戸期
9	1971	春の坂道	徳川三代
10	1972	新・平家物語	源平
11	1973	国盗り物語	戦国
12	1974	勝海舟	幕末
13	1975	元禄太平記	江戸期
14	1976	風と雲と虹と	平安中期
15	1977	花神	幕末
16	1978	黄金の日日	戦国
17	1979	草燃える	源氏三代
18	1980	獅子の時代	幕末〜明治
19	1981	おんな太閤記	戦国
20	1982	峠の群像	江戸期
21	1983	徳川家康	戦国から江戸期
22	1984	山河燃ゆ	昭和初期
23	1985	春の波濤	明治・大正
24	1986	いのち	戦後
25	1987	独眼竜政宗	戦国
26	1988	武田信玄	戦国
27	1989	春日局	徳川三代

クレジットロールにみる「方言指導」

「方言指導」の記載	視聴アーカイブデータ	
	放送日	回
なし	1963. 4. 7	第 1 回
なし	1964. 11. 22	第 47 回
(調査時未公開)		
なし	1966. 12. 30	総集編(1)
(クレジットロール確認できず)	1967. 12. 30	総集編(1)
なし	1968. 4. 21	第 16 回
なし	1969. 12. 14	第 50 回
なし	1970. 12. 31	総集編第 2 部
なし	1971. 12. 26	最終回(第 52 回)
(調査時未公開)		
なし	1973. 12. 30	総集編(前編)
なし	1974. 12. 30	総集編(前編)
	1974. 12. 31	総集編(後編)
なし	1975. 12. 30	総集編(前編)
なし	1976. 12. 30	総集編(前編)
なし	1978. 4. 1	総集編(5)
なし	1978. 12. 25	総集編(1)
なし	1979. 12. 24	総集編(1)
「方言指導」飯田テル子・金子正・中沢敦子・藤あゆみ	1980. 12. 22	総集編(1)
なし	1981. 12. 21	総集編(1)
「方言指導」桜田千枝子	1982. 12. 28	総集編(1)
なし	1983. 12. 25	総集編(1)
「方言指導」飯田テル子	1984. 12. 28	総集編(1)
(調査時未公開)		
「方言指導」津島康一・相沢ケイ子	1986. 12. 27	総集編第 1 部
(調査時未公開)		
「京言葉指導」堀井令以知・朝永桐世 「甲州弁指導」上野重義	1988. 12. 24	総集編(1)
なし	1989. 12. 25	総集編(1)

作品番号	放送年	タイトル	時代背景
28	1990	翔ぶが如く	幕末〜明治
29	1991	太平記	南北朝
30	1992	信長 KING OF ZIPANGU	戦国
31	1993	琉球の風	17 世紀初頭
32	1993	炎立つ	平安末期
33	1994	花の乱	室町
34	1995	八代将軍　吉宗	江戸期
35	1996	秀吉	戦国
36	1997	毛利元就	戦国
37	1998	徳川慶喜	幕末
38	1999	元禄繚乱	江戸期
39	2000	葵　徳川三代	徳川三代
40	2001	北条時宗	鎌倉中期
41	2002	利家とまつ 加賀百万石物語	戦国
42	2003	武蔵 MUSASHI	戦国〜江戸期
43	2004	新選組！	幕末
44	2005	義経	源平

「方言指導」の記載	視聴アーカイブデータ	
	放送日	回
「薩摩言葉指導」飯田テル子・西田清志郎 「京言葉指導」桜田千枝子 「土佐言葉指導」島田彰 「長州言葉指導」内田大貴	1990. 12. 17	総集編 第1部後編
(調査時未公開)		
「名古屋弁指導」芦沢孝子 「ポルトガル語指導」安部井シルビア 「公家言葉指導」朝永桐世	1992. 12. 20	総集編(2)
なし	1993. 6. 20	総集編第1部
なし	1994. 3. 26	総集編(前編)
なし	1994. 12. 24	総集編第1部
(調査時未公開)		
なし	1996. 12. 27	総集編第1部
なし	1997. 12. 28	総集編第1部
「御所言葉指導」堀井令以知 「京ことば指導」井上裕季子	1999. 3. 22	総集編(1)
(調査時未公開)		
なし	2000. 12. 27	総集編(1)
「御所ことば指導」堀井令以知・井上裕季子 「モンゴル語指導」フフバートル 「高麗語指導」金裕鴻	2001. 12. 16	総集編(前編)
なし	2002. 12. 26	総集編(前編)
(調査時未公開)		
「京ことば指導」井上裕季子 「土佐ことば指導」岡林桂子 「薩摩ことば指導」西田聖志郎 「御所ことば指導」堀井令以知	2004. 12. 26	スペシャル 第3部
「京・御所ことば指導」小林由利 「駿河ことば指導」小杉幸彦	2005. 12. 24	総集編第1部

作品番号	放送年	タイトル	時代背景
45	2006	功名が辻	戦国
46	2007	風林火山	戦国
47	2008	篤姫	幕末
48	2009	天地人	戦国
49	2010	龍馬伝	幕末

「方言指導」の記載	視聴アーカイブデータ	
	放送日	回
(クレジットロール確認できず)	2006. 12. 24	スペシャル 前編・後編
「御所ことば指導」堀井令以知 「京ことば指導」井上裕季子 「山梨ことば指導」笠井一彦	2007. 12. 31	総集編第1部
「薩摩ことば指導」西田聖志郎 「御所ことば指導」堀井令以知 「京ことば指導」井上裕季子 「土佐ことば指導」岡林桂子	2008. 12. 28	総集編(5)
(調査時未公開)		
「土佐ことば指導」岡林桂子・馬場雅夫 「会津ことば指導」河原田ヤスケ 「御所ことば指導」堀井令以知 「京ことば指導」井上裕季子 「長州ことば指導」一岡裕人 「薩摩ことば指導」西田聖志郎	2010. 9. 5	第36回

＊2010年8月13日〜8月31日現在の，NHKアーカイブス一般公開作品にて調査(『龍馬伝』のみNHK総合テレビ一般放送にて調査)

付表-2　NHK 連続テレビ小説オープニング

作品番号	放送年度	タイトル	時代背景
1	1961	娘と私	昭和初期～戦後
2	1962	あしたの風	昭和 20 年代
3	1963	あかつき	現代
4	1964	うず潮	大正末期～戦後
5	1965	たまゆら	現代
6	1966	おはなはん	明治・大正・昭和
7	1967	旅路	大正 4 年～昭和 37 年
8	1968	あしたこそ	昭和 34 年～10 年間
9	1969	信子とおばあちゃん	現代
10	1970	虹	昭和 18 年～40 年
11	1971	繭子ひとり	現代
12	1972	藍より青く	昭和 18 年～38 年ごろ
13	1973	北の家族	昭和 46 年～49 年 3 月
14	1974	鳩子の海	昭和 20 年 8 月 15 日～50 年
15	1975	水色の時	昭和 49 年～50 年
16	1975	おはようさん	現代
17	1976	雲のじゅうたん	大正 7 年～昭和 27 年
18	1976	火の国に	昭和 50 年夏～52 年
19	1977	いちばん星	明治，大正，昭和
20	1977	風見鶏	大正，昭和
21	1978	おていちゃん	大正初期～終戦直後
22	1978	わたしは海	昭和初期～戦後の混乱期
23	1979	マー姉ちゃん	昭和 9 年～戦後
24	1979	鮎のうた	大正末期～戦中・戦後
25	1980	なっちゃんの写真館	昭和初期～27 年
26	1980	虹を織る	昭和初期

クレジットロールにみる「方言指導」

舞台となる地域	「方言指導」記載	視聴アーカイブデータ	
		放送日	回
東京	なし	1962. 3. 30	最終週
小豆島, 東京	(調査時未公開)		
東京	なし	1964. 1. 4	第 235 回
尾道, 東京	なし	1965. 4. 2	第 309 話
宮崎, 京都, 鎌倉, 奈良, 東京	(調査時未公開)		
伊予大洲, 松山, 東京, 弘前, 鹿児島	なし	1966. 4. 4	第 1 週(1)
尾鷲, 小樽, 塩谷	なし	1967. 9. 16	特集第 2 回
東京	なし	1969. 4. 5	最終話 第 315 回
佐賀, 唐津, 東京	(調査時未公開)		
東京, 鳥取, 京都	(調査時未公開)		
三戸, 八戸, 鳴子, 東京, 広島	(調査時未公開)		
天草, 東京, サイパン島	(調査時未公開)		
函館, 金沢, 横浜, 宇和島	なし	1973. 4. 2	第 1 週(1)
山口・上関, 東京, 東海村, 結城	なし	1974. 4. 1	第 1 週(1)
松本, 東京	なし	1975. 4. 7	第 1 週(1)
大阪	なし	1975. 10. 6	第 1 週(1)
秋田, 東京	なし	1976. 12. 20	総集編(1)
熊本・阿蘇山	なし	1976. 10. 4	第 1 週(1)
山形・天童, 東京	なし	1977. 4. 4	第 1 週(1)
和歌山・太地, 神戸	なし	1977. 10. 3	第 1 週(1)
東京・浅草	なし	1978. 4. 3	第 1 週(1)
広島・倉橋島, 九州・若松, 京都	なし	1978. 10. 2	第 1 週(1)
福岡, 東京, 鹿児島	なし	1979. 4. 2	第 1 週(1)
滋賀・長浜, 大阪・船場	なし	1979. 10. 1	第 1 週(1)
徳島	なし	1980. 4. 7	第 1 週(1)
山口・萩, 宝塚	なし	1980. 10. 6	第 1 週(1)

作品番号	放送年度	タイトル	時代背景
27	1981	まんさくの花	現代
28	1981	本日も晴天なり	昭和19年〜現代
29	1982	ハイカラさん	明治15年〜38年
30	1982	よーいドン	昭和2年〜22年
31	1983	おしん	明治40年代〜現代
32	1984	ロマンス	明治45年〜昭和初期
33	1984	心はいつもラムネ色	昭和3年〜30年代前半
34	1985	澪つくし	大正15年〜終戦直後
35	1985	いちばん太鼓	昭和40年代
36	1986	はね駒	明治23年〜大正元年
37	1986	都の風	昭和15年〜31年
38	1987	チョッちゃん	昭和2年〜24年
39	1987	はっさい先生	昭和6年〜23年
40	1988	ノンちゃんの夢	昭和20年8月15日〜26年
41	1988	純ちゃんの応援歌	昭和22年〜37年
42	1989	青春家族	現代
43	1989	和っこの金メダル	昭和33年〜45年
44	1990	凜凜と	大正〜昭和7年
45	1990	京，ふたり	現代
46	1991	君の名は	昭和20年代〜30年代
47	1992	おんなは度胸	昭和55年〜平成4年
48	1992	ひらり	現代
49	1993	ええにょぼ	平成元年〜5年
50	1993	かりん	昭和23年〜39年
51	1994	ぴあの	現代

舞台となる地域	「方言指導」記載	視聴アーカイブデータ	
		放送日	回
秋田・横手, 東京	なし	1981. 4. 6	第1週(1)
東京・人形町	なし	1981. 10. 5	第1週(1)
横浜, 中伊豆	なし	1982. 4. 5	第1週(1)
大阪・北浜, 道頓堀, 舞鶴	なし	1982. 10. 4	第1週(1)
山形・酒田, 上野, 佐賀, 伊勢	「方言指導」大久保正信・芝田陽子	1987. 11. 9	少女編(1)
北海道, 東京	(調査時未公開)		
大阪, 東京	なし	1984. 10. 1	第1週(1)
千葉・銚子	なし	1985. 12. 23	スペシャル(1)
九州・筑豊, 大阪	「方言指導」落合智子	1985. 10. 7	第1週(1)
福島・相馬, 仙台, 東京	「方言指導」大方斐紗子	1986. 12. 15	総集編(1)
京都, 大阪, 奈良	「京言葉指導」朝永桐世	1987. 5. 30	総集編(前編)
北海道・滝川, 東京	「方言指導」曽川留三子・十日市秀悦	1987. 12. 26	総集編(前編)
東京・浅草, 大阪	「大阪言葉指導」島村晶子	1987. 10. 5	第1週(1)
高知・安芸, 東京	(調査時未公開)		
和歌山・美山村, 大阪, 兵庫・西宮	「大阪言葉指導」鳴尾よね子 「和歌山言葉指導」土屋恵司	1988. 10. 3	第1週(1)
東京, 伊豆, 土肥	なし	1989. 4. 3	第1週(1)
山口・青海島, 大阪・岸和田	「山口弁指導」清水宏	1989. 10. 2	第1週(1)
富山・魚津, 東京, ロンドン, パリ	「方言指導」椎名茂・飯村郁美	1990. 4. 2	第1週(1)
京都	(調査時未公開)		
東京・有楽町の数寄屋橋, 佐渡, 伊勢志摩, 北海道	(調査時未公開)		
有浜温泉(架空の関西の温泉地)	「大阪弁指導」鳴尾よね子	1992. 4. 6	第1週(1)
東京・両国	(調査時未公開)		
神戸, 京都・伊根町, 舞鶴	「方言指導」森あつこ・中村康子	1993. 4. 5	第1週(1)
信州・諏訪, 東京	「方言指導」有賀ひろみ	1993. 10. 4	第1週(1)
大阪・西天満	「大阪ことば指導」松寺千恵美	1994. 4. 4	第1週(1)

作品番号	放送年度	タイトル	時代背景
52	1994-1995	春よ，来い	昭和 18 年〜平成元年
53	1995	走らんか！	現代
54	1996	ひまわり	現代
55	1996	ふたりっ子	昭和 41 年〜平成 14 年
56	1997	あぐり	明治 40 年 7 月〜昭和 29 年
57	1997	甘辛しゃん	昭和 35 年夏〜平成 7 年春
58	1998	天うらら	昭和 45 年〜現代
59	1998	やんちゃくれ	昭和 54 年夏〜現代
60	1999	すずらん	大正 12 年 1 月〜平成初期
61	1999	あすか	昭和 34 年〜50 年代
62	2000	私の青空	現代
63	2000	オードリー	昭和 28 年〜平成 13 年
64	2001	ちゅらさん	昭和 47 年〜現代
65	2001	ほんまもん	平成 4 年〜現代
66	2002	さくら	現代
67	2002	まんてん	平成 9 年〜
68	2003	こころ	現代
69	2003	てるてる家族	戦後から昭和 40 年代
70	2004	天花	現代

舞台となる地域	「方言指導」記載	視聴アーカイブデータ	
		放送日	回
大阪,東京	「大阪弁指導」大原穣子	1994.10.3	第1週(1)
福岡・博多,大阪・船場	「博多言葉指導」路井恵美子・佐藤順一 「大阪言葉指導」松寺千恵美	1995.10.2	第1週(1)
東京・谷中,福島	「福島言葉指導」渡辺啓子	1996.4.1	第1週(1)
大阪・天下茶屋	「大阪言葉指導」松寺千恵美 「讃岐言葉指導」亀井賢二	1997.5.12	総集編(1)
岡山,東京,山梨	「岡山ことば指導」高村尚枝	1997.4.7	第1週(1)
兵庫・丹波篠山,灘	(調査時未公開)		
栃木・日光,東京・木場	「江戸ことば指導」春風亭一朝	1998.11.30	総集編(1)
大阪	「大阪ことば指導」松寺千恵美・河野元子	1999.6.28	総集編(1)
北海道・明日萌,東京	なし	1999.11.29	総集編(1)
奈良・明日香,京都	「京ことば指導」桃山みつる	2000.5.1	総集編(1)
青森・大間町,東京・築地	「青森ことば指導」高柳葉子	2000.11.27	総集編(1)
京都・太秦,熊本・山鹿	(調査時未公開)		
沖縄・小浜島,那覇,東京	「沖縄ことば指導」藤木勇人	2001.12.3	総集編(1)
和歌山・熊野地方,大阪,京都	(クレジットロール確認できず)	2002.8.12 〜8.15	総集編(1) 〜(4)
ハワイ・オアフ島,東京,飛騨高山地方	「飛騨ことば指導」荒木優騎 「ハワイ英語指導」小泉珠代	2002.11.3	総集編(1)
鹿児島・屋久島,大阪	「屋久島ことば考証」鎌田道隆 「屋久島ことば指導」桂楽珍 「大阪ことば指導」大原穣子	2003.6.28	総集編(1)
東京・浅草,新潟・中越地方	「新潟ことば指導」ト字たかお 「江戸ことば指導」坂井寿美江	2003.12.22	総集編(1)
大阪・池田市	(調査時未公開)		
仙台,東京・吉祥寺	「仙台ことば指導」大友町子	2004.11.10	総集編(1)

作品番号	放送年度	タイトル	時代背景
71	2004	わかば	現代
72	2005	ファイト	現代
73	2005	風のハルカ	現代
74	2006	純情きらり	昭和
75	2006	芋たこなんきん	戦後から現代
76	2007	どんど晴れ	現代
77	2007	ちりとてちん	現代
78	2008	瞳	現代

舞台となる地域	「方言指導」記載	視聴アーカイブデータ	
		放送日	回
宮崎・日南市, 神戸	「神戸ことば指導」川本美由紀 「宮崎ことば指導」上原由恵	2005. 8. 8	総集編(1)
群馬・高崎市	「群馬ことば指導」徳山富夫	2006. 3. 6	総集編(1)
大分・湯布院, 大阪	(クレジットロール確認できず)	2006. 5. 27	感謝祭スペシャル！
愛知・岡崎市	「三河ことば指導」倉橋悦子 「津軽ことば指導」佐藤文雄	2006. 12. 25	総集編(1)
大阪	「大阪ことば指導」松寺千恵美 「奄美ことば指導」亀山忍	2007. 4. 30	総集編(1)
横浜, 盛岡	「岩手ことば指導」山口玲子・佐藤麻梨子	2007. 12. 29	総集編(1)
福井・小浜, 大阪	「福井ことば指導」池野クミ子 「大阪ことば指導」松寺千恵美	2007. 10. 1	第1週(1)
札幌, 東京・月島	(クレジットロール確認できず)	2008. 12. 29 ～12. 30	総集編(前編) 総集編(後編)

＊2010年8月13日～8月31日現在の，NHKアーカイブス一般公開作品にて調査

付表-3　『勝海舟』勝麟太郎の

放送回	放送日	タイトル	主演	セリフ基調	デンス・デンショー（○：出現確認）
1	1. 6	青年	渡哲也	共通語	
2	1. 13	武州徳丸ケ原	渡哲也	共通語	
3	1. 20	（表紙欠落）	渡哲也	共通語	
4	1. 27	恋	渡哲也	共通語	
5	2. 3	転向	渡哲也	共通語	
6	2. 10	貧困	渡哲也	共通語	
7	2. 17	虫けら	渡哲也	共通語	
8	2. 24	残り火	渡哲也	共通語	
9	3. 3	幕臣	渡哲也	共通語	
10	3. 10	海鳴り	渡哲也	共通語	
11	3. 17	黒船渡来	松方弘樹	共通語	
12	3. 24	風浪	松方弘樹	べらんめえ	
13	3. 31	巣立ち	松方弘樹	べらんめえ	
14	4. 7	長崎海軍伝習所	松方弘樹	べらんめえ	
15	4. 14	対岸	松方弘樹	べらんめえ	
16	4. 21	巨木果つ	松方弘樹	べらんめえ	
17	4. 28	黒い波濤	松方弘樹	べらんめえ	
18	5. 5	薩摩路	松方弘樹	べらんめえ	
19	5. 12	大獄	松方弘樹	べらんめえ	○
20	5. 19	出航	松方弘樹	べらんめえ	○
21	5. 26	咸臨丸渡航	松方弘樹	べらんめえ	○
22	6. 2	天誅	松方弘樹	べらんめえ	○
23	6. 9	冬牡丹	松方弘樹	べらんめえ	○
24	6. 16	幽霊	松方弘樹	べらんめえ	
25	6. 23	寒月	松方弘樹	べらんめえ	○
26	6. 30	攘夷	松方弘樹	べらんめえ	
27	7. 7	捨て犬	松方弘樹	べらんめえ	
28	7. 14	奔流	松方弘樹	べらんめえ	○
29	7. 21	海軍伝習生春山弁蔵	松方弘樹	べらんめえ	○
30	7. 28	以蔵無惨	松方弘樹	べらんめえ	○
31	8. 4	別れ	松方弘樹	べらんめえ	○

セリフの変遷(編集台本調査結果)

備　考	脚本	制作	チーフディレクター	演出
	倉本聰	古閑三千郎		中山三雄
	倉本聰	古閑三千郎		中山三雄
	倉本聰	古閑三千郎		中山三雄
	倉本聰	古閑三千郎		伊予田静弘
	倉本聰	古閑三千郎	中山三雄	山中朝雄
	倉本聰	古閑三千郎		中山三雄
	倉本聰	古閑三千郎		中山三雄
	倉本聰	古閑三千郎	中山三雄	勅使河原平八
【小吉の死】	倉本聰	古閑三千郎	中山三雄	伊予田静弘
	倉本聰	古閑三千郎	中山三雄	山中朝雄
【主役交代】	倉本聰	古閑三千郎		中山三雄
	倉本聰	古閑三千郎		中山三雄
	倉本聰	古閑三千郎	中山三雄	勅使河原平八
	倉本聰	古閑三千郎	中山三雄	伊予田静弘
	倉本聰	古閑三千郎		山中朝雄
	倉本聰	古閑三千郎		勅使河原平八
	倉本聰	古閑三千郎		中山三雄
	倉本聰	古閑三千郎	中山三雄	伊予田静弘
デンス・デンショー初出	倉本聰	古閑三千郎		山中朝雄
	倉本聰	古閑三千郎		中山三雄
麟太郎(役名ママ)→海舟	倉本聰	古閑三千郎		山中朝雄
	倉本聰	古閑三千郎		中山三雄
	倉本聰	古閑三千郎		中山三雄
	倉本聰	古閑三千郎		勅使河原平八
	倉本聰	古閑三千郎		伊予田静弘
	倉本聰	古閑三千郎	中山三雄	山中朝雄
	倉本聰	古閑三千郎	中山三雄	三井章
デンショーが多出	倉本聰	古閑三千郎	中山三雄	中山三雄
	倉本聰	古閑三千郎		中山三雄
	倉本聰	古閑三千郎	中山三雄	勅使河原平八
	倉本聰	古閑三千郎	中山三雄	伊予田静弘

放送回	放送日	タイトル	主演	セリフ基調	デンス・デンショー（○：出現確認）
32	8. 11	池田屋	松方弘樹	べらんめえ	○
33	8. 18	三条木屋町（通り×）	松方弘樹	べらんめえ	○
34	8. 25	禁門の変	松方弘樹	べらんめえ	○
35	9. 1	孤独	松方弘樹	べらんめえ	○
36	9. 8	焦燥	松方弘樹	べらんめえ	○
37	9. 15	こぼれ花	松方弘樹	べらんめえ	○
38	9. 22	竜馬遭難	松方弘樹	べらんめえ	○
39	9. 29	慟哭	松方弘樹	べらんめえ	○
40	10. 6	特使	松方弘樹	べらんめえ	○
41	10. 13	足音	松方弘樹	べらんめえ	○
42	10. 20	ええじゃないか	松方弘樹	べらんめえ	○
43	10. 27	大政奉還	松方弘樹	べらんめえ	○
44	11. 3	竜馬死す	松方弘樹	べらんめえ	
45	11. 10	三田薩摩屋敷	松方弘樹	べらんめえ	
46	11. 17	重荷	松方弘樹	べらんめえ	○
47	11. 24	暴発	松方弘樹	べらんめえ	○
48	12. 1	壮士西へ	松方弘樹	べらんめえ	○
49	12. 8	赤心	松方弘樹	べらんめえ	○
50	12. 15	焦土作戦	松方弘樹	べらんめえ	○
51	12. 22	前夜	松方弘樹	べらんめえ	○
52	—	—	—	—	—
総集編（前編）	12. 30		渡哲也 松方弘樹	共通語 べらんめえ	○
総集編（後編）	12. 31		松方弘樹	べらんめえ	○

備　考	脚本	制作	チーフディレクター	演出
	倉本聰	古閑三千郎	中山三雄	山中朝雄
	倉本聰	古閑三千郎		中山三雄
	倉本聰	古閑三千郎	中山三雄	加藤郁雄
デンス・デンショー多出	倉本聰	古閑三千郎	中山三雄	伊予田静弘
	倉本聰	古閑三千郎	中山三雄	山中朝雄
	倉本聰	古閑三千郎	中山三雄	中山三雄
【脚本家交代】	中沢昭二	伊神幹	中山三雄	中山三雄
	中沢昭二	伊神幹	中山三雄	三井章
	中沢昭二	伊神幹	中山三雄	勅使河原平八
【脚本家交代】	倉本聰	伊神幹	中山三雄	山中朝雄
	倉本聰	伊神幹	中山三雄	加藤郁雄
	倉本聰	伊神幹	中山三雄	高松良征
【脚本家交代】	中沢昭二	伊神幹	中山三雄	伊予田静弘
	中沢昭二	伊神幹	中山三雄	勅使河原平八
	中沢昭二	伊神幹	中山三雄	山中朝雄
【脚本家交代】	倉本聰	—	—	—
【脚本家交代】	中沢昭二	伊神幹	中山三雄	東海林通
	中沢昭二	伊神幹	中山三雄	三井章
	中沢昭二	伊神幹	中山三雄	山中朝雄
	中沢昭二	伊神幹	中山三雄	中山三雄
—	—	—	—	—
	倉本聰	古閑三千郎		
	倉本聰	古閑三千郎		
	中沢昭二	伊神幹		

＊表中の「—」はデータなし

『「方言コスプレ」の時代――ニセ関西弁から龍馬語まで』は二〇一一年九月、岩波書店から刊行された。岩波現代文庫への収録に際して、必要な加筆修正を施し、索引を増補した。巻末に「[解説にかえて]ドラマの「らしさ」と「方言コスプレ」」を加えた。